역사를 읊다

서사시 대백제

역사를 읊다, 서사시 대백제

초판 1쇄 발행 2012년 4월 23일

지은이 강수
펴낸이 양소연

기획편집 함소연 진숙현 디자인 하주연 이지선 박진미
마케팅 이광택 관리 유승호 김성은
인터넷사업부 양채연 이동민 백윤경 이정돈 김정희

펴낸곳 함께읽는책 등록번호 제25100-2001-000043호 등록일자 2001년 11월 14일

주소 서울시 금천구 가산동 60-3 대륭포스트타워 5차 1104호
대표전화 02-2103-2480 팩스 02-2624-4240 홈페이지 www.cobook.co.kr

ISBN 978-89-90369-95-6(04900)
     978-89-90369-74-1(set)

함께읽는책 은 도서출판 나눔의집 의 임프린트입니다.

역사를 읊다

강수 지음
오순제 감수·해제

서사시 대백제

함께읽는책

백제 700년 역사를
단숨에 읽는다

아무래도 서사시하면 많은 사람들이 가장 먼저 호머의 〈오딧세이아〉를 떠올릴 것이다. 우리나라에서 서사시는 생경한 장르이기 때문이다. 하지만 우리에게도 고구려 시조인 주몽의 탄생부터 건국에 이르는 역동적인 과정을 웅혼한 필치로 노래한 이규보의 〈동명왕편〉이 있고, 지금 서사시 작품을 구상한다고 하면 주몽 말고도 서사시의 주인공이 될 수 있는 인물은 많다. 그러나 한 국가의 역사가 서사시로 옮겨진 경우는 흔치 않으니, 이승휴의 《제왕운기》 정도가 서사시로서 인물이 아닌 국가를 다루고는 있지만 이는 단군조선에서부터 고려의 건국까지 각 나라의 역사를 짧은 시가로 읊은 작품이므로 그 예라 하기 힘들다. 그런 면에서 백제라는 한 나라의 역사를 서사시의 영역으로 가져온 이 작품은 특별하다(이 책에서는 백제를 '전백제'와 '후백제'로 나누어 백제 전 역사를 노래하고 있다).

하지만 이 책이 백제라는 한 나라의 역사를 다루고 있다는 이유만으로 돋보이는 것은 아니다. 백제 700년 역사에서 선 굵은 업적을 남기고 영광의 시대 혹은 영욕의 시간을 상징하는 네 명의 걸출한 영웅, 온조왕과 근초고왕, 그리고 의자왕과 흑치상지를 소재로 장엄한 대서사시의 파노라마를 힘차게 펼쳐내기에 이 작품의 가치는 한 단계 높아진다.

책 속으로 들어가 보면, 백제의 건국에 대해 《삼국사기》는 백제 시조가 온조와 비류 두 명이라고 기록하고 있으나 이 작품에서는 형제지간인 비류와 온조의 충돌은 가능한 피하면서 백제 개국의 서사시적인 웅혼성과 건국 전야 시조왕의 고뇌, 그리고 백제가 온전한 국가로서 반석에 올라가는 과정을 훌륭하게 그리고 있다. 그 뒤를 이어 근초고왕이 이룩해 놓은 시대의 광활함과 역동성은 서사 문학의 백미이며 진수라고 치켜세울 수 있겠다. 작가는 이 점을 놓치지 않고 극명하게 복원하여 독자들 앞에 내놓았다. 백제의 마지막 왕 의자왕은 평가가 크게 엇갈리고 있는 왜곡된 인간상의 전형이다. 한 나라를 멸망으로 몰아넣은 왕이라는 유일한 수식어를 가진 의자왕의 또 다른 모습, 인간적인 면모와 고뇌, 그가 추구했던 세계와 야심의 세월 그리고 좌절을 작가는 하나도 놓치지 않으려 했고, 이러한 저자의 노력은 작품을 통해 그대로 전해진다. 마지막으로 다뤄지고 있는 흑치상지는 영광의 그늘 뒤에 드리워진 비극과 좌절로 점철된 영웅의 전형이다. 이 작품은 시대의 모순이 낳은 흑치상지라는 영웅을 통해 당나라라는 세계 속에서 백제인의 기개와 역량을 과시하는 데 조금도 소홀함이 없다.

이러한 이유로 《역사를 읊다, 서사시 대백제》는 백제 700년 역사의 정수를 품는다. 온조왕과 근초고왕, 그리고 의자왕과 흑치상지라는 네 인물의 생애를 통해 우리는 백제 700년 역사를 단숨에 읽을 수 있는 기회를 얻었다. 백제인의 전형을 통해 백제인은 물론이고 백제 역사와 만나는 소중한 기회를 준 책이다. 백제를 제대로 배우고자 하는 이들에게 감히 일독을 권한다.

이 도 학
한국전통문화대학교 문화유적학과 교수

시인의 빛나는 예지와 통찰력으로
되살려진 감성의 역사

문학적 상상력으로 역사를 읽는다는 발상은 일종의 충격이다. 그것도 소설이 아닌 시로 백제 천 년의 역사와 위인들의 목소리를 생생하게 들려주는 참신한 시도. 이것은 참으로 당돌한 음모이자 모험이다. 책장을 여는 순간 우리는 시인 강수가 펼쳐 놓은 역사의 날실과 씨실 속으로 빨려 들어가 예기치 못했던 사건과 부딪히게 되고, 그것을 헤쳐 나간 천 년 전 주인공들의 슬기와 예지를 생생하게 확인하게 된다. 역사학자 E. H. 카는 그의 저서 《역사란 무엇인가》에서 "역사는 현재와 과거와의 끊임없는 대화"라고 명쾌하게 정의 내렸다. 이 책의 마지막 장을 덮는 순간 독자는 그 말의 진정한 의미를 느낄 수 있을 것이다.

이 책을 통해 우리는 시적 상상력과 냉정하고 차가운 통찰력을 동시에 지닌 보기 힘든 역작을 만나는 즐거움을 맛보게 된다. 또한 우리 문학에서도 몽골의 영웅 서사시 〈게세르 칸〉이나 칭기스

칸의 이야기를 담은 웅혼한 서사시 〈몽골비사〉같은 대서사시의 창작 가능성이 열렸음을 보게 된다. 단편적이고 교과서적 지식에 머물렀던 백제의 역사와 백제인들의 족적足跡을 영웅 서사시의 내러티브로 엮어 유장한 호흡과 낭랑한 목소리로 들려주는 저자의 스토리텔링이 책을 읽는 내내 빛을 발한다.

이 책을 펼친 우리는 의무적으로 암기해야 하는 지식의 역사가 아니라 시인의 빛나는 예지와 통찰력으로 되살려진 감성의 역사를 만나는 새로운 세계로 발을 내딛은 것이다.

시인 **김 용 범**
한양대학교 문화콘텐츠학과 교수

백제 역사의
잃어버린 고리를 찾아서

4년 동안 한 고등학교에서 함께 근무했던 선생님에게서 원고 하나를 건네받았다. 《역사를 읊다, 서사시 대백제》라는 제목이었다. 학교에서는 열정적으로 학생들을 가르치며 학문에 정진했고 개인적으로는 틈틈이 시를 발표해 큰 상을 받기도 한 강수 선생님의 원고였다. 백제의 건국과 전성, 그리고 멸망과 부흥을 노래한 작품을 읽다 보니 대작이라는 말이 절로 나왔고, 저자의 열정과 노고에 다시 한 번 감동했다. 중고등학교에서 30년 넘게 역사를 가르쳐 온 나는 백제사에 대한 그의 깊은 애정과 그 결실을 4부작으로 체계화한 남다른 노력에 놀라움을 감출 수 없었다. 그리고 이 작품을 통해 문학과 역사, 역사에서의 문학적 상상, 중고등학교에서의 역사 수업 등에 대해 많은 생각을 하게 되었다.

일반적으로 문학은 상상(픽션)의 영역이고, 역사는 사실(팩트)의 영역이라고 한다. 문학과 역사의 경계를 넘나드는 것은 보통 서사시나 역사소설, 혹은 정통 사극이나 다큐멘터리와 같은 영상물 등이었다. 하지만 요즘 텔레비전이나 영화에서 시청률이 높거나 수백만 관객을 동원하는 역사극은 팩트와 픽션을 넘나들고 있다. 이른바 역사극이 '팩션 사극'이라는 새로운 장르로 지평을 넓히고 있는 것이다. 팩션 사극이라는 '신개념 사극'은 역사의 사실성에 구애 받지 않고 자유로운 상상과 결말 만들기가 가능하기 때문에 특히 젊은이들의 지지를 얻는다.

나는 이 작품을 읽으면서 문학과 역사의 관계에 대해 곰곰이 생각해 본다. 철저히 입시와 연계되어 지나치게 팩트만 강조된 교육 현실 속에서 역사의 주인공인 사람, 그들의 살냄새는 증발된 채 사건과 사실만 연대순으로 건조하게 나열하는 역사 수업에 학생들이 흥미를 갖을 리 없다. 따라서 《역사를 읊다, 서사시 대백제》는 역사의 주인공인 당시 사람들의 고뇌와 열정, 그리고 성취와 좌절을 훌륭하게 형상화하였다는 점에서 높이 평가되어야 한다.

역사가는 사료를 발굴하고 엄정한 사료 비판을 통한 객관적이고 공정한 역사 서술을 지향한다. 그러나 사료는 단편적이고, 이를 기록한 사람의 주관이 반영되기 때문에 불완전하다. 그래서 이 불완전한 사료를 어떻게 해석할 것인가를 둘러싸고 여러 학설이 존재한다. 따라서 무엇이 사실史實, 事實이며 무엇이 정설正說, 定說인가를 놓고 치열한 논쟁이 벌어지곤 하는 것이다. 특히 고대사의 경우, 그중에서도 백제와 고구려의 관련 사료는 절대적으로 부족하다. 그래서 역사가는 꾸준히 새로운 사료를 찾고 유물과 유적 등의 연구를 통해 기록의 한계를 보완하며, 고고학·인류학·고미술사학 등 인접 학문의 도움을 받아 사실에 다가가려는 노력을 기울인다. 그래도 메울 수 없는 부분은 역사적 상상력을 동원하는 것이다. 《역사를 읊다, 서사시 대백제》는 바로 이러한 탁월한 역사적 상상력을 동원하여 문학적 리듬을 빌려 기록의 틈새를 메우고 있다. 혹자는 이 작품 속 역사적 배경과 사건 중 일부가 중고등학교 때 배운 역사적 사실과 다르다는 점에 의문을 가질 수 있다. '역사'라는 말이 들어가는 한 사실과 달라서는 안 된다고 비판할 수도 있다. 그러나 우리는 문화 콘텐츠에 많은 관심을 기울여 온 저자가 쓴 이 작품이 '역사를 읊은 서사시'이지 역사 다큐멘터리가 아님을 기억해야 한다. 저자가 지적한 대로 사실의 시시비비는 역사학계의 몫으로 남겨두고 우리는 리듬이 있는 이야기(스토리)에서 저자가 녹여 낸 백제의 히스토리에 관심을 기울일 필요가 있다.

요즘 스펙보다 스토리가 중요하다는 말을 자주한다. 무엇을 성취했는가 하는 결과보다 실패했어도 그 과정에서 끊임없이 시도했던 자신만의 이야깃거리가 중요하다는 의미이다. 우리가 알고 있는 백제의 스펙은 고구려나 신라에 비하면 초라하다. 저자는 넓고 꼼꼼한 조사를 통해 백제의 건국과 전성, 멸망과 부흥이라는 씨줄에 수많은 등장인물의 활동을 날줄로 엮어 백제의 스펙을 복원하려 노력하였으며, 좌절로 끝나 버려 기록이 소략하여 잊혀진 백제에 살냄새 나는 스토리를 불어넣는 커다란 문학적 성취를 이루었다. 이제 그와 함께 백제 역사의 '잃어버린 고리'를 찾아서 여행을 떠나 보자.

주 경 식
경기고등학교 역사 교사

팩트 포엠fact-poem,
신비로움을 간직한 나라 백제와의 조우를 꿈꾸다

나는 그동안 현대시의 정체성과 장르 영역에 대해 많은 고민을 해왔다. 범박한 것이긴 하지만 가요의 '노래 가사'도 시이고 뮤지컬이나 오페라의 아리아aria도 시이다. 그런데 아무도 그것들을 시의 영역에서 다루지 않는다. 요즘 같은 전자 매체의 시대에 어울리는 시의 양식으로, 가요, 그리고 뮤지컬이나 오페라의 리브레토libretto만한 것이 있을까. 이러한 물음에 대한 해답으로 시도해 본 것이 바로 서사시敍事詩이다.

　서사시는 역사적인 사실이나 신화·전설 따위를 읊은 '이야기 시'이다. 그러니까 쉽게 말하면 '리듬rhythm이 있는 이야기story'인 셈이다. 서사시는 구술 매체 시대에 가장 적합한 장르였다. '옛날 옛날에……'로 시작하는 '이야기'는 서사시의 한 특성을 그대로 보여 준다. 우선 그러한 이야기는 구비전승된다. 그래서 구연자口演者의 암기력에 의존할 수밖에 없고 암기하기 쉽고 구연하기 쉬운 형태를

띨 수밖에 없다. 그래서 형성된 것이 '리듬'이다. 그래서 서사시는 '리듬을 지닌 이야기'라는 특성을 지니게 된 것이다.

그런데 이러한 서사시의 전통이 현대에 와서는 사라진 듯 보였다. 서사시는 문학개론 책에나 등장하는 장르 명칭이며, 서정시만이 시의 본령으로 평가되는 것이 작금의 현실이다. 그렇다면 서사시는 과연 불필요하고 의미 없는 장르인가. 그렇지 않다. 서사시는 소설에 비해 독자들에게 쉽게 읽히고 감성적 파급력이 크다는 장점이 있다. 이를테면 '이야기'와 '시'가 융합된 퓨전 장르로서의 가치를 지니고 있다는 것이다. 나는 바로 서사시의 이러한 특성에 주목했다. 앞에서 언급한 뮤지컬과 오페라 리브레토의 파급력도 고려의 대상이었다. 뮤지컬과 오페라는 '노래를 주축으로 공연되는 극'이다. 극의 흐름은 '이야기'의 영역이고 '노래'는 '시'의 영역이므로, 서사시와의 유사성이 크다. 그러므로 약간의 각색 과정만 거치면 서사시는 언제든지 리브레토로 변환이 가능하다.

생각이 여기에까지 미치자 서사시야말로 현대시의 정체성을 타파하면서 전자 매체 시대의 새로운 총체 장르이자 퓨전 장르로서 자리매김할 수 있겠다는 판단이 섰다. 그리고 바로 서사시의 소재를 발굴하기 위한 작업을 시작했는데, 제일 먼저 시작한 것이 백제의 역사였다. 백제는 우리 역사에서도 거의 알려지지 않은 신비로움을 간직한 나라이다. 왜곡되고 편협한 역사로 남아 있는 백제의 진면목을 현대인의 눈앞에 펼쳐 보이고 싶었다. 하지만 대중 매체의 역사 드라마처럼 역사적 고증이 철저하지 못하여 역사학자들의 지탄을 받는 작품이 되어서는 안 된다는 책임감이 어깨를 짓눌렀다. 그래서 마련한 해결책이 역사학자의 도움을 받는 것이었다. 실상 백제 역사를 파악하기 위해 자료를 수집하다 보니, 필자가 감당할 수 있는 수준이 아니었다. 《삼국사기》나 《삼국유사》 혹은 중국의 역사서에 있는 문구 하나에도 너무나 다양한 해석과 분석이 붙어 있었다. 심지어 역사적인 시점時點이 학자마다 다른 경우도 있었다. 논리를 세우기 위해 출판 서적뿐만 아니라 인터넷 카페 등을 이 잡듯이 뒤지고 방대한 양의 사료들을 모으기도 하였다.

그리고 다행히 백제의 역사에 대해 다룬 몇몇 대표 저서들을 통해 사료를 정리할 수 있었다. 이도학 교수님의 《살아 있는 백제사》와 《백제장군 흑치상지 평전》, 박영규 선생의 《한 권으로 읽는 백제왕조실록》, 그리고 'KBS 다큐멘터리 역사를 찾아서' 등의 도움을 많이 받았다. 그 외에 역사 관련 인터넷 카페에 있는 다양한 역사 자료와 분석 자료들은 그야말로 가뭄에 단비 같은 기쁨을 안겨 주었다. 그분들께 이 자리를 빌려 감사의 말씀을 전한다.

이렇게 해서 쓰여진 서사시를 고대사 전문가이신 오순제 교수님께 감수 받았다. 너무나 모자란 필자의 역사 지식을 바로잡고 올바른 길로 이끌어 주신 오순제 교수님께 진심으로 감사한다. 그래도 해결할 수 없는 것들은 주를 통해 밝혔으나, 그 문제들은 앞으로 역사학계에서 함께 해결해야 할 과제라고 생각된다. 허구와 역사적 사실이 어우러진 소설 장르를 팩션faction이라고 하는데, 굳이 이 작품을 명명하자면 팩트 포엠fact-poem 내지는 역사시history poem라고 이름 지을 수 있을 것이다. 이 부분은 앞으로 필자가 풀어 가야 할 과제이다.

이 작품에서 다루고 있는 인물은 '온조왕', '근초고왕', '의자왕', '흑치상지' 이렇게 넷이다. 온조왕은 백제의 새벽을 연 인물이며, 근초고왕은 백제의 최고 전성기를 연 인물이다. 의자왕은 당나라의 그늘에서 벗어나기 위해 자주 노선을 고집하다 백제를 멸망으로 이끈 인물이며, 흑치상지는 백제부흥운동의 선봉장이었던 인물이다. 이들을 통해 백제사의 큰 흐름을 감상할 수 있으리라 기대한다. 이 작품을 통해 독자 여러분이 역사를 읽는 재미를 느낄 수 있었으면 좋겠다. 역사는 딱딱하고 어려운 것이 아닌 재미있는 것, 오늘날까지도 살아 숨 쉬는 현실임을 느낄 수 있었으면 좋겠다. 또한 시의 문화 콘텐츠적 가치를 새롭게 조명해 보는 계기가 되었으면 한다.

끝으로 필자를 시의 세계로 인도해 주신 윤석산, 정진규 선생님, 그리고 서사시의 세계로 이끌어 주시고 시의 문화 콘텐츠적 가치와 활용성으로 시야를 넓혀 주신 김용범, 박상천 선생님과 학문의 길이 끊어지지 않도록 격려해 주신 이상호 선생님께 감사의 말씀을 전한다. 아울러 필자의 부족한 작품을 기꺼이 출판해 주신 도서출판 함께읽는책의 양소연 사장님, 오랜 시간 기다리고 격려해 준

함소연 님과 출판사 관계자 여러분, 그 외에 이 책을 위해 물심양면
으로 도움 주신 분들께 머리 숙여 감사의 마음을 전한다.

2012년 봄

강 수

차례

백제 건국 시조
온조왕
아름다운 나라를 세운
따뜻한 왕의 이야기

백제의 위대한 태양
근초고왕
천하의 중심에 우뚝 선
황제의 이야기

동아시아의 해양 강국, 백제의 숨결을 따라서

오순제 | 한국고대사연구소 소장, 서울문화예술대학교 교수

백제의 새벽을 열다, 온조

백제의 시작을 이야기하기 위해서는 먼저 졸본부여, 고구려를 이야기해야 한다. 고구려의 시조 주몽은 동부여에서 태어나 자랐지만 동부여 금와왕의 아들 대소의 압박으로 인해 졸본부여로 몸을 피해야 했다. 졸본부여에 도착한 주몽은 마침 과부가 되어 친정에 와 있던 왕의 딸 소서노를 만났고 둘은 결혼에 이른다. 다음 왕위 계승자였던 소서노는 남편인 주몽에게 왕의 자리를 양보했고 왕좌에 앉은 주몽은 국호를 고구려로 바꾸었다. 그러나 주몽의 장자 유리가 졸본부여로 아버지를 찾아왔고, 태자의 자리는 소서노의 아들이 아니라 유리의 차지가 된다. 이에 졸본부여의 원래 왕위 계승자이자 주몽의 부인 소서노는 두 아들 비류와 온조를 데리고 고구려를 떠나게 된다. 이것이 백제의 시작이다. 백제의 건국에 대

한 역사적 기록은 중국의 역사서에서 찾아볼 수 있는데 《주서周書》
백제전은 다음과 같이 기록하고 있다.

> 백제는 이전에 마한에 속하였던 나라로 부여의 별종이며
> 구태라는 자가 대방에 나라를 세운 것이 그 시작이다.
>
> 百濟者. 其先蓋馬韓之屬國. 夫餘之別種. 有仇台者. 始國於帶方

백제가 부여에서 나왔으며 구태라는 사람이 대방 고지에 세웠다
는 뜻이다. 《양서梁書》 백제전에는 이렇게 전한다.

> 백제는 마한 50국 중 하나로 그 나라는 본래 고구려와 같
> 이 요동의 동쪽에 있었다.
>
> 百濟者.. 馬韓五十國.. 百濟卽其一也.. 其國本與句驪在遼東之東

백제가 고구려와 같이 요동의 동쪽에 있었다는 뜻이다. 그런데
신채호 선생은 《조선상고사》에서 백제의 건국자인 구태를 소서노
로 보고 있다. 우리나라 상고사를 다루고 있는 《환단고기》의 고
구려국본기에는 다음과 같이 전한다.

> BC 32년에 소서노가 패수浿水와 대수帶水 사이의 땅이 기름
> 지고 살기 좋다는 말을 듣고 남으로 내려와 진번지간眞番之

間의 바다를 낀 외진 곳에서 10여 년 간 살면서 사람을 모으고 재산을 축적하여 북쪽으로는 대수, 서쪽으로는 큰 바다에 임하여 500여 리를 차지하였는데 주몽에게 사신을 보내자 그가 소서노를 '어하라於瑕羅'[1]에 책봉하였다. BC 19년에 소서노가 죽자 비류가 왕으로 즉위하였고 온조는 마려, 오간 등을 이끌고 배를 타고 마한의 미추홀에 닿았다. 온조는 한산漢山의 부아악負兒岳에 올라 열 신하의 의견을 따라 하남위지성河南慰支城에 도읍을 정하고 나라의 이름을 백제라 정하였는데 비류가 죽고 난 뒤 그의 백성들이 백제로 귀순해 왔다.

이 당시 패수는 요동 반도 북부의 해성에 있는 어니하於泥河[2]라는 강이며 이 지역은 요하를 중심으로 서쪽은 번조선, 동쪽은 진조선이 존재하였던 그 경계 지역이었기에 진번지간[3]이라고 부르게 된 것이다. 온조가 그 국호를 백제라 한 당시의 상황을 보면 그들이 바다를 건너 한반도의 중부 지역인 서울로 들어온 것을 알 수

---

1 지금의 요하 하류 동쪽 지역에 소서노가 '어하라'를 세웠고 소서노를 '어하라'라고 칭했다는 기록이 있다.
2 신채호, 《조선상고사》, 삼성미술문화재단, 1977.10.
3 신채호, 최동 등의 민족사학자들은 요하의 서쪽 요서 지역에 번조선이 있었고, 만주 지역에는 진조선, 한반도에는 막조선 등 삼조선이 있었으며, 그중에 진조선을 다스리던 진한이 맹주의 역할을, 변한과 마한은 부왕의 역할을 하였다고 보고 있다.

있다. 《북사》 백제전에는 이렇게 묘사하고 있다.

> 백제는 마한에 속하였는데 삭리국으로부터 나왔으며 동명의 후예에 구태라는 자가 매우 어질고 신실하여 대방고지에 나라를 세웠는데 100가家가 바다를 건너왔기에 백제라 불리었다.
>
>

백제는 삭리국[4] 출신으로 졸본부여를 건국한 동명[5]의 후예이자 구태라 불리던 소서노가 요동반도의 대방고지에 나라를 세우고 다시 100가家[6]를 이끌어 배를 타고 바다를 건너와 세운 나라이기에 백제라고 했다는 뜻이다. '대방고지'는 황해도 지역으로 이동한

---

4 삭리국은 고리국이라 불리던 곳이다. 현재 서요하 상류의 시라무렌강 유역 내몽고자치구 임서(林西)라는 지역이며 이곳에 고리국의 동명 신화와 관련된 병아리바위가 있다. 이를 통해 이곳이 원시고구려족인 고리국의 맥족(貊族)이 있었던 곳임을 알 수 있다.

5 《삼국유사》의 북부여조와 《해동역사》의 고구려조, 그리고 천남산 묘지명 등에서는 동명과 주몽을 전혀 다른 인물로 구분하고 있다. 《만주원류고》 부여조에서는 동명이 삭리국에서 부여로 달아났고, 주몽은 부여에서 고구려로 달아났다고 설명하고 있다. 이를 통해 고구려는 삭리, 고리를 거쳐 졸본부여, 그리고 고구려로 이어졌음을 짐작할 수 있다.

6 1家는 보통 5인 가족으로 본다.

7 진조선이 북부여를 세운 해모수에게 멸망하고, 번조선이 연나라에서 투항해 온 위만

대방국[7]의 유민들이 원래 살았던 옛 땅을 일컫는 말이다. [8]

필자가 백제문화연구회 한종섭 회장과 1992년 하남시 고골의 하남위례성지 지표조사를 통해 당시 사람들이 졸본부여를 세운 동명을 백제의 시조로 모시고 제사를 드리던 동명묘東明廟는 동쪽 검단산에, 천지에 제사를 드

동명신화의 병아리바위
(사진 정형진)

리던 남단은 남쪽 검단산에 있음을 밝혔다. 또한 《삼국사기》에는 온조가 하남 위례성으로 천도한 지 3년 뒤인 온조 17년(BC 2)에 "국모묘國母廟를 설치하고 제사를 드렸다"는 기록이 있는데 여기서 국모묘는 온조의 어머니인 소서노의 묘를 말한다. 현재 하남시 이성산성의 정상부 바로 아래에서 다인장묘多人葬墓, 여러 사람의 묘가 발견되었으며 그 아래에는 두 개의 장방형 건물지가 있다. 필자는 이것을 소서노의 묘와 사당으로 추정하고 있다.

온조는 한강을 따라 올라와 마한 왕에게 마한의 동북쪽 100여

에게 멸망하자 한반도의 평양 지역에 있었던 막조선은 불안을 느껴 한강 이남의 직산 지방으로 천도하게 된다. 이에 요동 지방의 낙랑과 대방 지역에서 피난 온 유민들이 평양 지역에 낙랑국을 세우고, 황해도 지역에는 대방국을 건설한 것이다.

8 최동, 《조선상고민족사》, 동국문화사, 1966. 2.

리를 허락 받아 '하북위례성'에 도읍을 정했는데 그곳이 현재 북한 산의 동쪽 기슭에 있는 방학동 토성이다. 이후 다른 나라와의 관계를 통해 백제는 역사에서 존재를 드러내게 된다. 백제가 처음 모습을 드러낸 것은 온조왕 4년(BC 15), 낙랑국과의 수교를 통해서이다.[9] 이후 백제는 온조왕 8년(BC 11) 봄에 말갈[10]이라고 불리던 맥국의 공격을 받았으나 결국 백제의 승리로 끝났고, 그해 가을 마수성馬首城과 병산책瓶山柵, 柵:토성을 만들었다. 그러나 이로 인해 낙랑국과의 화친은 깨지게 된다. 그 뒤로 온조왕 17년(BC 2)년에는 낙랑이 백제의 하북위례성河北慰禮城을 공격했고, 이듬해에는 백제가 낙랑의 우두성牛頭城을 쳤으나 큰 눈이 내려 돌아왔다. 이후 낙랑의 기록은 전하지 않는데, 낙랑국이 고구려 대무신왕에 의해 멸망했기[11] 때문이다.

맥국과 낙랑국의 계속되는 침략으로 인해 편할 날이 없자 백제의 온조왕은 장기적인 대비를 하고자 부아악負兒岳 백운대에 올라 한강의 남쪽 평야 지대를 살펴본 뒤 온조왕 13년(BC 6)에 한강 남쪽의 남한산 아래에 토성을 세워 새로운 수도인 하남위례성河南慰

---

9 낙랑국이 백제와 "서로 예방하고 좋은 의를 맺어 뜻이 일가와 같았다"라고 한 사료가 전한다. 이때 낙랑은 중국의 낙랑군이 아니라 한반도의 낙랑국임을 알 수 있다. 만일 낙랑이 중국인이었다면 '일가'라고 할 까닭이 없다.
10 여기에서 말하는 말갈은 춘천 지역에 있었던 맥국을 지칭한다. '물길(勿吉)'이라고도 불렀는데 소양강이라는 큰 강변에 사는 종족이라는 뜻이다.
11 삼국사기 고구려본기 대무신왕 20년조

禮城을 구축하였다. 이
곳이 현재 하남시 고골
이며 이곳에는 교산동
토성과 이성산성, 백제
시대의 토광묘, 석실묘
와 천왕사지, 동사지,
바위절터와 미사리 유
적 등 백제 시대의 유적
이 많이 남아 있다. 당
시 백제의 영토는 동으

부여와 열국시대

로 춘천, 북으로는 예성강에 이르렀으며, 서쪽으로 인천 지역, 남
으로는 경기도 평택의 진위천까지 이르렀다. 그러나 온조왕 24년
(AD 6)에 백제가 하남위례성으로 천도한 뒤, 마한馬韓[12]의 수도인
목지국目支國[13] 북쪽으로 웅천책熊川柵을 쌓았으나 마한의 강력한
항의를 받고 토성을 무너뜨린 것으로 보아 그때까지는 백제의 힘
이 마한에 미치지 못했음을 알 수 있다. 그러나 2년 뒤 마한은 백
제에 의해 정복되어 역사 속으로 사라졌다. 온조왕 34년에 마한의

---

[12] 당시 마한은 요서의 번조선에서 들어온 유민이 세운 변한과 만주의 진조선에서 들
     어온 유민이 세운 진한을 모두 다스렸고 이러한 후삼한을 통칭하여 진국(辰國)이라
     고 불렀다. 마한의 왕은 진왕(辰王)으로 불렸으며 수도는 목지국에 있었다. 즉 마
     한이 이들을 모두 다스렸다고 볼 수 있다.
[13] 현재는 안성시 양성면 성하리에 마한의 수도인 목지국터가 있다.

장수였던 주근周勤이 우곡성牛谷城에서 부흥운동을 일으켰지만 곧 제압되었고 이후 백제는 원산과 금현 두 곳의 성을 수리하고 대두 산성과 탕정성, 고사부리성古沙夫里城을 쌓아 마한의 부흥운동을 봉쇄하였다. 온조왕은 재위 41년에 아산원牙山原, 현재의 충남 아산 지역 으로 5일간 사냥을 나갔는데 사실 이는 사냥을 핑계로 점령한 마 한 지역의 통제를 강화하기 위한 것이었다. 현재 전남 나주의 반 남고분을 남하한 마한의 유물로 추정하여 마한이 근초고왕 때에 와서야 정복되었다고 보는 견해도 있으나 필자는 백제 초기에 이 미 정복되었으며, 반남고분은 마한의 지배층이었던 자들이 지역 토착 세력으로 존재했던 당시의 유물이라고 본다.[14]

그리고 온조왕 43(AD 25)년에는 남옥저의 구파해仇頗解 등 20여 가가 투항해 오자 그들을 한산의 서쪽에 머물게 했다. 남옥저는 현 재 요동 반도 북부의 해성海城지방[15]에서 '비류백제沸流百濟'와 함께 있던 세력으로 이들은 고구려의 세력에 밀려 소서노와 백제의 유민 들이 이동해 온 경로를 통해 백제로 흘러온 것이다. 즉 평양 지역의 낙랑국[16]은 졸본부여가 북부여를 멸망시킨 뒤 한반도의 맹주로 등

---

14 같은 맥락에서 고구려와 낙랑국의 예를 들 수 있다. 평양 지역에 나타나는 고고학 적 발굴 결과를 토대로 짐작컨대, 고구려의 대무신왕이 평양의 낙랑국을 멸망시켰 지만, 동천왕 때까지는 낙랑국의 유민들이 토착 세력으로서 그 지역을 다스렸다.

15 해주 남해군은 본래 옥저국의 땅이다.

16 낙랑국의 마지막 왕 최리(崔理)가 고구려의 호동왕자를 만났을 때 그에게 '북쪽 나라 신왕의 아들(北國神王之子)'이라 칭한 것으로 보아 낙랑국은 남쪽 나라(南國), 고구려 는 북쪽 나라(北國)이며, 당시 낙랑국이 한반도의 맹주 역할을 했음을 알 수 있다.

장하여 중국과 교역을 시작해 그들의 문화를 받아들였으며[17] 백제
가 건국되자 말갈과 함께 백제를 공격했다. 이렇게 세력을 뻗어가
던 낙랑국은 고구려 대무신왕의 공격으로 AD 37년에 멸망하게 된
다.[18] 낙랑국의 유민 중 5천여 명은 신라로 투항하고 나머지는 황
해도 지역의 대방국으로 옮겨와 명맥만 유지하였다. 낙랑국이라는
막강한 후원 세력을 잃은 대방국의 왕은 백제의 책계왕에게 딸을 시
집보내 백제와의 결속을 다졌고, 그 뒤 고구려가 대방국을 공격하
자 백제는 대방국을 위해 군사를 보내주었다.[19] 이에 고구려가 백
제에게 불편한 심기를 드러냈기에, 백제는 고구려의 공격에 대비해
아차성阿且城[20]과 사성蛇城[21]을 수리하게 된다.

그러나 결국 AD 300년(고구려 봉상왕 9년, 신라 기림왕 3년, 백제
분서왕 3년) 대방국은 고구려에 의해 멸망했고, 대방국과 낙랑국의

---

17 이곳에서 중국의 황제만이 사용할 수 있는 '승여(乘輿)'라는 글자가 새겨져 있는 칠
    기가 발굴되었다. 이 칠기는 중국으로부터의 교역품이다.
18 • 대무신왕 21년 왕이 낙랑국을 공격하여 멸망시켰다. (《삼국사기》권14, 고구려본기)
    • 유리왕 14년 고구려왕 무휼이 낙랑국을 공격하여 멸망시키자 그 나라 사람들
      5000명이 투항해 왔다. (《삼국사기》권1, 신라본기)
19 "책계왕 원년 고구려가 대방국을 치자 대방국이 우리에게 구원을 요청하였다. 이전
    에 책계왕이 대방국의 왕녀인 보과를 부인으로 삼았으므로 대방국은 장인의 나라
    이며 따라서 그 청을 물리칠 수 없다고 말하고 군사를 이끌고 가 구해 주었고 이에
    고구려가 원망하였다."(《삼국사기》권24, 백제본기)
20 아차성은 현재 광진구 구의동의 아차산성으로 온조왕이 하남위례성으로 천도한 뒤
    인 BC 5년에 한강의 서북쪽에 쌓은 것이다.
21 하남시 구산토성인 사성을 중심으로 선리에서 창우리에 이르는 제방을 말한다. (방
    동인, 「풍납리토성의 역사지리적 검토」, 《백산학보》 16, 백산학회, 1974)

유민들은 신라에 투항했다.[22] 그리고 백제는 예성강을 경계로 고구려와 마주하기에 이른다.

천하의 중심에 우뚝 선 백제, 근초고왕

백제의 왕 중에서 사람들이 가장 많이 기억하는 왕이 의자왕이라면, 백제 부흥의 토대를 만들고 강한 백제를 만들었다고 평가받는 왕은 근초고왕이다. 그래서 근초고왕은 고구려의 광개토대왕, 신라의 진흥왕과 함께 삼국시대 3대 군주로 꼽힌다.

근초고왕이라는 이름은 백제의 5대 왕인 초고왕에서 따온 것인데 이는 백제 왕실의 역사와 관련 있다. 백제 왕실은 1대 온조왕부터 7대 사반왕까지 온조왕의 후손이 왕위를 계승했다. 그런데 사반왕은 나이가 어리다는 이유로 왕위에 오르자마자 쫓겨났고 그 다음 왕위에 오른 자가 비류의 후손, 8대 고이왕이었다. 그 뒤로 9대 책계왕, 10대 분서왕, 12대 계왕 모두 고이왕의 후손이었고 11대 비류왕은 온조의 후손이었다. 그러니까 초기 백제는 온조와 비류의 후손이 교대로 왕위를 물려받았던 셈이다. 비류왕 다음으로 왕위에 오른 계왕은 즉위한 뒤 3년 만에 죽었고, 그 뒤를 이어 비류

---

22 낙랑국과 대방국 두 나라 사람들이 항복해 왔다. (《삼국사기》권2, 신라본기)

왕의 둘째 아들인 근초고왕이 13대 왕의 자리에 올랐다. 이후 백제 왕위는 모두 그의 후손이 차지하게 되었으니 이때부터 백제 왕실은 온조계의 후손이 독점하게 된 것이다. 이에 근초고왕은 온조계의 초고왕의 이름에 '근近'자를 덧붙여 근초고왕이라 불리게 되었고 그의 아들도 온조계인 구수왕의 이름에 '근近'자를 덧붙여 근구수왕이라고 불렀다.[23]

그는 요동의 낙랑군 지역까지 해상 활동을 전개한 고이왕, 책계왕, 분서왕의 위업을 이어 강력한 해상 활동을 벌였는데 그 당시의 상황을 《양서》 백제전은 "진晉나라 때 고구려가 요동을 차지하자 백제도 요서, 진평의 땅을 점령해 스스로 백제군[24]을 두었다"라고 전하고 있다. 당시 백제가 요서 외에도 양자강 하구 양안 지역을 점령하였음을 여러 기록에서 볼 수 있다.

> 진나라 때부터 송, 제, 양나라에 이르기까지 백제는 양자강 좌측에 거했고, 북위 때는 중원[25]에 자리를 잡았다.(《주서》 백제전)

> 진나라 때부터 송, 제, 양나라까지 백제는 양가강의 좌우

---

23 천관우,《고조선삼한사연구》, 일조각, 1989.
24 만리장성 부근의 요서 지방에 요서군과 진평군을 설치한 것을 말한다.
25 북위를 물리치고 산동성 지역을 차지한 것을 말한다.

에 거하였다.(《북사》백제전)

전성기의 백제는 백만의 강병을 가졌고 남으로 오, 월[26]
을 치고 북으로 유주, 연, 제, 노나라[27]의 땅을 차지하였
다.(《삼국사기》최치원전)

백제국은 동으로 신라에 이르렀고 서쪽으로는 왜국에 닿
았으며, 서쪽으로는 바다를 건너 월주에 이르렀으며, 북
으로는 바다를 건너 고구려에 이르렀다.(《구당서》백제전)

여기에서 '강'은 양자강을 뜻하며 그 지역에 오吳 나라와 월越 나
라가 있었다. 이를 통해 백제가 바다 건너 요서와 양자강 유역의
월주 및 왜를 지배하던 해상 강국이었음을 알 수 있다.
근초고왕은 AD 369년에 그 위세를 과시하기 위해 한수漢水의
남쪽에서 대규모의 군사 행진을 벌였는데 이때 사용한 깃발이 모
두 황제만 사용하던 황색이었다.[28] 그리고 AD 371년에 백제의 근

26 양자강 남쪽의 강소성, 절강성 지역을 말한다.
27 유주는 북경과 요서 지역, 연나라는 하북성, 제나라와 노나라는 산동성 지역을 말
한다.
28 한수는 현재의 한강으로 한강 남쪽의 넓은 벌판에서 군사 행진을 한 것으로 보인
다. 황제의 색인 황색을 사용한 것으로 보아 이 당시 백제가 왜국과 중국에 식민지
를 둠으로서 제국의 풍모를 갖추었음을 알 수 있다.

초고왕은 태자에게 고구려의 평양성을 공격하게 하고 고국원왕의 목숨을 빼앗아 백제의 영토를 예성강(禮成江)까지 넓혔다.[29] 그는 도읍을 하남위례성에서 한

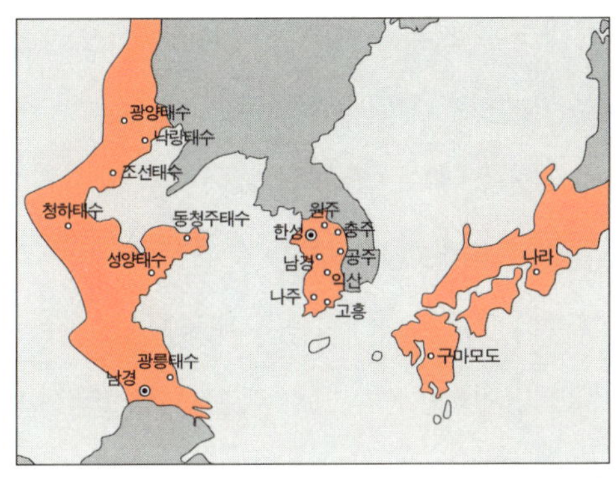

백제의 해외진출

산[30]으로 옮기고 고구려의 공격에 대비하였다. 그리고 근초고왕 30년(AD 375년)에 박사(博士) 고흥(高興)에게 역사책 《서기(書記)》를 만들게 하여 백제가 천하의 중심이며 고조선-부여-백제로 이어지는 민족의 적통을 이은 국가임을 만천하에 공표하는 동시에 국력의 강성함을 자랑하였다. 근초고왕은 고이왕 때 점령한 일본에 그의 아들인 주군(酒君)을 파견하였는데 이는 왜국을 감시하기 위한 것이었다. 현재 일본의 역사서 일본서기에는 근초고왕(346-375)이 야

---

29 진사왕 2년(AD 385)에는 15세 이상의 사람들을 징발하여 예성강을 경계로 삼아 청목령(현재의 경기도 개성)을 중심으로 북쪽으로는 팔곤성(현재의 황해도 곡산), 서로는 바다(현재의 개성군 창릉포의 영안성)에 이르기까지 관방을 설치하였다.

30 한산(漢山)은 현재의 남한산성(南漢山城)이다. 고구려가 중국의 공격에 대비하여 평지성인 국내성에서 산성인 환도성으로 도읍을 옮긴 것과 같이 백제도 당시 평지성인 하남시 고골의 하남위례성에서 산성인 남한산성으로 도읍을 옮겨 고구려의 공격에 대비한 것이다.

마대국을 정복하고 오사카를 중심으로 한 기내 지방에 백제계의 응신왕조를 세웠다고 기록되어 있지만 이는 그보다 앞선 고이왕 (234-285) 때의 일이다. 고이왕은 백제계의 응신천황을 일본의 군주로 임명하고 저수지를 축조하였으며, 복식과 말과 유학 등을 전하였다. 또한 백제인들을 대규모로 이주시켜 일본 고대 문화의 초석을 닦았다. 근초고왕은 고이왕이 앞서 다져 놓은 왜나라에 왕족을 파견하여 왜를 감독하고 지배했음을 알 수 있다.

백제의 지는 해를 지켜보다, 의자왕

백제 무왕의 맏아들이며 태자 때부터 효로써 부모를 섬기고 형제와 우애가 깊어 '해동증자海東曾子'라 칭송된 사람은 백제의 마지막 왕, 제31대 의자왕이다. 그는 아들의 이름을 효孝라 지을 만큼 효도의 덕을 강조하였다.

왕으로 즉위한 의자왕은 가장 먼저 왕권 중심으로 개혁을 단행하였다. 당시 백제는 관산성管山城, 현재의 충남 옥천전투에서 신라에게 패한 뒤 귀족의 입김이 크게 작용하고 있었고, 이에 의자왕은 동생의 아들弟王子 교기翹岐와 교기의 이모母妹女子 넷 그리고 내신좌평內臣佐平 기미岐味 등 권력의 핵심에 있던 40여 명을 섬으로 추방하였다. 또한 당시 정치권력의 중심인물이며 원로였던 대좌평大佐平 사택지적砂宅智積이 나지성奈祇城으로 밀려났는데, 이 또한 왕권 강화 정책의 하나로 볼 수 있다.[31] 또한 의자왕은 그동안 고구려와 중국에 취했던 양면적인 등거리 외교 노선을 친고구려적인 외교 정책으로 바꾸었는데 이는 당시 고구려의 연개소문이 쿠데타를 일으켜 친당적 성향의 영류왕[32]을 폐위하고 보장왕을 옹립하여 대당 강경 노선을 취한 것과 상통한다. 이와 같은 백제와 고구려의 대외 정책으로 인해 고립된 신라는 위기감을 느꼈고 결국 당나라와 손을 잡게 된다.

의자왕 2년(AD 642)에는 친히 군대를 거느리고 신라를 공격하여 미후성獼猴城 등 40여 개의 성을 함락시켰으며, 윤충 장군은 1만 명의 군사를 이끌고 신라의 대야성大耶城, 현재의 경남 합천[33]을 함락시켰다. 이 싸움에서 신라 김춘추의 사위인 성주 김품석과 그의 딸이 죽임을 당했고 백제는 점점 더 신라를 압박해 들어갔다. 의자왕 3년(AD 643)에는 고구려와 연합하여 바다에서 신라의 당항성薰項城[34]을 공격해 당나라로 조공하는 길을 막고자 했으나 신라의 선덕

---

31 《일본서기》권제24, 황극천황 원년조
32 대당 강경책을 펼쳤던 영양왕이 죽자 그의 동생인 영류왕이 왕위에 올라 당에 대한 강경책을 폐지하고 강경파인 연개소문을 천리장성을 만드는 곳으로 축출하는 등 친당 유화정책을 전개하였다.
33 합천은 대가야의 군진이 있던 지역으로 그 당시 백제는 신라가 차지하고 있던 가야 지역을 거의 다 빼앗았다.
34 553년 신라의 진흥왕이 백제의 한강 유역을 빼앗음으로써 중국으로 갈 수 있는 뱃길을 확보할 수 있었다.

여왕이 당나라에 구원을 요청했고, 이 소식을 들은 백제와 고구려
는 군대를 철수하였다.

　의자왕 5년(AD 645)에는 당나라와 고구려의 싸움에 신라군이
동원된 틈을 타서 신라의 서쪽을 공격해 일곱 개의 성을 차지하기
도 하였다. 또 신라에 대한 공격을 중단하라는 당나라의 위협적인
경고에도 불구하고 친고구려 정책을 펼쳤던 의자왕은 재위 15년
(AD 655)에 고구려, 말갈과 함께 신라의 북쪽 경계에 있는 성 30
여 개를 공격하기도 하였다. 이렇게 의욕적으로 정복 의지를 불태
웠던 의자왕은 만년에 이르러 사치와 방종을 일삼았다. 귀족들의
내부 분열로 그의 의지는 결실을 맺지 못하였으며, 군대부인郡大夫人
이 권세를 장악하고 어진 사람을 마구 죽이는 등 백제의 내부 상
황은 문란해졌다. 당시 성충과 흥수, 장군 계백 등 몇몇 충신이 쓰
러져 가는 백제를 겨우 지탱하고 있었다. 그 뒤 의자왕 16년(AD
656년) 성충은 주색에 빠진 왕에게 온 힘을 다해 바른 말을 하다
가 투옥되었지만 옥에 갇혀서도 왕에게 간언했다. 그는 전쟁이 일
어날 것을 예견하고 적군이 육로로 쳐들어오면 탄현炭峴, 현재의 충남
금산35을 넘지 못하게 하고, 수로는 기벌포伎伐浦, 현재의 금강 하구에 들
어오지 못하게 하라고 읍소했다. 험한 지형에 의지하여 싸우면 틀

35　충청남도 금산군 진산면 교촌리 숯고개이다. 신라는 상주 → 영동 → 금산 → 연산
　　→ 부여로 쳐들어왔다.

림없이 이길 수 있다고 생각했던 것이다. 그러나 이미 백제는 고위 관직에 있던 임자가 신라의 김유신과 내통할 정도로 통치 질서가 붕괴되어 있었고, 빈번한 전쟁으로 국력이 소모되어 백성들은 도탄에 빠져 있었다.

　백제와 고구려의 협공으로 고립된 신라는 당나라와 연합했고, 의자왕 20년(AD 660)에 나당연합군은 백제를 공격해 들어왔다. 당나라 소정방이 거느린 13만의 군사는 바다를 건너 덕물도德勿島, 현재의 인천 덕적도를 거쳐 백강白江, 현재의 금강 하구으로 들어왔으며, 김유신이 거느린 신라군은 탄현을 넘어 수도인 사비를 공격했다. 백제의 계백은 신라군과 맞서 황산벌에서 전투를 벌였지만 5천 명의 결사대와 함께 역사 속으로 사라졌다. 또한 금강 하구에서 소정방의 수군과 벌인 전투는 백제군 1만 명의 희생으로 끝이 났다. 그리고 7월 12일 나당연합군이 사비성을 포위하기 위해 진격해 오자 다급해진 의자왕은 그다음 날로 장기전을 준비하기 위해 태자와 함께 웅진성熊津城, 현재의 충남 공주으로 피하고[36] 왕자 부여태泰에게 사비성을 지키게 했으나 결국 사비성은 당나라에 넘어가고 말았다. 그리고 닷새 뒤, 의자왕이 몸을 피한 웅진성의 책임자인 예식진禰寔進[37]은 의자왕과 백제를 배반하고 당나라 소정방에게 의자왕을 넘

---

[36] 당시 김유신이 경기도 이천의 남천정에서 출발하자 백제의 주력 부대는 북쪽 지역으로 이동하여 장기전을 펼칠 수 있었다. 이후 이들을 중심으로 백제의 부흥운동이 전개된다.

겼다. 상주에서 이 소식을 들은 신라의 무열왕은 7월 29일 웅진성에 도착, 소정방과 함께 단상에 앉아 의자왕에게서 직접 항복을 받았다. 개국한 지 678년, 백제가 사라지는 순간이었다. 당의 소정방은 백제 의자왕과 태자 효, 왕자 융, 대좌평 사택천복 등 대신과 장수 88명, 그리고 백성 1만2천여 명을 포로로 삼아 당나라로 압송하였다. 의자왕은 660년에 당나라에서 병사하여 낙양의 북망산에 묻혔다고 전해지는데 아직까지 발견되지 않고 있다. [38]

동아시아 최초의 국제전, 백제부흥운동

나당연합군이 사비를 함락시키고 의자왕과 태자 효가 투항함으로써 백제 중앙정부는 붕괴되었다. 그러나 백제를 살리고자 하는 민심의 불꽃이 남아 있었으므로 백제 전체의 멸망이라고는 할 수 없었다. 당나라는 사비성을 함락시킨 뒤 임존성任存城, 현재의 예산 대흥까지 점령하려 했지만 실패했고 백제의 점령지에 웅진, 마한, 동명, 금련, 덕안의 5도독부를 설치한 뒤 의자왕을 비롯한 포로들을 이

37 의자왕을 소정방에게 넘긴 예식진은 당나라로 가서 좌위위대장군의 벼슬을 지냈다. 당에서 12년을 살다가 내주의 황현에서 58세의 나이로 사망하였고 당시 고관대작들이 묻히던 고양원(高陽原)에 묻혔다는 내용이 묘비에 적혀 있다.
38 중국에서 발굴된 백제 유민의 묘지명은 왕족인 부여융, 부여풍, 괵왕태비(의자왕의 증손녀 부여태비)와 장군인 흑치상지, 흑치준, 난원경, 예식진 등이다.

끌고 당으로 돌아갔다. 당나라는 유인원劉仁願에게 군사 1만을 주고 사비성을 지키게 하였으며 신라 태종무열왕도 본국으로 돌아가면서 왕자 김인태金仁泰와 7천 명의 군사를 사비성에 남겨두고 철수하였다. 그러나 5도독부는 백제의 일부 지역에만 영향력을 미쳤고 전국을 장악한 것은 백제부흥군이었다. 특히 부흥군인 복신과 도침은 당나라의 유인궤와 신라의 군대를 격파하기도 했으며 유인궤가 보낸 사신의 관직이 낮다는 이유로 그에게 답서를 주지 않을 만큼 상당한 세력을 만들었다.

백제부흥군은 유민과 귀족이 중심이 되어 일어났는데, 백제 유민은 남잠성과 정현성을 근거지로 삼았고, 여자진餘自進39은 구마노리성久麻怒利城, 현재의 충남 공주을 거점으로 삼아 궐기했다. 또한 의자왕의 조카인 왕족 복신福信과 승려 도침道琛은 주류성周留城을, 흑치상지黑齒常之40와 지수신遲受信은 임존성을 거점으로 삼아 부흥군을 일으켜 나당연합군을 공격하였다. 수도가 함락된 뒤 부흥군 초기 항전의 대표적인 지도자는 흑치상지였다. 임존성을 거점으로

---

39 여자진은 복신이 부흥운동을 일으키자 흩어진 병사들을 모아 백제부흥운동에 힘을 보탰다. 그들은 무기가 없어 몽둥이로 싸웠지만 신라군을 격파해 병기를 빼앗을 정도로 용맹했으며, 당군도 대적하지 못했다고 전해진다. 백제부흥군이 사비성을 회복하자 그는 복신과 함께 좌평으로 불릴 만큼 백성들의 신망을 얻었다.

40 사비성이 함락될 당시 백제의 달솔(達率)로서 풍달군의 장수를 겸하고 있었던 흑치상지는 의자왕과 함께 당에 항복했다가 사비성을 탈출하여 부장 10여 인과 함께 임존성을 거점으로 부흥군을 일으켰다. 열흘 만에 3만의 병력을 규합하였고, 소정방이 보낸 당군을 격퇴하면서 여러 성들을 회복하였다.

활동했던 그는 3만 명의 병력을 규합하여 당군을 물리치고 2백여 개의 성을 회복하였다.

복신과 도침은 왜에 가 있던 왕자 부여풍의 귀국을 준비하는 동시에 군사를 모으고 나당군에 대한 공격을 활발히 전개하였다. 왕조의 부흥을 선언한 이들에게 많은 성이 호응하였고 복신은 이들을 정비하여 661년 3월 사비성을 공격하였다. 이에 사비성에 주둔하던 당의 유인원과 신라의 김인태가 각기 본국에 원병을 요청했고, 신라에서는 태종무열왕이 직접 군사를 이끌고 사비성으로 지원을 왔다. 전세가 불리해진 복신의 부흥군은 임존성으로 후퇴하여 흑치상지군과 합세하였고 주류성으로 돌아와 당의 지원군이 사비성에 있는 유인원의 군대와 합세하는 것을 막기 위해 웅진강熊津江, 현재의 금강 하구 연안에 2개의 책을 세우는 동시에 사비성을 공격해 들어갔다. 당나라는 백제부흥군을 분열시키기 위해 포로로 붙잡았던 백제의 태자 부여융을 웅진도독熊津都督에 임명하여 부흥운동 세력을 회유, 와해시키려 하였다.

나당연합군과 수많은 전투를 치르던 중, 662년 왕으로 추대된 부여풍이 일본에서 원병을 거느리고 도착하자 부흥군은 다시 사기가 충전하여 백제의 부흥을 위한 전투에 임하게 된다. 그러나 이때 백제부흥군 지도층에 내분이 발생하여 복신이 도침을 죽이고 휘하의 군사를 장악하는 사건이 발생하였고, 백제부흥운동 초창기부터 힘을 합쳐온 이들의 분열은 부흥운동에 큰 타격을 입히게 된다. 하지만 이것이 끝이 아니었다. 부흥 운동의 주축인 복신과 풍왕豊王 사이에 불화가 일어나 663년 6월 풍왕이 복신을 살해하기에 이른 것이다. 이는 당시 웅진도독으로 파견된 태자 부여융과 내통하였던 규해紅解[41]

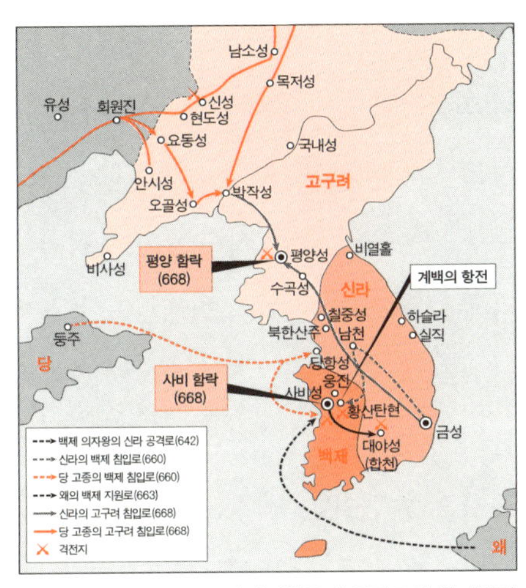

나당연합군의 공격로와 백제멸망

가 주전파인 복신을 모함해 벌어진 일이었다.[42] 이러한 내부 분열의 기미를 눈치챈 나당연합군은 8월 육군과 수군으로 주류성을 포위하고 백강에 진을 쳤다. 풍왕은 왜에서 보낸 수군으로 나당연합군과 맞섰으나 결국 패하였다. 이후 백제와 왜의 연합군은 나당연합군과 네 번을 싸웠으나 모두 패하였고 풍왕은 고구려로 달아났다. 그리고 663년 9월 7일, 백제부흥군의 근거지였던 주류성은 함

---

41 그는 의자왕의 조카인 교기로 추정되는 인물이다. 일본으로 쫓겨난 그를 일본 조정은 극진히 대접하였다. 그 뒤 백제에서 일본에 보낸 사신 대좌평 사택지적이 그의 거소에 찾아와 배례할 정도로 그는 권력의 중심에 있는 인물이었다. 일본에 있다가 백제 패망 이후 풍과 함께 백제로 돌아왔다.

42 당시 부흥군에서 끝까지 당과 싸우자는 주전파는 복신과 여자신, 지수신이었고, 화친파는 풍, 규해, 흑치상지 등이었다.

락되고 말았다. 주류성이 함락되고 부흥군의 주력 군대가 괴멸된 뒤 임존성에 남아 있던 흑치상지는 더 이상 버티기 어렵다고 판단하고 당나라의 유인궤에게 항복하고 말았다. 하지만 그와 함께 부흥운동을 벌였던 지수신은 투항을 거부하고 임존성에 남아 신라군과 싸움을 벌이며 한 달 이상을 버텨냈다. 결국 신라군은 회군했고 그 뒤로 지수신은 당나라와 계속 대치하였으나 이미 투항한 흑치상지와 사탁상여 등의 공격으로 임존성은 함락되었고 지수신은 고구려로 달아났다.

의자왕의 아들인 충승忠勝, 충지忠志 등은 무리를 이끌고 신라에게 항복하였으나, 좌평 여자신은 장수 몇 명과 왜의 병사들, 그리고 백성들과 함께 저례성弖禮城[43]에서 배를 타고 왜나라로 떠났다. 663년 9월 왜에서는 백제가 멸망했다는 소식을 들은 백제인들이 조상의 분묘에 언제 갈까 한탄하였다고 전한다. 이는 왜국의 조정 대신들 대부분이 백제계였음을 증명한다. 이로써 백제가 멸망한 660년 9월부터 663년 9월에 걸쳐 3년간 타올랐던 백제부흥운동의 불꽃은 백제와 함께 역사 속으로 사그라지고 말았다.

---

[43] 전남 구례로 추정된다. 최근 전남 고흥 해안 지역의 안동 고분에서 금동관, 금동신발, 동경, 갑옷, 투구 등이 나왔는데 이는 한성 백제 시대의 것이다. 또한 순천의 검단산성, 여수의 고락산성, 광양의 마로산성 등에 한성 백제 시대 산성의 특징이 나타난다. 이를 통해 이곳이 근초고왕 당시 왜로 떠날 때 이용하던 수군기지였음을 알 수 있다.

온조왕

아름다운 나라를 세운
따뜻한 왕의 이야기

- **소서노** | 온조와 비류의 어머니. 주몽을 도와 고구려를 개국하였으나 배신당한 뒤, 두 아들을 데리고 백제를 개국한 여걸.

- **온조** | 소서노의 둘째 아들. 백제의 시조로서 백제의 토대를 닦은 왕자.

- **비류** | 소서노의 첫째 아들. 소서노와 함께 대륙 백제를 개국하여 다스리다가 낙랑태수와 고구려 유리왕에게 쫓겨 한반도의 미추홀로 옮겨온 왕자.

- **주몽** | 소서노의 도움으로 고구려를 개국한 왕.

- **유리** | 주몽의 아들. 아버지를 찾아 고구려로 와서 고구려의 2대 왕이 되는 인물.

- **말갈 추장 소모** | 한반도에 자리 잡은 온조를 몰아내기 위해 끊임없이 전쟁을 벌이는 인물.

- **대방현령** | 시련에 빠진 소서노 일행을 도와줌으로써 나라의 기틀을 다질 수 있도록 한 인물.

- **낙랑태수** | 낙랑군의 태수로서 대륙에 자리 잡은 비류백제를 시련에 빠지게 하는 인물.

- **다루** | 온조의 아들.

- **마부** | 가공의 인물. 온조가 말갈과 싸울 때 큰 공을 세운 인물.

- **오간, 마려, 을음, 해루** | 온조와 비류를 도와 백제의 토대를 닦는 데 기여한 신하들.

- **주근** | 마한의 옛 장수. 마한이 백제에 복속되고 난 뒤 반란을 일으킨 인물.

한 알의 씨앗 속에 온 세상이 다 들어 있어라

어둠을 밀어내고

내리누르는 땅을 밀어내며

마침내 흙 밖으로 나왔을 때

처음에는 나약하고 나약하나

그 싹 하나로 인해 세상은 바뀌나니

함부로 말하지 마라

함부로 잊어버리지 마라

역사는 승자의 것이라고 하지 않느냐

역사는 기억하는 자의 것이라고 하지 않느냐

지금 그대에게 그늘을 만들어 주는 느티나무도

처음에는 하찮은 씨앗 하나에 불과했거늘

함부로 욕하지 마라

함부로 비웃지 마라

그대가 서 있는 그 땅속에

어떤 씨앗이 자라고 있는지

그 씨앗이 어떤 세상을 만들어 줄 것인지

어떻게 알겠는가

걸음을 함부로 하지 마라

몸을 함부로 내려놓지 말라

그대로 인하여 위대한 씨앗 하나가 죽어 버릴 수도 있으니

이제 말하리라

깊은 어둠 속에서

꽝꽝한 땅속에서

새싹을 밀어 올리는 씨앗의 노래를……

모두가 가지 않으려 한 길을 갔으며

모두에게서 버림받은 곳에 기꺼이 뿌리를 내렸어라

천궁天弓이여

하늘이 내려 주신 활이여

거기 누가 활 시위를 당기고 있느냐

팽팽하게 당겨진 태초의 시간을 향하여

세상이 열리는 시간을 향하여

⋮

제 1 부

⋮

소서노, 길을 떠나다

주몽이 비류를 내치고 유리를 태자로 세우자, 소서노는 비류와 온조를 데리고 주몽의 곁을 떠나 새 나라를 세우기로 마음먹는다. 그런데 주몽이 갑자기 죽어 버린다. 위기감을 느낀 소서노 일행은 도망치듯이 길을 나선다.

: 1

서기전 19년 4월,

소서노의 얼굴이 하얗게 질렸다.

주몽이 비류를 내치고 유리를 태자로 책봉하다니

자식들을 위해
나이 어린 주몽과 재혼을 하고
모든 것을 바쳐 주몽을 도운 것이었는데
칼로 도려내는 듯한 통증이 가슴을 후빈다.
배신감이 파도처럼 밀려온다.
비류가 허리에 찬 칼을 부여잡으며 소리친다.

"어머니, 이럴 수는 없습니다.
어머니가 아니었으면 어떻게 이 나라를 세울 수 있었겠습니까.
저 유리와 유리의 어미가 한 일이 뭐 있습니까.
다 지어 놓은 밥에 수저만 들고 나타나
송두리째 가져가려고 합니다.
이럴 수는 없습니다. 이럴 수는 없습니다."

"비류야, 이제 유리가 태자가 되었으니
우리는 이 나라에 거추장스러운 존재가 되고 말았구나.
더 이상 이 나라에 살 수 없다.
유리가 어찌 우리를 가만두겠느냐.
차라리 어머니와 함께 이 나라를 떠남만 못하다."

: 2

방 안에는 분노가 가득 차오른다.

반역의 열기가 차오른다.

계루부의 신하들이 눈물을 흘린다.

"왕자마마, 죽여 주시옵소서.

소신들이 마마를 제대로 모시지 못해서 이렇게 되었사옵니다."

오간, 마려, 을음, 해루 등 10명의 신하들이 무릎을 꿇는다.

을음이

칼을 빼어 들고 비류에게 바친다.

이제 서른이 다 되어 가는 비류의 얼굴에 슬픔이 가득 고여 있다.

스윽, 스윽, 스윽 칼을 빼드는 소리만 들릴 뿐

온조가 을음이 내민 칼을 받아

을음의 칼집에 넣으며 말한다.

"이 칼은 적을 베기 위한 칼이요

그때까지 잘 벼려 두시오."

소서노의 얼굴에 결심의 표정이 어린다.

: 3

호랑이 두 마리가 서로를 염탐하는 듯

소서노와 주몽이 마주 앉아 있다.

"마마, 저는 이 나라를 뜨겠습니다."

주몽의 얼굴에 번뇌의 그림자가 어린다.

"저를 따르는 무리들이 마마께 섭섭함을 가지고 있습니다.

그들이 들고 일어서면 마마도 큰 시련에 들게 되고

우리가 애써서 일궈 놓은 이 나라는

바람 앞에 등불과 같은 처지가 될 것입니다.

그들을 달래서 이 나라를 뜨겠습니다."

주몽은 가슴이 뜨거워지는 것을 느낀다.

"대신 조건이 있습니다. 제가 새로운 터전을 마련할 수 있도록

도와주십시오. 지금도 이 대륙에는 주인 없는 땅이 있습니다.

그곳에 자리를 잡을 테니 우리가 홀로 설 수 있는 날까지

우리를 도와주십시오."

한 몸에 두 개의 머리가 있을 수는 없는 법

이 땅에 두 개의 태양이 있어서는 안 되는 법

주몽은 애처로운 얼굴로 고개를 끄덕일 뿐이다.

: 4

소서노는 자신의 처소로 비류와 온조를 부른다.

비류와 온조를 모시는 신하들이 따라 들어온다.

소서노를 여태까지 모셔왔던 신하들이 들어온다.

"나는 이 나라를 뜨기로 했소.

대왕은 내가 새로운 나라의 기틀을 세울 수 있도록

모든 지원을 해주기로 약속했소.

모두 불만이 있겠으나, 나를 믿고 나를 따를 수 있겠소?”

방 안에 있는 모든 사람들이 소서노 앞에 엎드려

어깨를 들썩인다.

어찌 통탄치 않겠는가

삶과 죽음의 전장터를 누비며 오로지

졸본부여의 재건을 꿈꾸며 살아온 지가 몇 년이던가

이제 그 꿈을 이루는가 했더니

난데없이 유리가 나타나 왕통을 잇는다고 하니

주몽에게 모든 것을 빼앗기고 만 것이 아닌가

고주몽을 이용하려다가 오히려 이용당하고 만 것이 아닌가

졸본부여의 왕통이 여기서 끊어질 수는 없는 일

“이달 그믐에 출발할 것이니, 나를 따를 사람들은 준비를 하시오.

어디건 우리가 있을 곳이 없겠소.”

신하들의 통곡 소리가 방을 메운다.

“마마” “마마” “마마”

서기전 19년 9월,

피눈물 흐르는 시간이 지나가고 있었다.

: 5

서기전 19년 9월,

망명객들이 무거운 발걸음을 재촉하던 그날은

달이 뜨지 않았다

소서노는 믿을 수가 없었다

주몽왕이 승하하셨다

그토록 건강하던 왕이 갑자기 승하하시다니

왕궁에 무엇인가 급박한 일이 일어나고 있는 게 분명하다

이제 소서노와 비류와 온조를 지켜주던 버팀목이 사라진 것

한시라도 바삐 고구려를 떠나야 한다

국상 기간에는 군사를 일으키기가 쉽지 않으니

그 기간에 길을 나서자

: 6

어둠이 가득한 새벽녘에

햇불들이 어지러이 움직인다

소서노와 함께 생사고락을 해왔던 사람들이

소서노와 비류와 온조를 앞세우고 길을 나선다

종아리를 적시는 아침 이슬이 눈물처럼 슬프다

초라한 발걸음들, 갑옷이 철그럭거리는 소리

말발굽 소리, 아이들 울음소리
수레를 끄는 소들의 울음소리…… 소리들이
동이 터오는 새벽하늘 저 너머로 구슬프게 울려 퍼진다

달님이시여, 어두운 길을 밝혀 주소서

소서노 일행은 낙랑태수에게 냉대를 받고, 예전에 소서노의 도움을 받았던 대방현령의 도움으로 비로소 기운을 차린다. 힘든 여로를 거치며 왕과 귀족, 그리고 백성들 사이에 한없는 신뢰가 쌓여 간다. 이 와중에 온조의 백성을 아끼는 마음은 더욱 깊어간다.

: 1
백여 척의 배가 출항 준비를 마쳤다.
인생은 무엇인가

"하나를 이루면 또 다른 것에 이끌리고
그것을 이루면 또 다른 것이 나를 부른다
하늘은 내가 쉬는 것을 허락하지 않는구나
그래, 운명이 나에게 시련을 준다면

나는 그것을 즐기자
암, 즐기면 되고 말고……"

소서노는 뱃전에 서서 멀리 동이 터오는 바다를 바라보고 있었다
살아 있는 바다……
어둠 속에서도 꿈틀대고 있었다
막다른 벼랑이라고 생각했거늘
여기 새로운 세계가 살아 움직인다
끝났다고 생각했거늘 또다시 시작이다
붉은 알
어둠을 몰아내는 저 붉은 알
세상을 낳았고
나에게 삶의 기운을 준 저 붉은 알
하늘이 나에게 새로운 삶을 내려 주시는구나
가자
가자
과거를 모두 버리고
저 바다 너머로……

: 2
길이 없는 바다……

그들이 내딛는 발걸음이 곧 길이 되리라

아무것도 두려울 일이 없어라

돛에 가득 부풀어 오른 바람이여

배를 밀어라

해가 떠 있는 저 곳으로

저 미지의 수평선 너머로

저 미지의 시간 속으로

: 3

소서노와 비류, 그리고 온조는 요동반도의 패수와 대수 사이

진조선과 번조선 사이로 갔다.

신하들이 좋은 땅을 찾아 헤매기를 여러 날

마침 산으로 둘러싸인 넓은 평야를 찾아냈다.

소서노와 비류와 온조와 백성들 가슴에는

행복한 안도감이 자리를 잡았다.

그러나 며칠 만에 낙랑태수가 보낸 군대가 들이닥쳤다.

"이곳은 우리 낙랑의 땅이니 함부로 침범하면 안 되오.

당장 자리를 뜨지 않으면 그대들을 모두 적으로 여기고

몰살시키겠소."

비류가 칼을 뽑고 덤비려할 때

온조가 비류의 팔을 잡는다.

"형님, 아직은 안 됩니다.

우리는 군사 수도 부족하고

저들과 적이 되면 우리는 영영 재기의 기회를 잃게 됩니다."

소서노가 나선다.

"우리는 부여의 유민들이오.

낙랑태수를 만나게 해주시오."

: 4

소서노와 낙랑태수는 한동안 미동도 않은 채 서로를 응시하고만

있다.

마침내

"누가 함부로 우리의 땅에 터를 잡으려 한단 말이오."

"나는 고구려의 왕비요, 그리고 그곳은 황무지일뿐,

주인 없는 땅인 것을 다 알고 있거늘

소금기가 많아 농사짓기도 어려워 버려진 땅이 아니오?

어찌 자신들의 땅이라고 억지를 부리는 게요."

"억지라니…… 지금 그곳은 대방현령이 다스리는 곳이오.

대방현령은 우리가 관할하고 있거늘

그러면 그곳이 우리 땅이 아니고 무엇이오?

자꾸 우기면 그대들을 모두 몰살시킬 것이오.

어서 떠나시오."

"나를 죽이는 것은 곧,

고구려에게 전쟁을 선포하는 것이고

다른 부여 세력에게 도전하는 일이 될 것이오.

한번 죽여 보시오."

낙랑태수는 얼굴만 붉힐 뿐이다.

: 5

소서노는 을음이 낙랑태수에 대해 해준 말을 떠올린다.

"낙랑태수는 사리사욕에 눈먼 자라

재물을 달라는 것입니다.

협상을 해서 실리를 챙기시고

재물을 줘 버리는 것이 상책입니다."

한참 뒤에 돌아온 낙랑태수는 애써 태연한 척한다.

"그곳은 우리 땅이니, 굳이 사용한다고 하면 사용 대가를 받아야

겠소.

싫으면 어쩔 수 없소. 무력으로라도 쫓아내는 수밖에……"

한참을 고심하는 듯,

괴로운 듯,

쓴 표정을 짓던 소서노가 입을 연다.

"좋소. 그렇게 하겠소. 대신 두 번 다시 우리를 건드리지 마시오."

"또 한 가지 조건이 있소.

우리 낙랑과는 가장 먼 곳으로 가시오."
어느 정도 각오는 했으나
이것은 너무 가혹한 요구,
그러나 어쩌겠는가, 힘없는 사람들의 비애인 것을……

: 6

말을 타고 수레를 끌며 무거운 발걸음을 옮기는 사람들
밤에는 찬 기운이 뼈 속으로 스며들고
낮에는 뜨거운 열기가 폐 속으로 스며든다
병든 사람은 수레에 타고
성한 사람은 걷는다
물집이 잡힌 사람들, 다리에 경련이 온 사람들
허기진 사람들

: 7

온조는 말에서 내려 백성들과 함께 걷는다
창과 칼을 무겁게 들고 가는 병졸들과 함께 걷고
지쳐 쓰러진 어린아이를 업고 걷는다
다친 사람들의 상처를 씻겨 주고
힘든 사람들을 다독인다

: 8

"너는 어째서 왕자로서 체통을 지키지 못하고

늘 그렇게 평민들과 어울려 다니느냐?

고구려에 있을 때에도 평민들과 어울리다가

어마마마께 혼났으면서

아직도 철이 들지 않은 게냐?"

"형님, 형님은 장차 왕이 되셔야 하니 체통을 지키셔야겠지만

나는 그런 자리에 욕심이 없으니

이렇게 격식 없이 사심 없이 평민들과 어울리는 것이 좋은 걸 어쩌

겠습니까?

더군다나 지금은 절체절명의 위기 상황이니

제가 이렇게 백성들과 어울려 가는 것도 괜찮습니다.

제 걱정은 하지 마십시오"

그제서야 비류는 고개를 끄덕이며 말머리를 돌린다.

사람들은 힘들다면서도 불평이 없다.

"왕자마마께서도 우리와 함께 걷는데

우리가 어찌 힘들다고 할 수 있겠는가."

: 9

소서노는 대방현령에게 패물을 보내며 도움을 요청할 수밖에 없었다.

자신을 믿고 따르는 백성들이 고맙고 미안하다.

"백성들을 다독이는 데는 온조가 적격이야."
온조는 제 또래의 아이들과 이미 친구처럼 지낸다.
어린아이들이 온조 주위를 떠나지 않는다.
그 모습을 바라보는 백성들은
온조에게 마음을 뺏기고 있었다.
"비류야, 여기는 나와 온조에게 맡기고
너는 대방현령에게 가서 우리 사정을 말하고
식량과 약초를 얻어 오너라."
비류는 을음과 함께 대방현령에게 갔다.

:10
대방현령은 두 사람을 극진하게 대한다.
을음의 두 손을 잡고 감격스러워한다.
"제가 어려웠던 시절, 소서노 마마께 도움을 많이 받았소.
이 근방에서 소서노 마마의 도움을 받지 않은 사람이 없을 것이오.
그러나 나는 낙랑군의 관할을 받고 있는 몸
낙랑 태수의 눈치를 볼 수밖에 없으니 그게 걱정이오."
비류는 대방현령에게 예를 다해 감사의 뜻을 표하고
서둘러 소서노에게 돌아간다.

:11

"어마마마, 대방현령이 길잡이와 함께 호위 군사들까지 보내 주셨습니다."

소서노는 대방현령의 배려에 감복했다.

"내 짐작이 틀리지 않았구나.

의리가 있고 마음이 곧은 사람인 줄, 내 진작 알았거니."

모처럼 풍족한 저녁을 먹은 백성들이 소서노와 비류와 온조에게 고마워한다.

:12

온조는 달을 보며 마음속으로 기원했다.

달님이시여

높이높이 솟아오르서서

이들을 보살펴 주시옵소서

내 비록 어리나

사람의 목숨이 소중하다는 것을 알고

제 아무리 뛰어난 사람도 하늘의 뜻을 거스를 수 없다는 것을 아나니

달님이시여
우리 백성들 가슴 가슴마다에 떠올라
어두운 길을 밝혀 주소서
바른 길로 인도하여 주소서

:13
이동 속도는 갈수록 느려진다
백성들은 의욕을 잃고 있었다
얼굴들이 까맣게 그을렸다

:14
온조는
백성들과 같이 앓고
백성들과 같이 웃는다
비류가 말을 타라고 해도
마다하고 백성들과 함께 걷는다
누가 그를 한 나라의 왕자라 하겠는가

:15
백성들은 겨우겨우 걸음걸이를 이어가고 있다
옷은 해지고 해져서 살을 가리기가 어려울 지경이고

배는 곯고 곯아서 쓰러질 지경이다

하루에 두 끼로 줄인 지 벌써 수삼 일 째

그래도 업고 끌고 서로의 어깨에 기대며

걷는다

걷는다

또 걷는다

: 16

말을 타고 가던 신하들도

수레를 타고 가던 귀족들도

모두 내려 자리를 백성들에게 내준다

왕이 따로 없고 귀족이 따로 없다

귀족이 따로 없고 백성이 따로 없다

대백제의 숨결이 열리다

비류는 어머니 소서노와 함께 대륙백제*를 개국하여 다스리고 온

---

* 학계 일부에서는 현재 중국의 요서, 산동 지방이 백제의 땅이었다고 주장하며 이를 대
류백제라고 한다.

조로 하여금 한반도에 자리를 잡도록 한다. 낙랑태수는 처음에 무시했던 대륙백제가 점점 강성해지자 위기감을 느끼고 군사를 동원한다. 소서노와 비류에게 위기가 닥친다.

: 1

드디어 목적지다.

대방현령이 보내준 길잡이가 가리키는 손끝

멀리 산이 둘러쳐져 있고

가운데 평야가 들어섰다.

처음 마음먹었던 곳보다 더 낫다.

천지신명이시여.

고맙습니다.

고맙습니다.

백성들의 입에서는 저절로

만세 소리가 울려 퍼졌다.

"만세"

"만세"

"소서노마마 만세"

"비류 왕자님 만세"

"온조 왕자님 만세"

: 2

서둘러야 한다.

이제 곧 겨울이다.

소서노는 신하들을 풀어

먹을 것과 입을 것을 사오도록 시킨다.

집을 짓고

농사지을 씨앗을 구하고

밭을 개간하기 위해서는 들판에 불을 놓는다.

붉게 번져가는 불길을 보며

활활 타오를 나라의 미래를 점쳐 본다.

: 3

불이여

온 세상을 태워라

낡고 병든 것들을 활활 태우고

새롭게 태어날 수 있도록

새 생명을 키울 수 있도록

불이여

우리의 불행을 태워라

우리의 과거를 태워라

이제 우리에게 남은 것은 활활 타오를 미래뿐,

: 4

서기전 18년 10월,

소서노는

백가제해百家濟海, 즉 처음에 일백 가구가 바다를 건넜다고 하여

백제百濟라고 국호를 짓고

개국을 선포했다.

비류가 왕으로 등극했다.

: 5

비류와 온조는 사냥을 갔다.

서서히 나라의 기틀이 갖춰지고 있었다.

형제는 서로 신이 나서 들판을 마구 달린다.

해가 떠오르는 동쪽, 높이 솟은 언덕 위에 말을 멈추고

형제는 언덕 아래로 넓게 펼쳐진 땅을 내려다본다.

"온조야, 어떠냐?

이만하면 우리가 뿌리를 내리기에 좋은 땅이 아니냐?"

"마마, 부디 좋은 왕이 되셔서

우리를 믿고 힘든 길을 마다하지 않은

백성들을 편안하게 해주소서."

비류는 온조의 어깨를 다독인다.

푸른 벌판 위로 매가 날아오르고

사람들이 부지런히 움직이고 있다.

이렇게 아름답고 생기 넘치는 사람들이 또 있던가.

: 6

"어마마마, 이것 좀 보십시오."

비류와 온조가 말 위에서 사냥한 것을 내려놓았다.

눈처럼 하얀 사슴이었다.

매우 좋은 징조였다.

소서노는 그 사슴을 제물로 하여 하늘에 제사를 지냈다.

: 7

천지신명이시여

부여의 천손天孫

비류가 여기 있사옵니다

온조가 여기 있사옵니다

그동안 우리는 살아도 산 것이 아니었고

죽어서도 편안히 저승으로 가지를 못하였사옵니다

이 제물을 받으시옵소서

우리의 살을 받으시옵소서

우리의 피를 받으시옵소서

천지신명을 모시고

길이 아니면 가질 않겠습니다

백성을 위한 것이 아니면 하질 않겠습니다

백성들의 뜻이 천지신명의 뜻

천지신명을 섬기겠습니다

백성들을 섬기겠습니다

우리에게 축복을 내리소서

우리에게 길을 가르쳐 주소서

: 8

소서노는 꿈을 꿨다.

하얀 사슴 한 마리가 울고 있다

쇠를 긁는 듯

폭포가 떨어져 내리는 듯

울부짖는 아픔의 몸부림

소서노는 하얀 사슴을 품에 안으려다 흠칫 놀란다

몸이 하난데 머리가 둘이다

둘 다 처절하게 울부짖는다

네 다리는 엉거주춤 서 있다

이러지도 저러지도 못하는 모습이다

소서노는 불현듯 잠에서 깼다.

: 9

소서노는 황하 남쪽의 하남위례성에 자리를 잡았다.

대방현령에 대한 고마움의 표시로

성 이름을 위례성으로 명명했다.

낙랑태수에게 감사의 예를 표하는 것도 잊지 않았다.

나라의 기틀을 잡을 때까지

혼란을 없애기 위한 방법이었다.

소서노는 앞날을 위해 밑그림을 그리고 있었다.

온조를 새로운 땅으로 보내 터를 잡게 함으로써

백제의 기틀을 탄탄하게 할 요량이었다.

비류와 온조를 한곳에 둬 괜한 다툼의 씨앗을

남기지 않겠다는 뜻도 있었다.

더군다나 고구려가 반도 쪽으로 가는 길목을 막고 있으므로

반도에도 자리를 잡아 둔다면

앞으로 백제의 기틀을 확고히 하는 데 도움이 될 터였다.

: 10

호사다마 好事多魔 라고 했던가.

낙랑태수가 군사를 일으킬 준비를 하고 있다는 소식이 들렸다.

고구려 유리왕도 백제에 대해 의심의 눈초리를 보내고 있었다.

백제의 세력이 커지면 커질수록 고구려에게도 위협이 되기 때문이었다.

더군다나 유리왕은 비류와 온조의 자리를 빼앗은 셈이 아니던가.

유리왕은 백제를 위협하기 시작했다.

여기저기서 백제를 견제하는 세력들이 칼을 갈고 있었다.

소서노는 비류와 온조를 불렀다.

"여기서 동남쪽으로 가면

신선들이 산다는 땅이 나온다고 한다

온조는 그곳으로 가서 터를 잡도록 하거라."

"어마마마, 이곳 하남위례성이 제대로

자리를 잡지도 못했는데

온조를 보내면 어찌하옵니까?"

"앞으로의 일은 알 수가 없는 법,

미리 대비를 해둔다고 해서 손해 볼 일은 아니지 않느냐.

온조는 그곳 반도 땅으로 가서 터전을 닦고

비류의 명을 기다리고 있거라.

명심하거라, 온조가 반도 땅에서 자리를 확실히 잡아야

이곳 대륙의 백제 왕실도 자리를 굳건히 할 수 있다는 것을……"

:11

"온조야, 내 동생아. 그곳에 가면
바다 가까이에 자리를 잡거라.
우리가 유리에게 복수를 하기 위해서는
고구려보다 더 빨리 터전을 마련하기 위해서는
너의 도움이 커야 할 터
이곳과 왕래하기 좋은 곳에 자리를 잡거라.
부디 명심하거라."

:12

온조는 오간, 마려, 을음 등 10명의 신하들을 데리고
소서노가 주는 패물을 받아들고
자신을 따르는 백성들을 데리고
바다를 건넌다.

노를 저어라
저 푸른 대양으로
해가 떠오르는 곳으로
고단한 우리의 발길이 머무를 수 있는 곳으로
힘들고 힘들도다.
허나 고생 끝에 즐거움이 온다고 하지 않던가

배 띄워라 배 띄워라

푸르게 열리는 우리의 앞날

대백제의 숨결이 느껴지느니

:13

낙랑태수는 처음 받은 패물에 눈이 멀어

백제에 대해 신경을 쓰지 않았다.

기껏 천 명 정도의 난민이 아니던가.

마음만 먹으면 얼마든지 몰아낼 수 있는 족속일 뿐이 아니던가.

그러나 소서노가 누구던가

비류가 누구던가

백성들은 하늘이 내려 주시는 것

주변에서는 하늘이 내려 주신 성군이 오셨다는 소문이 돌고

먹고 살기에 쪼들리던 부족들이

소서노의 휘하로 몰려들기 시작한다

여기저기 흩어져 살던

부여 유민들이 새 천손이 나셨다는 소문을 듣고

몰려들기 시작한다

:14

소서노와 비류가 세운 백제는

북으로는 대수에 이르고 동쪽으로는 벽류하에 이르렀다.

비류는 마수성을 쌓고 목책을 설치하여 국경을 분명히 했다.

낙랑태수는 당황했다.

"그렇게 무시했던 소서노와 비류 일행이 이렇게 커지다니

이제 우리가 오히려 그들을 경계해야 할 지경이 되어 버리다니

당장 그들에게 경고를 하리라."

"지난날 서로 사신을 교환하고 우호 관계를 맺어

한집안처럼 지내던 터였다.

그런데 지금 우리 영역에 접근하여 성을 쌓고

목책을 세우고 있으니

이 무슨 불손한 행위인가?

우리 땅을 차지할 의도가 아니면

당장 성을 허물고 목책을 제거하라.

그렇지 않으면 전쟁뿐이로다."

"성을 쌓고 목책을 설치하는 것은

나라를 방어하기 위한 방편이다.

이것은 우리나라의 일이거늘

어찌 그대가 왈가왈부하는가?

전쟁을 일으키면 우리도 그와 같이 대할 수밖에 없다."

이때가 서기전 11년 7월의 일이었다.

비류는 낙랑태수와 일진일퇴의 공방전을 벌였다.

그러나 잘 훈련된 기마병들

훈련이 부족한 농민들이 이겨낼 수는 없었다.

설상가상이라고 했던가.

고구려 유리왕이 비류와 소서노에게 비수를 들이댔다.

"우리의 자리를 빼앗은 것도 모자라

주몽왕의 뜻까지 거역하다니……

우리를 위해 모든 후원을 아끼지 말라는 뜻을 거역하다니……

이제 비로소 자리를 잡아 가고 있는 우리 백제를

이렇게까지 괴롭히니 어찌할꼬."

소서노는 굳은 표정으로 하늘을 쳐다보았다.

새로운 나라를 세우기가 이렇게 힘이 들었다.

주변의 나라들이 늑대처럼 달려들었다.

비류와 소서노는 점점 힘을 잃어 가고 있었다.

또다시 새로운 땅을 찾아 도망을 할 수밖에 없었다.

온조에게 의지하는 수밖에 없었다.

그동안 반도에 도착한 온조는 나라의 기틀을 잡느라
모진 시간을 보내고 있었다.

제 2 부

나는 이제 멈추지 않으리라

온조는 반도로 건너와 한강 이북에 자리를 잡는다. 마한 왕에게
온갖 수난을 겪으면서 겨우 땅을 얻어 제후국으로 인정받는다. 마
한 왕은 온조를 말갈의 방패막이로 삼는다. 마침내 온조는 말갈
과 일진일퇴의 공방전을 벌이기 시작한다.

: 1
온조는 반도에 도착하자마자 큰 난관에 봉착했다.

바다에 가까운 곳

미추홀……

그러나 주위에 사람들이 없이 비어 있는 땅이었다

터를 잡기에는 여건이 좋지 않았다

신하들이 하나같이 아뢰었다

"이곳은 사람이 살기 힘든 땅이옵니다.

새로운 땅을 찾아 보도록 하시지요."

"허나 형님께서 이곳에 자리를 잡으라고 하지 않으셨소?

형님의 명을 어찌 거역할 수 있단 말이오?"

"비류폐하의 명은

우리가 본국을 지원할 수 있도록 자리를 잡으라는 것이옵니다.

우리가 가져온 식량이 바닥나기 전에

터를 갈고 닦아야 하옵니다.

이곳은 습하고 땅이 짜서 농사를 지을 수가 없으니

더 내륙으로 들어가 보는 것이 좋겠습니다."

온조는 더 이상 신하들의 요구를 거절하지 못했다.

: 2

온조와 신하들은 한강을 끼고 동쪽으로 거슬러 올랐다.

마침내 한강 북쪽에 자리를 잡았다.

백성들과 함께 성을 쌓았다.

그러면서 한편으로는 을음을 시켜

마한의 왕궁과 연을 맺기 위한 방편을

마련하도록 했다.

: 3

"마마, 큰일났사옵니다.

수많은 병사들이 우리 성을 둘러쌌습니다."

온조가 성곽 위에서 내려다보니

수천의 기병들이 성문 앞에 집결해 있었다.

"네놈들은 누구인데, 감히 우리 땅에 허락도 없이

성을 쌓는단 말인가?

네놈들의 우두머리가 누구냐?"

온조와 신하들은 올 것이 왔다는 듯 굳은 표정으로

성문을 열고 병사들의 우두머리를 성 안으로 맞아들였다.

"우리는 부여의 유민들입니다.

우리는 이 나라의 황제를 배알하고 싶습니다."

4

마한의 왕은 노발대발하였다.

온조는 소서노가 주었던 패물을 바치며

왕 앞에 무릎을 꿇었다.

"폐하, 소신의 무례함을 용서하소서.

소신들은 부여의 유민이옵니다.

소신들을 폐하의 백성으로 받아 주시옵소서."

한 나라의 왕자로서, 백성들을 책임지기 위하여

온조는 기꺼이 무릎을 꿇었다.

마한 왕은 노기 띤 음성으로 소리를 질렀다.

"이 부여의 무리들을 모조리 몰아내라."

: 5

좌우에 늘어선 대신 중에 한 사람이 말을 했다.

"폐하, 고정하시고 소신의 말씀을 들어 보소서.

지금 이들이 자리 잡은 곳은 말갈*이 마주하고 있어서

함부로 자리 잡기가 힘든 곳 아니옵니까.

우리도 진출을 포기한 곳이 아니옵니까?"

"그렇사옵니다. 이들로 하여금 그곳에 터를 잡게 하시고

우리의 관할을 받게 하시옵소서.

마침 이들의 우두머리가 그러하겠다고 하오니

---

* 마한의 북서쪽으로는 낙랑, 북동쪽으로는 맥국이 자리 잡고 있었는데, 말갈은 맥국
을 일컫는다. 맥국은 춘천 지역에 자리를 잡은 나라이고, 낙랑국은 요동반도 낙랑 지
역에 있던 고조선의 유민들이 평양으로 내려와 세운 나라이다. 비류왕과 싸움을 하고
있는 낙랑태수가 다스리고 있는 낙랑군과는 구별된다.

통촉하시옵소서."
마한 왕은 온조의 무리들을 왕궁 밖으로 내쳤다.
온조는 왕궁 밖 흙바닥 위에 자리를 하고
마한 왕의 마음이 돌아서기만을 기다렸다.
먼지바람이 온몸을 후려치고
온몸이 후들거렸다.

: 6

"오늘 이 고통은 우리나라를 위한 것

나를 기꺼이 쫓아온 백성들을 위한 것

천지신명이시여

이 고난은 곧 끝나리라

을음이 힘을 써

우리를 위해 애써 주는 마한의 대신들이 있으니

이제 곧 끝나리라

마한 왕에게 신임을 얻기 위해

무슨 일인들 못하랴."

: 7

서기전 18년(온조 1년),

온조는 마한 왕에게 십제국十濟國이라는 국호와

제후국으로서의 지위를 승낙 받았다.

마한 왕은 동북방 100리 땅을 온조에게

내주었다.

: 8

온조라고 왜 모르겠는가.

마한 왕에게 자신들은 방패막이에 불과하다는 것을.

한낱 도구에 지나지 않는다는 것을.

"그러나 참아야 한다.

어머니와 형님도 그 차가운 땅에서

농사짓기도 힘든 땅에서 고생을 하고 계시지 않는가.

고진감래라고 하지 않던가.

새벽이 오기 전 어둠이 가장 어둡다고 하지 않던가."

: 9

마음속으로 뜨거운 열기가 솟구쳐 오른다

얼어붙은 땅속에 묻혀 있던 씨앗이

온 힘을 다해서 땅 밖으로 나오듯이

땅 밖으로 나오지 못한 씨앗들은 차라리 썩어서

다른 씨앗의 거름이 되듯이

이 한 몸 바치리라

무엇이 두려우랴
무엇이 아쉬우랴

: 10

온조는 늘 말갈과 낙랑이 걱정이었다.
"마한 왕이 우리에게 땅을 내주면서까지 경계할 정도로
무서운 부족들이 아니던가.
이제 봄이 오면 무슨 일이 있을지 모르는 일,
미리 준비해 두지 않는다면 큰 화를 보리라."

: 11

서기전 17년(온조 2년) 봄,
어전회의가 열렸다.
"말갈은 용맹스러우면서도 거짓말을 잘한다.
우리가 병기를 수선하고 식량을 저축하여
그들을 방어할 계획을 세우지 못하면
후일 큰 근심이 되리라."
을음이 나섰다.
"말갈과 낙랑에 첩자를 보내어 소식을 수집하고 있사옵니다."
"듣던 중 반가운 소리구료.
각 대신들은 들으시오.

을음을 우보로 내정하여 짐을 돕게 하려고 하니

오간, 마려, 해루 대신들께서

힘을 모아 우보 을음을 보좌하도록 하시오.”

나라의 기틀이 하나씩 갖춰지고 있었다.

:12

을음은 오간을 시켜

성을 쌓고 목책을 만들어 방어진을 구축하게 했다.

해루는 병장기를 만들고 보수하는 일을 맡고

마려는 식량을 마련하는 일을 맡았다.

처음에는 막막한 일이었으나

백성들의 자발적인 지원이 큰 힘이 되었다.

1년 정도가 지나자

어느 정도 방어진의 형태가 갖춰졌고

병사들의 사기도 높아져 있었다.

:13

온조는 최대한 전쟁을 피하기 위해

주변 나라에게 유화책을 쓰고자 했다.

말갈과 낙랑에 사신들을 보내어

화친을 맺으려 하였으나

말갈과 낙랑에서는 이에 응하지 않았다.
"그곳은 이미 우리 땅이거늘
그대가 마한의 왕에게 가서 온갖 술수로
땅을 동냥하여
나라를 세웠다 하니
개가 웃을 일이요.
당장 땅을 비우지 않으면
쓴맛을 보게 될 것이오."

:14
온조는 천궁을 손에 들었다.
"이제 이 활을 써야 할 때가 왔구나."
우보 을음은 온조가 활시위를 당기는 것을 보면서
마음이 후련해지는 것을 느낀다.
"웬만한 사람은 시위를 당기기도 힘든 활이 아니던가."
그 활을 자유자재로 다루다니
이제 완연히 제왕의 풍모가 느껴지는 온조의 풍채다.
우지끈!
과녁이 부서지는 소리가 난다.
그제서야 온조는 활을 손에서 내려놓고
땀을 닦는다.

:15

나는 이제 멈추지 않으리라

나는 이제 망설이지 않으리라

거센 비바람이 몰아쳐도

높은 벼랑 날카로운 산바위가 앞을 막아도

뚜벅뚜벅 나아가리라

황소의 걸음걸이로 끝까지 나아가리라

저 푸른 하늘 밝디 밝은 태양

구름이 머물러도 빛을 잃은 적 없고

어두운 밤이 와도 힘을 잃은 적 없네

나는 나무가 되리라

나는 풀이 되리라

:16

겨울이 되면 땅속에서 힘을 기르고

여름이 되면 온 산을 푸르게 덮으리라

육지의 짐승들이 내 품에 깃들도록

모든 새들이 내 품에서 지저귀도록

내 몸을 버리리라

우리의 운명은 이미 시위를 떠났다

우리의 운명은 우리가 만든다

오라! 우리를 막는 세력들이여
오라! 우리를 막는 두려움이여

: 17

서기전 16년(온조 3년) 가을 9월,
북쪽 국경에서 다급한 소식이 전해져 왔다.
말갈 백산부 세력의 움직임이 심상찮다는 전갈이 왔다.
"반도에서 첫 번째 전투가 벌어지겠구나."
온조는 손수 정예군을 이끌고 참전했다.
오간 장군이 말렸지만 소용이 없었다.
"이번 전쟁에 참전하는 것은 나의 의무요.
반드시 승리하여 우리의 기상을 널리 알려야
우리를 얕잡아 보는 일이 없을 것이오.
또한 백성들을 전장터에 내보내고
나 혼자 뒤에서 편히 지낼 수는 없소."

: 18

백성들이 군사들을 배웅하고 있었다.
늙은 여인 하나가
온조에게 손을 내밀었다.
수수팥떡이었다.

"마마, 이것은 악귀를 물리치는 힘이 있다고
옛날부터 전쟁터에 나갈 때마다 부모들이 자식에게
해서 먹이는 음식입니다요.
보잘것없지만 드시지요.
마마께서 승리하셔야
우리 아이들도 살아 돌아오지 않겠습니까요?"
온조는 기쁘게 그것을 받아 먹는다.
그것을 본 노파가 "대왕 만세"를 외친다.
눈물이 글썽인다.

:19
"걱정 마시오. 차라리 내가 죽을지언정
그대들 가족 목숨을 반드시 지키리다.
차라리 내가 죽을지언정
나를 믿고 이 험한 땅까지 따라와 준 그대들을
반드시 지켜내겠소."
병사들의 "만세" 소리가 성 안을 진동한다.
이렇게 사기충천한 병사들을 본 적이 있던가.
이렇게 힘이 넘치는 병사들을 본 적이 있던가.
이렇게 하나로 똘똘 뭉친 병사들을 본 적이 있던가.

: 20

말갈군과의 전투는 목책을 사이에 두고 며칠째 계속되고 있었다.

모두가 지쳐갔다

온조는 오간과 함께 묘책을 짜내느라 정신이 없었다.

그 때 병졸 하나가 왕을 알현하기를 청하였다.

"마마, 저는 수수팥떡 노파의 아들 마부라고 하옵니다요.

어려서부터 이 지역에서 살았사온데

어려서 아버지가 말갈군에게 돌아가셨습니다요.

이번에 전쟁터에 나오면서

그렇게 기뻐하는 어머니의 얼굴을 뵌 적이 없사옵니다요.

바라옵건데 마마께 그 은혜를 갚게 해 주시옵소서.

여기서 10리만 후퇴를 하면 조그만 계곡이 있사옵니다요.

그 계곡 위에 군사들을 숨겨 두시면

제가 날랜 병졸들과

이 목책을 지키는 듯하다가

패한 것처럼 말갈군을 그 계곡 속으로 끌고 가겠습니다요."

: 21

말갈군이 또다시 쳐들어온다.

온조는 계곡의 언덕 위에서 전투 장면을 빠짐없이 보고 있었다.

노파의 아들 마부가 앞에 선다.

창처럼 긴 낫을 자유자재로 휘두르며 선봉에 섰다.
마부가 낫을 휘두를 때마다 말갈군이 쓰러져 내린다.

단풍잎 같다
바람이 불 때마다
우수수 떨어져 내린다
앙상한 나뭇가지만 남긴 채
생명력을 잃은 나뭇잎들이 빨갛게 한 번 타올랐다가
떨어져 내린다.
피가 타는 냄새가 난다

:22
마부가 말머리를 돌려 도망가기 시작했다
이와 때를 같이 하여 병사들이 일제히 말머리를 돌렸다
말갈군이 떼를 지어 쫓기 시작한다
사슴을 쫓는 들개들처럼
컹컹 짖으며 들판을 휘젓고 다니는 들개들처럼
온조의 별동대를 둘러싸려 한다
"여기까지 와야 한다.
힘을 내라, 마부야.
천지신명이시여,

도와주소서"

조금씩 조금씩 다가오고 있다
호랑이의 입 안으로
드디어 들어온다

: 23
온조는 천궁을 손에 들었다
마부를 쫓아 가장 격렬하게 달려드는
적의 장수를 노린다
화살이 시위를 떠난다
바르르 떨리면서 화살이 날아간다
한 마리 독수리처럼 날아오른다
말갈 장수가 가슴을 움켜쥐면서 말에서 떨어진다

언덕 위에 거센 함성이 휘몰아친다
일제히 병사들이 바위를 굴리기 시작한다
불화살이 쏟아져 내린다
말갈군이 흠칫 놀라 계곡 밖으로 도망간다
그러나 이미 덫에 걸린 쥐인걸……

계곡의 양쪽 출구에서
온조의 병사들이 휘몰아치니
겨우 살아서 도망간 말갈군이 열에 한두 명밖에 되지 않았다
온조는 마부의 공을 치하하고
장군의 품계를 하사하였다

새로운 땅에 뿌리 내리다

온조는 마한 왕의 신임을 얻으며 나라의 기틀을 잡아 간다. 말갈과의 전쟁이 점점 격화되지만, 온조의 지혜와 용맹으로 승리를 일궈 낸다. 그 과정을 겪으며 온조는 점점 강해지고 제왕으로서의 풍모를 갖춰 간다.

:1
서기전 16년(온조 3년) 10월,
왕궁에 복숭아꽃과 오얏꽃이 피었다.

꽃이 곱기로서니 사람보다 곱겠는가
꽃이 향기롭기로서니 내 백성들보다 향기롭겠는가

그들의 웃는 얼굴을 보게
그들의 행복한 걸음걸이를 보게

그러나
이 가을에 피는 꽃은
열매를 맺지 못하고 쉽게 지고 말 것이니
좋지 않은 징조로다
불길한 징조로다
겨울이 따뜻하면
다음 해 농사가 잘되지 않는다 하니
그것이 걱정될 뿐이네

: 2

서기전 15년(온조 4년),
따뜻한 겨울을 보내고 나자
봄이 되어도 비가 내리지 않았다.
여름이 될 때까지 제대로 된 비 한 방울 내리지 않았다.

: 3

굶주려 쓰러지는 사람들이 생기고
마을 주변의 나무껍질이 남아나지 않고

풀뿌리들이 파헤쳐졌다
사람이 아니라 소나 말 같았다
고사리순, 찔레꽃 순, 하다못해 소나무 속껍질까지
남아나는 게 없었다
엎친 데 덮친 격으로
대륙에 남아 있던 비류왕에게서
지원군을 보내달라는 연락을 받았으나
마음만 급할 뿐 방법이 없었다

: 4
전염병이 돌기 시작했다.
병을 막기 위해 마을 하나를 통째로 불사른다.
지옥의 불처럼 타오르는
백성들의 집을 보며
방금 전까지 사랑스러웠던 백성들의 시체를 보며
한 줌의 재로 변해 가는 백성들을 보며
눈물 흘리지 않을 왕이 어디 있으랴.

"내 탓이로다, 내 탓이로다."
귀한 백성들이, 그 먼 바닷길을 건너서
그 험한 전쟁까지 이겨낸 백성들이

아무렇지도 않게 죽어 가고 있었다.

이 무슨 변고란 말인가.

: 5

다행히 말갈과 낙랑에서 병사를 일으킨다는 전갈은 없었다.

비류왕에게 사정을 알리고

원조를 구하기 위해 사신을 보냈으나

풍랑을 만나 배가 침몰당하는 사고까지 일어났다.

국가의 운명이 꺼질 듯이 꺼질 듯이 위태로웠다.

온조는 을음을 마한 왕에게 보내

식량을 구해 오게 하였다.

마한 왕은 온조가 말갈을 크게 물리친 일을 치하하면서

기꺼이 식량을 보내 주었다.

겨우겨우 지옥 같은 하루하루가 지나갔다.

: 6

이듬해, 서기전 14년(온조 5년) 10월,

온조가 북쪽 변경을 순행하다가 신기한 사슴을 사냥했다.

마한 왕에게 보내

지난번 베풀어 준 도움에 대해 감사의 뜻을 전했다.

마한 왕은 매우 흡족했다.

"짐이 그때 온조를 받아들이길 잘하였구나.
좋은 판단을 내려 준 경들이 고맙소.
경들은 오늘 실컷 마시고 즐겁게 취하시오."
마한 왕의 믿음을 사려는 온조의 계획은
보기 좋게 맞아 떨어졌다.
마한 왕은 점점 온조에게 호감을 느끼며 경계심을 풀어 가고 있었다.

: 7

서기전 13년(온조 6년) 7월 그믐 신미일,
일식이 일어나던 날,
말갈에서 온 첩자가 왕궁으로 스며들었다.
그의 칼끝에는 독약이 묻어 있었다.

: 8

온조는 꿈에 어머니 소서노를 보았다.

어머니 소서노가 온조를 품에 안는다
온조는 어린아이다
어머니 품속에서 갑갑하여
어머니를 밀쳐냈더니
어머니는 아무 소리도 없이 쓰러져 내린다

등에 화살이 박혀 있다
어머니의 피가 온조의 얼굴에 묻는다
온조는 울면서 피를 닦는다
그러나 닦을수록 피가 온조의 온몸을 뒤덮는다
피가 점점 차올라
왕궁 가득 피의 강이 흐른다

온조는 어머니를 연거푸 부르짖다가
잠에서 깼다.
온몸이 땀에 젖어 있었다.

: 9

온조는 내관을 불렀다.
아무 대답이 없었다.
"이상하다. 지금까지 이런 적이 없었는데……"
창에 수상한 그림자가 어렸다.
온조는 잠자리에서 나와 병풍 뒤에 숨었다.
그림자가 방 안으로 들어와
온조의 잠자리를 노리고 칼을 휘두른다.
빈자리를 알아채고
그림자는 흠칫 놀란다.

：10

“마마, 마마”

마부의 목소리다.

그림자는 서둘러 방 밖으로 빠져나간다.

방 밖에서 칼 부딪는 소리가 수십 차례 나더니 조용해진다.

“마마, 마마, 괜찮으시옵니까?”

온조는 그제서야 병풍 밖으로 나온다.

“다행이옵니다. 다행이옵니다.

왕궁을 순찰하다 늘 보이던 내관이 보이지 않아

들어와 봤더니 이런 일이……

정말 다행이옵니다.

자객은 이미 처치했으니

걱정 마시옵소서.”

“삶과 죽음은 하늘에 달려 있다고 하더니

오늘 같은 일을 일컬음이로구나.

어머님이 날 살리셨구나.

어마마마께서 날 구해 주셨구나.

그런데 꿈이 왜 그렇게 끔찍한 것일까?”

：11

서기전 11년(온조 8년) 봄 2월,

말갈군 3천여 명이 국경을 넘어 몰려오고 있다는
급한 전갈이 도착하였다
온조는 아침도 거른 채
급히 갑옷을 챙겨 입는다
천궁을 챙기고 화살집을 등에 맸다
성벽을 단단히 닫아 걸고
만반의 전투 준비를 마치고 기다렸다
마침내 말갈군이 밀려들어와
왕궁을 겹겹이 포위하였다

: 12
말갈 왕은 지난번 전투의 패배를 복수하기 위해
단단히 벼르고 있었다.
하지만 아직은 쌀쌀한 때가 아닌가.
우보 을음의 조언을 받아들여
온조는 말갈군의 공격에 일절 대응을 하지 않았다.
"적은 쌀쌀한 날씨와 식량 부족 때문에 오래 버티지 못할 것이다.
적의 공격만 막아내면서 그냥 버티고 있거라."
말갈군은 온조를 성 밖으로 끌어내기 위해 애를 썼다.
"이 마한의 종놈들아, 쓸개도 없느냐.
이 어미 아비 근본도 없는 것들아

마한 왕에게 무릎 꿇고

목숨이나 빌어먹는 거지새끼들아

거지들의 왕 놀음에 지나가던 개새끼가 웃겠구나.”

이런 노래를 들으며

장군 마부는 이를 갈며 울분을 터뜨렸으나

온조는 그저 웃으며 기다리라고만 했다.

:13

그렇게 며칠이 지났다.

염탐을 나간 마부가

말갈군이 진영을 헐고

퇴각을 하고 있다는 소식을 알려 왔다.

모습이 보였다.

적은 이미 식량이 떨어져 며칠 굶주렸을 뿐만 아니라

추위에 기진맥진하여 기력이 많이 떨어져 있었다.

온조는 성문을 열어 제치고

손수 부대를 이끌고 추적하기 시작했다.

갑작스런 공격에 말갈군은 혼비백산

뿔뿔이 흩어진다.

기어이 대부현까지 추적하여

적병 500여 명을 죽이고 사로잡는 전과를 올렸다.

온조는 전투를 하면서
서서히 힘을 기르고 있었다.
온조의 군사들은 점점 숙련된
군대의 면모를 보이기 시작한다.

:14
서기전 9년(온조 10년) 가을 9월,
온조는 사냥에서 잡은 신기한 사슴을 마한 왕에게 보냈다.
마한 왕에게 자신의 충성심이 변하지 않았다는 것을 보여 주면서
더 많은 병장기 원조를 받기 위한 책략이었다.
마한 왕은 골치 아팠던 말갈군의 침입을
변방에서부터 막아 주는 온조를 아주 흡족해 했다.

:15
앓던 이가 빠진 기분이네
늘 걱정거리였던 말갈을
온조가 와서 막아 주니
바람막이가 되어 주니
이는 하늘이 내게 주는 선물이로구나
온조에게 큰 상을 내리리라

:16

내 익히 들어 알고 있거니

온조가 두 번의 큰 전투에서 대승을 거두었음을

그런데 이렇게 신성한 사슴까지 잡아 바치니

이렇게 고마울 데가 있나

이렇게 기쁠 데가 있나

온조는 마한 왕의 든든한 후원을 받으며

나라의 기틀을 하나씩 쌓아가고 있었다

:17

온조의 기품과 대담함은 금방 주변으로 알려졌다

온조가 천궁을 들고 나타나기만 하면

병졸들은 얼어붙었다

:18

천궁

하늘이 내려 주신 활

아무나 쓸 수 있는 활이 아니라네

산 하나는 들어 올릴 수 있는 기백과

호랑이 같은 위엄이 있는 사람

사람은 곧 하늘이라

사람을 하늘처럼 섬길 줄 알고
들판의 풀 한 포기
목숨 있는 짐승 한 마리도
귀하게 여길 줄 아는 사람
그런 사람이어야 하네
세상의 만물과 소통할 수 있는 사람이어야 하네

천궁은 온조의 분신
천궁 있는 곳에 온조가 있고
온조가 가는 곳에 천궁이 가네

:19
서기전 9년(온조 10년) 10월,
말갈군이 국경을 넘어 다시 쳐들어 왔다.

장군 마부가 200여 명의 군사를 데리고 나가
곤미천에서 싸웠네
장군 마부는 말갈군을 얕보았네

전쟁에서 자만은 가장 무서운 적
항상 가장 무서운 적은 내부에 있는 법이니

말갈군을 쫓다가 말갈군의 덫에 걸리고 말았네

말갈군은 정면과 좌우 세 군데서 협공을 하였네

지금까지의 말갈군이 아니었네

굶주린 이리처럼

늑대처럼

들이닥쳤네

온조의 모습이 보이지 않자

말갈군은 사기가 충천했네

장군 마부는 밀리고 밀려

청목산까지 쫓겨 왔네

병사의 절반을 잃는 대패였네

: **20**

다행히 청목산을 의지하여 적의 공격을 겨우 막아 내고 있었네

장군 마부가 위험에 처했다는 기별을 받은 온조는

직접 100명의 정예 기병을 거느리고

봉현으로 나갔네

온조의 천궁에서 날아간 화살이

적장을 쓰러뜨리자

말갈군은 당황하기 시작했네

"온조다, 온조의 천궁이다."

말갈군이 퇴각하였네

"소장 마부, 마마께 불충을 저질렀사옵니다.

죽여 주시옵소서."

장군 마부는 칼을 꺼내 온조에게 바쳤네

"장군, 이 무슨 짓이오.

지난번에는 장군이 내 목숨을 구해 주었고

오늘은 짐이 그대 목숨을 구했으니

이제야 빚을 갚게 되었소.

오늘의 실수를 다음에는 범하지 마시오."

병사들의 "온조대왕 만세" 소리가 청목산을 울렸네

백제의 기둥이 서다

소서노와 비류는 고구려 유리왕과 낙랑태수에게 쫓겨 반도의 미추
홀로 온다. 그러나 온조가 베푼 위로연에서 말갈 왕이 보낸 자객
에게 소서노와 비류는 목숨을 잃는다. 온조는 비류의 백성들을 끌
어안고, 수도를 한강의 남쪽으로 옮겨 나라의 기틀을 세운다. 얼
마 안 가서 말갈과 마한이 두려워하는 강국으로 자라난다.

: 1

온조가 이렇게 나라의 기틀을 하나씩 쌓아갈 무렵

대륙에 남아 있던 비류와 소서노는 점점 궁지에 몰리고 있었다

낙랑태수는 처음에 얕잡아 봤던 비류가

점점 나라의 기틀을 잡아 가며

세력을 넓히기 시작하자 두려움을 느꼈다

더군다나 대방현령이 비류와 소서노를 돕고 있다는 것을 알게 되자

크게 노하였다

그 이후 지속적으로

비류와 소서노를 압박하여 왔다

고구려 유리왕의 견제도 점점 심해지고 있었다

: 2

먼저 주변국들과의 교류가 막혔다.

식량과 물자들의 교류가 막혀

더 이상의 세력 확장을 할 수가 없었다.

비류는 목책을 설치하고

성을 쌓으며 주변국들과의 일전을 준비했다.

마침내

전쟁이 시작되었다.

낙랑군의 공격, 연이어

지속적인 전투가 벌어졌다.

: 3

불화살이 하늘을 가득 메우고

칼 부딪는 소리가 들판 가득 울려퍼진다

말들의 처절한 울부짖음 소리, 말발굽 소리

고통이 잔뜩 묻은 신음 소리

태풍이 여러 번 몰아치고

삶과 죽음이 서로를 넘나드는 전투

한쪽은 허물어뜨리기 위해

한쪽은 지키기 위해

피가 튀고 살이 튀는 시간이 지나간다

: 4

무엇을 위한 삶인가

무엇을 위한 전쟁인가

온몸과 마음을 바치고 의지했던

사람에게 버림받고

새롭게 마음잡은 이곳

그러나 세상은 호락호락하지 않구나.

나무는 가만히 서 있으려 하나 바람이 그치질 않고

둥지를 틀고 아무리 기다려도
새들은 날아오지 않는구나
가도 가도 외롭기만 하구나

: 5
어차피 전쟁의 끝은 모든 것을 얻거나
모든 것을 잃는 것인걸
터질 것 같은 이 가슴
세상은 가도 가도 황톳길뿐이로구나

거친 숨소리
말의 콧구멍에서 뿜어져 나오는 거친 숨소리
일그러지는 병사들의 얼굴
두 눈 가득 들어선 살의
장난처럼 쓰러지는 병사들의 몸, 몸, 몸 위로
따사로운 햇살이 부드럽게 홑이불처럼 내려 덮이고
타닥 타닥 타닥 메뚜기 떼 여기저기로 튀어 오른다
평화로운 곤충들의 한 떼

: 6
마침내 비류는 벼랑 끝까지 밀렸다

너무 큰 패배였다.

서기전 8년(온조 11년) 여름의 일이었다.

: 7

비류는 반도의 미추홀로 가는 배 위에 섰다.
그를 바라보는 소서노의 눈빛이 쓸쓸하다.
"온조가 반도에서 이미 자리를 잡고 있으니
후일을 도모하자.
반드시 다시 돌아오자.
너무 상심 말거라, 비류야."

파도에 하얀 거품이 울음처럼 일었다.
푸른 바닷물을 다 집어넣어도
채워지지 않을 공허.

: 8

비류와 소서노는 미추홀에 자리를 잡았다.

말갈 왕과 낙랑국 왕은 당황스럽다.
온조의 세력을 상대하기도 버거웠거늘

이제 그 후진 세력이 등장한 것이다.

근 10년간 온조를 몰아내기 위해 얼마나 애썼던가.

말갈과 낙랑국은 더욱 결속력을 다진다.

: 9

마한 왕도 마음이 편치 않다.

우리 마한의 땅에 온조의 세력을 맞이해 도와주었건만

이제 그 후진 세력이 다시 우리 땅에 발을 디뎠으니

어찌 가만있을 수 있겠는가.

"온조를 불러 엄중히 경고하라.

내 땅에 또 다른 세력이 들어오는 것을 용납할 수 없나니."

: 10

"폐하, 지금 우리 십제국에 들어오신 분들은 소신의 어머님과 형님
입니다.

마마께서 걱정하실 일은 일어나지 않을 것이옵니다.

이번 일로 심려를 끼쳐드려 죄송하오나

모두가 제 식구들이오니 아량을 베풀어 주시옵소서.

마마를 모시는 일에 털끝만큼도 소홀함이 없을 것이옵니다."

온조는 급히 마한 왕을 배알하였다.

마한 왕은 조금 누그러지는 표정을 짓는다.

"짐은 그대를 믿어 보겠소.

짐이 인정하는 십제국의 왕은 오직 한 사람뿐이오.

이 사실을 명심하시오."

온조는 마음이 편치 않다.

: 11

마한 왕의 마음을 사기 위해서라면

십제국의 왕 자리를 형님께 내어 주어야만 하리.

아니면 비류의 생각대로 각각 새로운 나라를 만들어야 하리.

그러나 마한 왕의 심기를 어지럽혀서는 아니 되리.

그리하면 그야말로 우리 십제는 사면초가四面楚歌에 몰리게 되어

그동안 쌓아온 공덕이 한 순간에 허물어질 수가 있으니

이를 어찌해야 좋을까.

: 12

온조는 비류의 말을 곰곰히 되새긴다.

"온조야, 내 잠시나마 너를 오해했었다.

그러나 이제 모든 오해가 풀렸느니라.

네가 나와 어머니를 왕궁으로 모시려고 하나

그것은 옳지 않다.

지난 10년 동안 너는 너의 왕국을 세우고

만백성의 신임을 얻었으나

나는 또다시 떠도는 신세가 되고 말았구나.

나는 미추홀에 터를 잡고 다시 대륙으로 나갈 뜻을 이루고 싶구나.

내가 자리를 잡을 수 있도록 네가 도와주었으면 한다.

너와 내가 힘을 합치면 무슨 일이든 못하겠느냐.

우리 두 나라가 자리를 잡으면

주몽 왕에게 버림받은 어머니의 한도 풀어지지 않겠느냐.”

: 13

말갈 왕에게 비류와 온조는 눈엣가시 같았다.

몰아내자니 힘이 달리고

그냥 두자니 언제 침략을 당할지 알 수 없었기 때문이었다.

그때 장군 하나가 말갈 왕에게 솔깃한 제안을 했다.

“조만간 온조가 큰 잔치를 연다고 합니다.

어머니와 형님을 위로하는 잔치라고 하니

아무래도 경계가 허술할 것입니다.

게다가 우리의 원수놈들이 한자리에 모두 모입니다.

이 이상 좋은 기회는 없습니다.

칼과 활을 잘 쓰는 병사 다섯만 내어 주시면

제가 책임지고 그들을 제거하겠습니다.”

말갈 왕은 크게 기뻐하며
다섯 명의 용사를 골라 주었다.

:14

서기전 6년(온조 13년) 2월,
온조의 왕궁에서는 잔치가 열렸다
술과 고기와 즐거운 노래와 춤이 어우러진다
비류는 미추홀에 자리를 잡고 기틀을 잡아 가고 있었다
"내 오늘을 보려고 지금까지 살았구나
비류야, 온조야, 이 기쁨을 보기 위해 지금까지 살았구나.
그런데 저 아래 호랑이 탈춤을 추는 자들은 누구더냐
마치 옛날 주몽 왕을 보는 것 같구나."
무대 아래서는
호랑이 다섯 마리가 늙은 할미 하나를 어루는 듯
위협하는 듯 춤을 추고
늙은 할미가 두려움에 몸을 떠는 듯
과장된 행동으로 청중을 웃기고 있다

:15

그 일은 순식간에 일어났다
온조가 소서노에게 술잔을 바치는 순간이었다

갑자기 늙은 할미가 남자로 둔갑했고

다섯 마리의 호랑이가 모두 탈을 벗어 던졌다

손에는 칼과 활이 들려 있다

화살 다섯 개가 온조와 비류 그리고 소서노에게로 날아온다

소서노가 온조를 감싸 안는다

온조는 소서노의 품속에서 예전에 꿨던 꿈을 떠올린다

: 16

비류가 칼을 빼들고 자객들과 싸우는 사이

궁궐의 병사들이 몰려들어 자객들을 둘러쌌다

자신들의 계획이 수포로 돌아간 것을 안

자객들은 모두 자결을 했다

사태가 정리되고

온조는 비류를 보면서 오열한다

비류의 몸은 피투성이가 되어 있었다.

"형님, 괜찮으시옵니까."

"조금 다쳤으나 괜찮다, 어머니는?"

소서노의 등에는 다섯 발의 화살이 박혀 있다

두 아들을 위해 목숨을 버린 것.

향년 61세

소서노는 그렇게 눈을 감았다

비류는 왕궁에서 치료를 받으며

여러 날을 머물렀으나 차도가 없었다.

"온조야. 아무래도 나는 힘들 것 같다.

내가 대륙에의 꿈을 버리지 못하여

미추홀에 미련을 두고 있었다.

네가 자리 잡은 이곳은 농사를 짓고 살기에 좋고

미추홀은 대륙으로 뻗어 나가고

무역을 하는 데 좋은 곳이다.

부디 내 꿈을 이뤄다오.

나를 믿고 따라온 백성들을 부탁한다."

온조는 뭐라고 위로의 말을 할 수 없다.

졸본부여의 부활을 위해

먼 길을 돌고 돌아 반도에까지 왔건만

허무하게 어머니와 형을 잃다니……

미추홀에 있던 백성들은

온조에게 의지하였다.

온조는 소서노와 비류의 뜻을 받들어

백제의 왕위를 이어받았다.

:18

서기전 6년(온조 13년) 5월,

온조가 말했다.

"말갈과 낙랑국이 침공하여 편안한 날이 없다

요즈음에는 요사스러운 징조가 자주 보이고

어머님마저 세상을 떠나셨으니

나라의 형세가 불안하기만 하구나

한강 남쪽으로 옮겨

말갈의 침입에 대한 걱정을 덜어야겠다.

비록 마한 왕이 한강 남쪽으로 내려오지 말라고 했지만

반드시 도읍을 옮겨야겠다."

:19

온조는 10명의 신하와 함께 부아악에 올라

강의 남쪽을 조망한 뒤에

한강을 건너 강남 지역을 시찰하였다.

"북쪽으로는 한강이 흐르고

동쪽으로는 높은 산이 있으며

남쪽으로는 비옥한 들이 보이고

서쪽은 큰 바다로 막혀 있으니

이곳이야 말로 새 도읍지로 알맞은 곳이옵니다."

"이곳으로 도읍을 옮겨 영원히 평안할 계획을 세우리라."

: 20
서기전 6년(온조 13년) 7월,
온조는 한산 아래에 목책을 세우고
백성을 이주시켰다
이어 8월에는 마한에 사신을 보내 도읍을 옮긴다는 것을 알렸다
이어 9월에 성과 대궐을 새로 지었다.
이듬해
서기전 5년(온조 14년) 정월에
마침내 도읍을 옮겼다

: 21
여기는 신성한 땅
우리 백성들이 대대로 살아갈 보금자리
반도로 옮겨온 지 10여 년
수많은 고난 속에서도 좌절하지 않았노라
이제 우리는 날아오르는 독수리
이제 우리는 초원을 달리는 호랑이
무엇이 우리를 막을 것인가
무엇이 우리를 주저앉힐 수 있겠는가

어머니의 원수를 갚고

비류 형님의 뜻을 내가 펼치리

저 대륙에 남아 있는 우리 동포 우리 백성들

내가 모두 품어 안으리

기다려라 반도여, 대륙이여

백제의 숨결이 들리노니

백제의 함성이 들리노니

우리의 발자국 지축을 흔들고

감히 누가 맞서랴

감히 누가 나서랴

우리가 가는 길이 훗날 전설이 되리니

: 22

서기전 5년(온조 14년) 2월,

백성들은 서서히 안정되고 있었다.

온조는 신하들을 마한 왕에게 보내

농사짓는 법을 배워 오게 한다.

대륙에서와는 곡식의 품종도 다르고

농사짓는 법도 달라서

백성들이 힘들어 했다.

다시 예전처럼 온조는 기운을 차렸다.

자주 왕궁 밖으로 나가

백성들의 음식과 생활을 경험해 보면서

백성들의 생활을 돌본다.

농사를 짓던 백성들이 왕을 알아보고

저 멀리에서부터 달려 나와 왕을 배알하곤 한다.

하나같이 웃는 표정들이다

“고마운지고, 고마운지고.

이렇게 훌륭한 백성들을 나에게 보내준 천지신명이시여

고맙사옵니다.

고맙사옵니다.”

: 23

서기전 5년(온조 14년) 7월,

한강 서북방에 성을 쌓았다

이렇게 백제의 영역이 조금씩 넓어지고 있었다

“그곳으로 옮기는 백성들에게 땅과 곡식을 주어라.

그곳이 바로 우리의 영토가 되는 것이니

자랑스러울지어라.

그 성에 해루를 파견하라.

방비를 튼튼히 하여

우리 백제의 기상을 떨치리라.”

백성들은 노래를 부르며 이를 기뻐했다.

: 24

해야 해야 붉은 해야

온조대왕 낳은 해야

우리 이 성 쌓을 동안

빨리빨리 지지 마라

해야 해야 붉은 해야

우리 백제 낳은 해야

우리 이 성 다 쌓아서

해님 달님 모셔 놓고

온조대왕 모셔 놓고

맛난 점심 먹고지고

맛난 저녁 먹고지고

: 25

서기전 2년(온조 17년) 봄.

낙랑국의 군사들이 갑자기 쳐들어 왔다.

하북위례성은 순식간에 불바다로 변했다.

신하들이 분개하였으나

온조는 차라리 차분하였다.

:26

어머니와 형님이 돌아가신 곳이 아니던가

그래 그렇게 태워 버리는 것이 나으리

그리고 다시 일어서야 하리

모든 것은 무에서 시작되는 것

잘못 엮어진 인연은 태워 버리고

새로운 삶을 만들어 가리

그러나 잊지 않으리

말갈과 낙랑국이 저지른 일을……

와신상담臥薪嘗膽, 내가 기어코 그 모든 한을 풀리라

그때가 다가오고 있거니

하늘이 그때를 기다리고 있거니

:27

서기전 2년(온조 17년) 4월,

온조는 서서히

어머니와 형님을 잃은 아픔을 극복해 가고 있었다.

왕궁 안에 사당을 세우고

어머니에게 제사를 지냈다.

: 28
어머니, 나의 어머니
내가 어렸을 때는 젖을 주시고
내가 젊었을 때는 지혜를 주시고
불의에 굴하지 않는 용기를 주셨던
나의 어머니
이제야 어머니를 뵙니다
이제야 어머니를 떠나 보냅니다
하늘이 어머니와 형님을 나로부터 떨어뜨린 이유를
저는 압니다
제가 무엇을 해야 하는지 압니다
어머니의 한을 저를 통해 푸시옵소서
형님의 한을 저를 통해 푸시옵소서
한 가지에 나서
모진 바람을 견뎌 내며
이제 막 꽃을 피우고 열매를 맺을 줄 알았더니
꽃과 열매 다 어디 가고
형님과 어머니는 어디로 가셨나이까
천애 고아 온조가

낭떠러지에 매달려 찬바람을 맞으며

이렇게 울고 있는데

어디로 가셨습니까

힘을 주소서

채찍을 주소서

: 29

서기전 1년(온조 18년) 10월,

드디어 말갈군이 습격해 왔다.

신하들이 말렸는데도 불구하고

온조는 직접 군사를 거느리고 나갔다.

우보 을음을 비롯하여 마려 해루와 장군 마부까지

온조를 호위하며 전투에 나선다.

: 30

이번에는 하나도 살려 보내지 않으리라

얼마나 기다리던 순간인가

어머니가 나와 함께하고

비류 형님이 나와 함께하는데

지금도 그때 돌아가신 어머니의 얼굴이 생생하거늘

지금도 그때 돌아가신 비류 형님의 목소리가 쟁쟁하거늘

이번에는 아무도 살려 보내지 않으리라
천궁이 웅웅 운다
서슬이 퍼렇다
아무 까닭 없이 나뭇잎들이 우수수 떨어져 내린다
하늘도 파랗게 질렸다

: 31
칠중하七重河……

말갈과 백제는 사활을 건 대전투를 치르고 있었다
말갈 추장 소모는
병사들의 뒤편에 서서 전투를 지휘하고 있었다
"싸워라, 저 건방진 온조의 목을 베어라.
온조만 몰아내면 저 기름진 땅이
다시 우리 것이 된다.
원래 우리 땅을 빼앗아간, 저
간악한 온조를 단칼에 베어라."

: 32
온조는 천궁을 들었다
화살이 날아간다

병사들이 쏘는 활의 두 배 가량의 거리를 날아가

정확하게 말갈의 장수들을 꼬꾸라트렸다

화살에 눈이 달린 듯

장수들만 떨어뜨리는

천궁

말갈 병사들은 서서히 공포에 물들어 간다

장수들이 없으니 병사들은 순식간에 오합지졸이 되어가고 있다

말갈 추장이 뒤로 물러서는 병사들의 목을 베며

악을 써 보지만

점점 위태로워진다

말갈 추장이 후퇴 명령을 내리고 탈출을 하려고 한다

장군 마부가 길목을 막아선다

마부가 말갈 추장을 생포하여 온조 앞에 꿇린다

"네 이놈, 감히 어디를 함부로 넘보는 것이냐?

그동안 내가 와신상담하고 있었느니라.

내 너를 죽여 들짐승의 밥으로 만들어도 시원찮을 것이나

꾹꾹 눌러 참고

너를 마한 왕에게 보내겠다.

나머지 포로들은 모두 백제 백성으로 받아들일 것이다.

내 개인적인 원한보다는

백제의 융성이 먼저이니라.”

: 33

이어 온조는 낙랑국에 대한 복수도 하려고 했다.

서기전 1년(온조 18년) 11월,

온조는 낙랑국의 우두산성을 습격하기 위하여 구곡까지 갔으나

큰 눈이 내려 후퇴할 수밖에 없었다.

: 34

눈이 내리고 내려

뒤덮은 세상은

더 이상 인간의 세상은 아니리

고요하고 고요하도다

복수심에 구멍이 뚫린 내 가슴속으로

들이치는 눈발이여

하늘은 내 불타는 분노를 달래려 눈을 내리는 것이리

허나 울지 마라 울지 마라

나의 병사들이여

나의 백성들이여

잠시 아픈 가슴을 눈발 속에서 식히세

큰 물고기를 잡기 위해서는 기다릴 줄도 알아야 하는 법

승리는 기다리는 자의 것

천하를 얻기 위해서는 하늘의 순리를 따라야 하는 법

이번엔 아닌 듯하네

이제 말머리를 돌리지만

허나

이 아쉬움을 내 심장에 새기고 또 새기리

나의 병사들이여

나의 백성들이여

아쉬워 마시게

슬퍼 마시게

우보 을음이

천지신명에게 제사를 지내는 게 좋겠다는

직언을 했다

: 35

서기 2년(온조 20년) 2월,

마침내 왕은 천지신명에게 제사를 지낸다

왕궁에 큰 제단을 설치하고

정갈한 제물을 마련한 뒤

몸과 마음을 깨끗이 하여 제사를 지낸다

천지신명이시여

이제 이 나라가 떳떳하게 자리를 잡았나이다

백성들이 나날이 늘어나고

황무지가 기름진 밭으로 바뀌었으며

백성들이 비로소 예의범절을 말하게 되었나이다

젊은이가 늙은이를 모실 줄 알며

서로가 서로를 위해 주는 미풍양속을 갖추었나이다

이웃 나라가 얕잡아보지 못하며

우리를 무시하던 마한조차도 함부로 대하지 못하나이다

이제

천지신명께 고하나이다

어머니 소서노와 비류 형님께 고하나이다

고구려를 떠날 때 꾸었던 꿈을

드디어 이루었나이다

소신 온조, 이제야 떳떳하게

천지신명을 배알하겠나이다.

이상한 새 다섯 마리가 그 위를 날았다.

문무백관들이 모두

고개를 숙이고 경외하였다.

해야 해야 붉은 해야, 우리 백제 낳은 해야

온조는 성을 쌓아 방비를 튼튼히 한 뒤, 마침내 마한 정벌을 감행한다. 온조는 마한을 정벌한 뒤 국가 체제를 정비하고, 아들 다루를 태자로 책봉하며 감격에 젖는다.

: 1

온조는

나라의 방비를 위하고

나라의 영역을 분명히 하기 위해

성을 쌓기 시작했다.

서기 4년(온조 22년) 8월에는

석두성과 고목성을 쌓았다.

해야 해야 붉은 해야

온조대왕 낳은 해야

우리 이 성 쌓을 동안

빨리빨리 지지 마라

해야 해야 붉은 해야

우리 백제 낳은 해야

우리 이 성 다 쌓아서

해님 달님 모셔 놓고

온조대왕 모셔 놓고

맛난 점심 먹고지고

맛난 저녁 먹고지고

들판에서는 말과 소가 저절로 살이 오르고

강에는 살찐 물고기가 가득했다

: 2

서기 6년(온조 24년) 7월,

온조는 웅천에 목책을 세웠다.

그런데 마한 왕이 사신을 보내 책망하였다.

"그대가 애초에 강을 건너와 발붙일 곳이 없을 때

짐은 동북방의 100리 땅을 주어 살도록 하였다.

짐이 그대를 후하게 대우하지 않았다고 할 수 없거늘,

마땅히 이에 보답해도 모자라거늘,

지금 나라가 안정되고 백성들이 모여들어 대적할 자가 없다고 생

각하여,

성과 연못을 크게 만들고 우리의 땅을 침범하니

이것이 어찌 의리라고 할 수 있는가?”

: 3

신하들이 극구 말렸으나

왕은 이를 부끄러워하며 목책을 헐었다.

“비록 지금 마한이 쇠약해지고

우리가 힘을 키우기는 하였으나

마한 왕의 말이 틀린 게 하나도 없으니

경들은 짐의 뜻을 따라주기 바라오.”

“설사 우리가 힘이 있다 하여도

지금 마한과 등을 진다는 것은

마한의 54개 국가와 진한의 12개 국가와 대적을 해야 하니

아직은 때가 아니오.

훗날을 기약합시다.”

신하들이 모두 왕의 뜻을 받아들여

두 번 다시 이 일을 입에 담지 않았다.

: 4

서기 7년(온조 25년) 2월,

우보 을음이 호들갑스럽게 온조를 찾았다.

“마마, 큰일 났사옵니다

왕궁의 우물이 엄청나게 넘쳐서
근방이 모두 물바다가 되었나이다.
또한 한성의 민가에서는 말이 소를 낳았는데
머리가 하나인데 몸이 둘이라고 하옵니다.”
“이 무슨 해괴한 일이냔 말이냐?
당장 제사장을 불러들여라.”

: 5

제사장이 웃으며 말했다.
“우물이 엄청나게 넘친 것은 대왕께서 융성할 징조이며,
하나의 머리에 몸이 둘인 소가 태어난 것은
대왕께서 이웃 나라를 합병할 징조입니다.”
온조가 이 말을 듣고 기뻐하여
제사장에게 큰 상을 내리고
어전회의를 급히 소집하여 이 소식을 알렸다.
모든 신하들이 즐거워하며
먼 훗날의 일이 마치 이루어지기라도 한 듯이
잔치를 벌였다.

: 6

온조가

마침내 마한과 진한을 합병할 계획을 그리기 시작했다.

드디어,

서기 8년(온조 26년) 7월,

마려가 왕에게 직언을 했다.

"마한이 점점 약해지고 있으며

임금과 신하가 의견이 맞지 않고 불화가 잦으니,

그 국세가 오래가지 않을 것이옵니다.

만일 다른 나라가 이들을 합병해 버린다면

우리가 매우 위태로워질 것입니다.

그때는 후회해도 이미 늦사옵니다.

차라리 우리가 먼저 합병하여 후환을 없애는 것이 낫사옵니다."

"그 말이 옳소. 그대로 추진하시오.

우선 마한 왕이 모르게

주변 국가들을 우리 편으로 만들도록 하시오."

: 7

모든 계획은 차근차근 진행되었다.

10월,

드디어 온조가 군사를 일으켰다.

온조는 사냥 행차를 준비케 하고

사냥을 간다는 소문을 사방에 내게 하였다.

마한의 신하들 중에 온조의 야망을 알아챈 이가 있어서

만반의 대비를 하도록 충언을 하였으나

마한 왕은 대수롭지 않게 여겼다.

꽹과리 소리 나팔 소리 울리면서

산으로 토끼를 몰고 사슴을 몰면서

왁자지껄 음주가무를 즐기며

점점 마한 땅으로 들어가는 온조의 군대를

사람들은 사냥감을 찾아다니는 줄로만 여겼다.

: 8

마침내 그믐밤, 달도 없는 어둠을 틈타

군사를 여러 곳으로 나누어

일시에 마한 왕을 기습했다.

마한 왕은 힘 한 번 써보지 못한 채 성을 버리고

남쪽인 변한 지역으로 도망쳤다.

그러나

원산과 금현 두 성만은 굳게 수비하고 항복하지 않았다.

두 성을 함락시키기까지는

근 6개월이라는 시간이 더 걸렸다.

: 9

서기 9년(온조 27년) 4월,

원산과 금현 두 성이 마침내 항복하였다.

온조는 그곳의 백성들을 위로하고

끝까지 항거했던 장수들에게 모두 백제군의 지위를 주었다.

마한의 백성들을 다독이며

땅과 곡식을 하사하여

그들을 한산 북쪽으로 이주시켰다.

마침내 마한을 정복한 것이었다.

잔여 세력이 남아 겨우 명맥을 유지하는 정도였다.

그해 7월,

온조는 대두산성을 쌓았다.

: 10

해야 해야 붉은 해야

온조대왕 낳은 해야

우리 이 성 쌓을 동안

빨리빨리 지지 마라

천궁 들면 천하무적

우리 대왕 보내 주신

천지신명 받들고져

해야 해야 붉은 해야

우리 백제 낳은 해야

우리 이 성 다 쌓아서

해님 달님 모셔 놓고

온조대왕 모셔 놓고

맛난 점심 먹고지고

맛난 저녁 먹고지고

: 11

서기 10년(온조 28년) 2월,

온조는 맏아들 다루를 불렀다.

"다루야, 이제 우리 백제가 제대로 된 국가로서의

위용을 갖췄으니

이제 너를 태자로 삼아

훗날을 도모하고 싶구나.

태자가 되어 한성과 지방의 군사 업무를 처리해 주면 좋겠다."

"아바마마, 명심하겠사옵니다."

문무백관이 모두 즐거워하는 가운데

백제국 최초로 태자 즉위식이 이루어졌다.

온조는 눈물이 흐르는 것을 겨우 참고 있었다.

:12

어머님, 비류 형님, 보이십니까?

이제 우리의 꿈을 절반은 이루었습니다.

우리의 후손들이 우리가 못 이룬 꿈을 이루어 줄 것입니다.

보이십니까?

우리 다루의 저 늠름한 모습이

우리 백제의 미래입니다.

:13

온조는 다루태자와 함께 백제의 정치 체제를 갖추는 데

힘을 쏟기 시작했다.

왕권이 안정되어야만

나라가 발전할 수 있으리라.

서기 13년(온조 31년) 정월,

민가들을 나누어서 남부와 북부를 만들었다.

처음과 같은 용기와 지혜를 주소서

나라가 안정되는가 싶더니, 우박이 내리고 가뭄이 겹쳐 백성들이 백제를 버리고 고구려로 도망치는 일이 일어난다. 왕이 솔선수범하여 백성들의 어려움을 함께한다. 이에 감동한 신하들도 재산을 내놓아 백성들을 구제하기 위해 힘을 쓴다. 온조는 쓸데없는 부역을 줄이고 농업과 잠업을 권장하며 어려움을 극복하고자 하나 쉽지 않다.

: 1
그러나 하늘의 시샘 때문인가.
서기 13년(온조 31년),
4월에 우박이 내리고
5월과 6월에 2차례에 걸쳐 지진이 났다.
서기 15년(온조 33년),
봄과 여름에는 큰 가뭄이 들었다.

: 2
사방에서 도적이 들끓었다.
지진이 두 차례나 일어나고
여름에 우박까지 내리자

하늘이 백제를 버렸다는 소문까지 떠돌았다.

더 있다가는 백제의 운명이 위태로워질 정도였다.

장군 마부가 군대를 이끌고 도적을 소탕하러 출동했다.

그러나 도적들의 본거지를 찾기가 쉽지 않았다.

깊은 산속마다 산적이 산채를 마련하고

양민들을 약탈했다.

: 3

온조는 우보 을음을 불러

군량미를 풀게 하여

양민들을 다독였다.

이어서 날랜 군사들을 뽑아 백성들의 소리를 들어오게 하고

산속에 세워진 도적들의 본거지를 파악해 오게 했다.

백성들의 민심이 안정되자

도적들을 소탕하기 위한 군대를 출동시켰다.

도적 떼라고 해 봐야

농사를 짓던 농사꾼들이었다.

군사들을 당해 낼 재간이 없었다.

대부분이 잡히고

극렬하게 저항하던 도적 떼의 우두머리들은 죽음을 맞이했다.

도적들을 죄의 가볍고 무거움에 따라 처리하고

가족들의 품으로 돌아가게 하니

백성들이 온조의 배려에 감동하였다.

이에 힘을 얻어

서기 15년(온조 33년) 8월,

동부와 서부의 2부를 더 설치하여

전국을 4부로 나눠 통치하기 시작했다

: 4

서기 16년(온조 34년) 10월,

마한의 옛 장수 주근이 우곡성을 거점으로 반란을 일으켰다.

백제가 자신들을 차별 대우한다면서 마한의 재건을 기치로 내걸

었다.

변한에 피난 가 있던 마한 왕의 후원을 믿고 일으킨 난이었다.

마한 시절을 그리워하던 백성들 일부가 우곡성으로 몰려들었다.

그러나 처음 반란에 가담하기로 했던 주변 성주들이 모두 발을 빼

고 말았다.

"하늘이 우리를 버렸구나.

이제 내 목숨을 내놓는 일밖에 없구나.

비열한 배신자들

내가 죽어서도 저주하리라."

: 5

온조가 직접 5천 명의 군사를 거느리고 성을 공격하였다.

"이 반란이 성공할 수 없으리라는 것을

그대가 더 잘 알 것이다.

진정 백성들을 위한 장수라면

성의 백성들을 모두 내보내고

목숨을 내놓거라."

주근은 성의 백성들을 모두 내보내고

목을 매어 자결하였다.

온조는 그 시체의 허리를 자르고

처와 자식들도 죽여

본보기로 삼았다.

: 6

온조는 점점 세력을 넓혀 나갔다.

서기 18년(온조 36년) 7월,

탕정성을 쌓고

대두성 주민의 일부를 이주시켰다.

8월에는 원산과 금현의 두 성을 수리하고

고사부리성을 쌓았다.

신하들은 왕을 존경하고

왕은 신하들을 신뢰하고

백성들이 왕을 칭송했다.

그러는 가운데 또 한 번의 위기가 찾아왔다.

: 7

서기 19년(온조 37년) 3월,

크기가 달걀 정도인 우박이 내려 새가 맞아 죽었다.

4월부터 가물다가 6월에 이르러서야 비가 내렸다.

한강의 동북 부락에 흉년이 들어

고구려로 도망간 자가 1천여 호에 달했다.

: 8

"이를 어쩌면 좋은가

우리 왕실의 힘은 백성으로부터 나오는 법인데

백성들이 모두 이웃 나라로 옮겨가 버리니

하늘이 우리를 버리시는 것인가

고구려가 싫어서 그 먼 길을 돌아서 여기까지 왔건만

내가 정치를 잘못하여

내 소중한 백성들을 다시 고구려로 돌려보내다니

이를 어찌하면 좋은가"

왕이 솔선수범하여 하루에 한 끼만 먹었다.

어찌 백성들이 굶는데 왕이 배부름을 탐할 수 있으리오.

: 9

"마마, 이것은 마마의 잘못이 아니옵니다.

너무 자책하지 마시옵소서.

반드시 방법이 있을 것이옵니다

소신들의 재산을 내놓겠사옵니다

소신들도 백성들처럼 똑같은 식사를 하겠사옵니다"

"소신 마려가 신라와 가야로 가서

곡식을 마련해 보겠사옵니다.

마침 우리에게는 소금이 많이 있으니

그리 어렵지 않게 곡식과 바꿀 수 있을 것이옵니다"

왕실에서 내놓은 곡식과 문무백관들이 내놓은 곡식과

지방 호족들이 내놓은 곡식과

마려가 구해온 곡식들만으로는 부족했다.

그래도 그것을 한 되에서 한 홉으로 한 줌으로 줄이면서

백성들이 근근이 버텨 나갔다.

민란이 일어나지 않는 것이 천만다행이었다.

온조의 진심이 하늘을 움직였음이라.

:10

서기 20년(온조 38년) 2월,

온조는

백성들의 삶을 보살피기 위하여

동으로는 주양, 북으로 패하까지 갔다가

50일 만에 돌아왔다.

"대신들은 백성들의 고달픔을 새겨들으시오.

모두 백성들의 목소리에 귀를 기울이고

우리의 잘못으로 애꿎은 백성들이 괴로움을 당하지 않게 하시오."

왕은 신하들과 의논하여

3월에는

사람을 보내 농업과 잠업을 권장하고

급하지 않은 일로 백성들을 괴롭히는 부역을 모두 없애는 대책을

냈다.

백성들이 농사짓는 법을 배우고

양잠하는 법을 배우며

앞날에 대한 희망을 꿈꾸는 동안,

10월에는

왕이 큰 제단을 쌓고 다시 천지신명에게 제사를 지냈다.

: 11

천지신명이시여

왕의 길이 멀기만 합니다

또 다시 무슨 시험이 남아 있사옵니까

사람의 마음을 얻는 것이 이렇게 힘이 드는 것이옵니까

칼을 쓰는 것은 잠시의 복종은 얻지만

영원한 충성을 얻을 수는 없습니다

사람의 마음이 간사하여

나라가 안정이 되면 될수록

나태해지고 잘못에 빠지기 쉽사옵니다

천지신명이시여

저에게 처음과 같은 용기와 지혜를 주시옵소서

처음과 같이 백성 한 사람 한 사람을 소중하게 여기는

자애로움을 주시옵소서

또 다시 무슨 시험이 남았사옵니까

차라리 소신의 목숨을 드릴 테니

이 백제를 굽어살피시옵소서

: 12

하늘의 시련이 끝나자마자

또다시 전쟁의 소용돌이가 치기 시작했다.

서기 22년(온조 40년) 9월,

말갈이 술천성을 침공하였다.

11월, 말갈이 다시 부현성을 습격하여

백여 명을 죽이고 약탈하였다.

: 13

그 소식을 듣고 왕은 크게 슬퍼하였다.

"즉시 정예 기병 2백 명을 보내 구원하도록 하시오."

백제군이 성에 도달했을 때에는

모든 것이 끝나 있었다.

"철천지 원수, 말갈에게 반드시 복수하리라."

다루태자는 아버지 온조에게 복수를 다짐했다.

그는 소서노와 비류에 대한 아버지의 한을 알고 있었다.

한 나라의 왕자로서

할머니와 아버지의 원대한 꿈을 이어받는 것은 당연한 일이리라.

온 세상을 밝히던 등불 꺼지다

온조는 끝까지 백성들을 위한다. 백성들과 같이 음식을 줄이고 백성들의 아픔을 자신의 아픔처럼 여긴다. 그러나 세월의 힘을 이기지 못하고 세상을 뜨고 만다. 백성을 섬기고 신하를 섬기라는 유지를 남긴 채.

: 1

"이제 나의 시대도 저물어 가는구나."

서기 23년(온조 41년) 정월, 우보 을음이 사망하자

온조는 식음을 전폐하고 며칠을 앓았다.

온조 자신과 한 평생을 같이 한 신하가 아니었던가.

"이제 내가 누구를 의지할꼬?"

사람의 목숨은 하늘에 있는 것

기어이 쫓아가서 데려오고 싶어도

저승 가는 길 알 수 없어서 쫓아가지 못하네

부디 부디 잘 가소

가다가 어느 경치 좋은 개울가 정자에서

술 한 잔 하며 쉬고 있으면

나도 따라가리다

여기 따르는 술 한 잔 받고 쉬엄쉬엄 가고 있으소서

: 2

온조는 북부의 해루를 불러 들여 우보로 임명하였다.

해루도 70세가 넘어 대신들 사이에 논란이 있긴 하였으나

그는 도량이 넓고 식견이 깊은 사람이었다.

다루태자에게 더할 나위 없는 보호막이 되어 줄 것이었다.

마음을 추스른 온조는

2월,

다루태자를 시켜

한강 동북 모든 부락의 15세 이상 되는 장정을 징발하여

하북위례성을 수리하였다.

수많은 아픔과 기쁨이 서려 있는 위례성에서

온조는 옛날을 떠올리며 마음을 다잡는 것이었다.

: 3

서기 25년(온조 43년) 9월,

1백여 마리의 기러기가 왕궁으로 모여들었다.

"어허, 괴이한 일이로다. 이 무슨 변고인고? 제사장을 들라 하라."

제사장이 말했다.

"기러기는 백성을 의미하는 것이옵니다.

장차 먼 곳에서 귀순하여 오는 사람들이 있을 것입니다"

과연 그해 10월,

남옥저의 구파해 등 20여 명이 부양에 와서 귀순하였다.

온조는 이들을 극진히 대접하고

한산 서쪽에 거주하도록 하였다.

그들은 온조의 덕을 찬양하며 물러 나왔다

: 4

서기 27년(온조 45년),

봄과 여름에 큰 가뭄이 들어 초목이 말랐다.

온조는 기력이 점점 쇠해지고 있었으나

지난번처럼 백성들과 고통을 같이하겠다면서

하루에 한 끼로 식사를 줄였다.

"매해마다 봄철만 되면 백성들의 삶이 궁핍해지니

이를 어찌하면 좋을꼬.

농사짓는 법을 살피고 양잠하는 법까지 가르쳐서

좀 나아질까 하면

어김없이 이런 고통의 시련을 겪게 되니

모든 것이 다 짐의 부덕한 탓이로다."

: 5

더군다나 그해 10월,

지진이 발생하여 백성들의 가옥이 기울거나 쓰러지니

왕은 불편한 몸을 이끌고

백성들을 직접 찾아가 위로를 하려고 했다.

"다루태자야, 이제 네가 내 대신 백성들을 챙기려무나.

신하들을 하늘처럼 받들어라.

백성들을 하늘처럼 받들어라.

잠깐의 승리에 우쭐하지 말고

조그만 불행과 패배에서도 이기는 법을 배우거라.

이 백제는

태자의 할머니와 비류폐하와 나의 꿈이

서려 있는 나라이니라.

저 대륙에도 우리 백제의 맥이 이어져 있으니

반드시 찾아야 한다.

네가 하지 못하면

너의 자손에게 말하거라.

이것은 나의 뜻이며

비류폐하의 뜻이다."

다루태자와 우보 해루가 왕의 유지를 받들고 있었다.

: **6**

서기 28년(온조 46년) 2월,

온조는

백제의 기틀을 세우고 먼저 저승으로 간

을음의 뒤를 쫓아

수많은 한이 서린 이승을 떠났다.

한 줌의 모래알이

집이 되고

왕궁이 되고

나라가 되었네

조그만 심지에 붙여진 불꽃 하나가

세상을 밝히는 태양이 되었네

사람은 갔어도 그 꿈은 지금도 남아 있네

무엇으로 그 빈자리를 채울 수 있을까

웅대한 기상은 세상을 품었고

자애로운 마음은 지상의 미물에까지 미쳤네

소서노와 비류가 남겨두고 간 인생을 대신 살았네

백성들이 기꺼이 따라와 만든 나라

조그만 숨결들이 모이고 모여 거대한 나라가 되었네
조그만 불꽃 하나가 온 세상을 밝히고 고요히 꺼졌네
그리고 백제가 남았네
700년 백제 역사의 시작이었네.

근초고왕

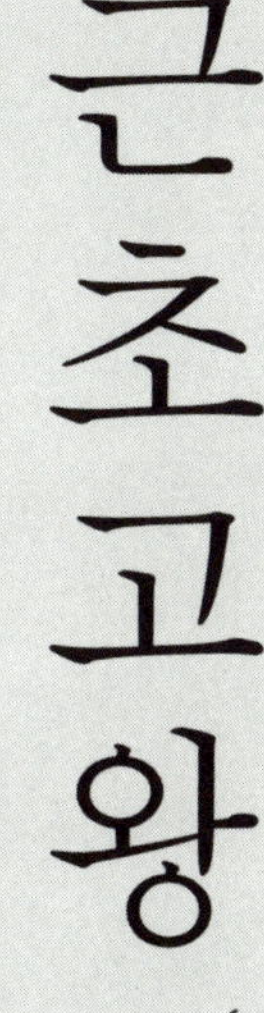

등장인물

- **근초고왕(부여구)** | 비류왕의 둘째 아들. 4세기 중반에 백제를 크게 발전시킨 왕.

- **부여수** | 근초고왕의 아들로서 백제의 태자. 고구려와의 전투에서 큰 승리를 거두고, 후일에 근구수왕이 된 인물.

- **비류왕** | 백제의 제11대 왕. 10대 분서왕이 죽자 그의 아들들이 어리므로 신하들의 추대를 받아 왕의 자리에 오른 인물.

- **계왕** | 분서왕의 아들로서 비류왕 사후 잠시 왕위에 올랐던 인물.

- **태학박사 고흥** | 근초고왕의 명으로 백제의 역사를 기술한 인물.

- **아직기** | 근초고왕의 명으로 왜나라에 말馬을 다루는 기술을 전파한 인물

- **왕인** | 근초고왕의 명으로 왜나라에 학문을 전파한 인물

- **진정, 막고해** | 근초고왕이 왕위에 오르는 것을 돕고, 백제의 전성기를 이루는 데 기여한 신하들.

- **구저, 미주류, 막고** | 근초고왕이 왜나라에 보낸 신하

- **사기** | 고구려의 군사 정보를 근초고왕의 큰아들인 부여수 태자에게 알려 주어 백제의 대승을 이끈 인물.

- **복일** | 가공의 인물. 제사장이 되어 근초고왕이 왕위에 오르는 데 기여한 인물.

- **고국원왕** | 근초고왕의 백제를 침략하였다가 전사한 고구려의 왕.

- **예전별존** | 왜나라의 태자.

- **시마노스구데, 니하야** | 왜나라 사신.

서시

어둠이 내린 땅에서 홀로 아름답긴 어려워라
찬 이슬 내리는 들판에서 맞이하는 새벽이 몇 번이던가
발목을 적시는 아침 이슬은 이름 모를 풀잎들의 눈물이던가
긴 칼을 휘두르고 석궁을 날리며 전장을 누비던 병사들이여
이제 대제국을 노래하자

풀잎이여 일어나라
들꽃들이여 노래하라
먼동이 터오는 새벽
붉게 떠오르는 불덩이를 가슴속에 품어라

우리가 가는 곳이 곧 우리의 집이니
우리가 가는 곳의 사람들이 우리의 백성들이니
저 푸른 서해 바다와 같이 넓은 가슴으로 품으리
저 대륙의 벌판을 백성들의 발자국으로 누비게 하리

산 사람은 살아서 우리의 손을 잡으라
죽은 사람은 죽어서 우리의 영혼이 되어라

그대들의 삶이 곧 백제의 삶
그대들의 숨결이 곧 백제의 숨결
그대들이 나를 웃게 하고 울게 했노라
그대들이 내 칼을 움직이게 하고
그대들이 내 가슴을 뛰게 했노라

풀잎이여
들꽃이여
대백제의 뜨거운 영혼들이여

제 1 부

부여구, 곰 꿈을 꾸다

비류왕은 왕위 계승 문제로 갈피를 못 잡고 있다. 이때 부여구 왕자는 자신이 백제의 왕이 될 것이라는 계시를 받는다. 그러나 자신 때문에 백제가 더 혼란스러워질 것을 염려하여 백제를 떠나려고 한다. 비류왕은 부여구에게 대륙백제를 맡기며 칠지도七支刀를 증표로 준다.

:1
곰이다
붉은색 털이 말의 갈기처럼 출렁이는

곰이다
그 옛날 할아버지의 할아버지의 할아버지의
태곳적부터
우리를 보살펴 주었다던 곰이다
사당에서 보았던 산신의 눈매를 지니고 있다
그 곰이 자꾸 꿈에 보인다
나를 향해 달려온다
나는 무서워 도망친다
왜 나에게, 왜 나를, 왜 이렇게 잠 못 들게 하는가
곰이여
백제의 수호신이여

: 2

"이 꿈은 무엇을 뜻하는 것일까.
매번 중간에 깨지 말자고 다짐을 하지만
꼭 같은 부분에서 깨고 마니 무슨 계시인가.
누구에게 의논해야 하나
내 운명이 두렵기만 하구나."
부여구 왕자는 몰래 제사장을 찾아갔다.

"왕자마마, 감히 입에 올리기 두렵사오나

마마께서 백제의 왕이 되실 꿈이옵니다."

"그게 무슨 말인가.

내 위에 형님이 계시거늘

내가 반역이라도 한단 말이냐?

앞으로 그 말을 입 밖에 내지 마라.

내가 왕궁에 남아 있으면 엉뚱한 오해를 일으켜

백제 왕궁을 혼란에 빠뜨릴 수 있을 터,

내가 왕궁을 떠나 버리면 그런 일도 없을 것이다."

제사장은 엷은 미소를 지을 뿐이었다.

: 3

먼 산을 바라보며 한숨을 쉬는 사람이 있다

자줏빛 도포와 푸르게 출렁이는 비단 바지를 입은 채

금꽃으로 장식한 오라관을 쓰고 있는 사람이 있다

비류왕……

늘 당당하고 기세등등하던 대왕이

오늘은 왜 이리 슬퍼 보이는가

왜 이리 늙어 보이는가

: 4

인간의 힘으로 되지 않는 일이 있으니

꽃을 보고 싶다고 꽃봉오리를 억지로 벌리겠는가

빨리 열매를 보고 싶다고 꽃잎을 따버리겠는가

초원을 달리고 싶어도

갓 태어난 망아지에 안장을 얹을 수는 없는 법이니

세상에 인간의 힘으로 되지 않는 일이 많기도 하여라

: 5

하늘은 내게 왕의 자리를 주셨으되

진정한 충신은 주지 않으셨고

하늘은 내게 아들은 주셨으되

그들을 내 곁에 두지는 않으시는구나.

소나 말은 내 맘대로 할 수 있어도

자식들은 내 뜻대로 움직여 주지 않으니

"그래, 부여구야.

너는 네가 원하는 삶을 살아라."

운명이라는 것도 준비된 자에게만 허락되는 것

네가 내 곁을 떠나는 것도 너의 운명이요

네가 운명을 거부하기 위해 세상 밖으로 뛰어나가는 것도 또한 운

명이라

좋든 싫든, 결국 너는 네 운명을 향해 달려 나가는 것이니

오냐, 너의 운명을 맞이하기 위해 세상 밖으로 나가거라.

:6

아바마마, 아바마마의 근심을 왜 모르겠나이까……

형님의 괴로움을 왜 모르겠나이까.

소자가 이 나라를 떠야만

모든 것이 제자리를 찾을 것이라는 것을 왜 모르겠나이까.

신하들이 형님과 저를 견주고

태자 책봉 문제로 분란을 일으키니

한 나라의 왕자로서 어찌 보고만 있겠습니까.

모든 혼란의 근원이 소자이오니

소자만 사라지면 모든 일이 순조로워질 것이옵니다.

아바마마…… 아바마마…… 아바마마……

:7

비류왕은 분서왕의 마지막 모습을 떠올렸다.

서기 304년 2월,

봄기운이 하늘을 밀어 올리던 날

낙랑군의 서현을 정복하고
호탕하게 웃던 분서왕의 얼굴이 또렷하게 떠오른다.

: 8
분서왕이여
그대에게 무슨 원한이 있었겠는가.
다만 그대와 나의 운명이 그러한 것을.
할아버지 대부터 이어져 내려온 악연을 이제는 끊어야 하네.
그대와 나의 악연을 이제는 끊어야 하네.

그대의 할애비가 내 할아버지를 몰아내고 왕좌에 오른 것은
우리 가문의 비극.
그대에게 그대가 지키고 짊어지고 가야 할 업보가 있듯이
나 또한 내가 풀어내야만 할 업보가 있으니
나를 탓하지 마라.

그대의 조상들이 온갖 수단으로 왕좌를 유지해 온 것처럼
모든 수단을 이용하여 우리 가문의 자리를 되찾는 것은
나의 숙명.

그대는 그대가 할 수 있는 모든 힘을 다하게

나는 나의 힘을 다하리라.

그러나 일은 엉뚱한 방향으로 진행되었다.

: 9

서기 304년 10월,

단풍이 핏빛처럼 타오르던 날

요서 지방의 요서군과 진평군을 다스리던 낙랑태수가 자객을 보

냈다.

자객의 칼날이 바람을 갈랐다.

하늘을 나는 새들의 울음소리가 구슬펐다.

분서왕의 왕자들은 국정을 살필 수 있는 나이가 아니었다.

고이왕이 사반왕을 몰아낼 때와 어찌 이렇게 비슷하단 말인가.

업보가 쌓이고 쌓여 자손까지 이어지니

선조가 저지른 업보로 자손들이 해를 입으니

이것이 인과응보라고 하는 것인가.

하늘의 섭리는 무섭고 신묘하기만 하구나.

: 10

때 이른 눈이 온다.

이 눈으로 그동안 어긋났던 발자국들을 지울 수 있을까.

붉은 단풍이 눈빛 속에서 불꽃처럼 붉었다.

백지처럼 지워지는 마음속에

붉은 열정이 불현듯 솟아올랐다.

상서로운 징조인가.

비류왕의 마음속에 수많은 기억들이 눈처럼 날리고 있었다.

: 11

왕좌는 그렇게 그의 것이 되었다.

분서왕의 어린 왕자들을 밀어내고

그 옛날 빼앗겼던 할아버지의 왕좌를 되찾은 것이었다.

구수왕의 뒤를 이은 사반왕을 내쫓고

왕좌를 빼앗아 간 고이왕,

그 손자가 분서왕이었다.

"얼마나 오래 기다렸던가.

그 한과 억울함을 억누르고 평민으로 쫓겨나 겨우 목숨 부지하였

거늘……"

눈송이들이 수북이 쌓이고 있었다.

마음속 번뇌들이 하얗게 지워지고 있었다.

오랜만에 맛보는 평화로움이었다.

마음이 잔잔해지고 세상과 하나가 되는 듯

자신도 눈이 되어 하늘하늘 허공에 떠 있는 것 같았다.

밤새 눈꽃이 피어오르고 있었다.

: 12

비류왕은 분서왕의 후손들을 살려 줬다.

그것이 이제 와서 그의 목을 조이고 있었다.

이제 그들도 나이가 들어 호시탐탐 왕좌를 노리고 있었다.

게다가 신하들도 비류왕의 장남을 지지하는 파와

차남인 부여구를 지지하는 파로 나뉘어 옥신각신하고 있었다.

: 13

최고의 자리에 오르는 것은 차라리 쉬워라

그것을 지키는 것이

차라리 목숨을 잃는 것보다 어려운 일

음식 부스러기에 몰려드는 개미 떼처럼

꿀이 가득 든 꽃망울에 몰려드는 벌 떼들처럼

몰려드는 음모와 계략

눈이 가득 쌓인 들판을 보고 안심하지 마라

그 속에 무엇이 묻혀 있는지 아무도 모르거늘

번뜩이는 살의로 버리고 버린 칼날

적도 아군도 없어라

형제도 가족도 없어라

그 자리에 오르면 세상을 다 가질 것 같더니

오히려 텅 비어 오는 가슴

가지려고 손 내밀면 오히려 멀어지는 삶이여

오히려 식어 버리고 마는 따뜻함이여

오히려 꺼지고 마는 생生의 즐거움이여

가지면 가질수록 삶은 왜 이리 허무해지는가

이제 내가 그들의 눈치를 봐야 하는구나

허나 내가 마지막 해야 할 일은

이 자리를 태자에게 온전하게 물려주는 것,

그래야 저승에서 선조들을 뵐 면목이 서는 것을……

:14

"부여구야, 미안하구나.

내가 힘이 약하여 너희들을 지켜 주지 못하는구나.

너희 형제가 힘을 합하여

이 백제를 이끌어 가야 한다.

네 형인 태자를 돕거라.

그리고 반드시 살아남아야 한다."

: 15

비류왕은 먼 산을 바라본다.

부여구는 기골이 장대하였다.

많은 사람들이 그와 어울리는 것을 좋아했다.

"부여구야.

네가 요서로 가서 대륙백제를 다스리거라.

태자가 가는 것이 옳겠으나

이곳도 혼란스럽고 위급하기만 하구나.

태자는 내 옆에서 나를 도와야 하니

네가 그리로 가서 우리 왕궁의 기틀을 바로 세우도록 하거라."

"아바마마, 소자 아바마마의 명을 받들겠사옵니다."

"이것은 칠지도이니라.

네가 백제 왕통을 이었음을 보여 주는 증표이니라.

우리 백제의 정신이 이 칠지도에 들어 있느니라.

소중히 간직하도록 하거라.

명심하거라.

네가 살아남아야 백제가 살 수 있다.”

부여구에게 대륙의 백제를 맡기기로 하였으나 안심이 안 된다.

분서왕의 후손들이 그곳에 세력을 이루고 있음이라.

쩡,

쩡,

쩡,

멀리서 눈의 무게를 이겨 내지 못한

소나무 가지가 부러져 내리는 소리

세상이 울린다.

가슴이 무너져 내리는 것 같다.

: 16

“어디로 가시려 하옵니까?”

“일단 고구려로 가자. 고구려의 정세를 파악하고 난 뒤

전연으로 갈 것이다.”

부여구는 조그만 상단을 꾸려 길을 나선다.

고구려에서 담비 가죽을 사다가 전연에 팔 생각이다

심복인 진정과 막고해도 상인 복장으로 갈아입고

칼을 찬 채로 부여구의 뒤를 따른다.

"어서 서둘러라.

분서왕 세력이 분명히 추격대를 보냈을 것이다."

: 17

요동 지역,

고구려와 전연이 혈투를 벌이고 있었다.

두 나라 사이에서 대륙백제는 늘 불안했다.

고구려는 담비 가죽으로 유명한 나라,

부여구는 담비 상인으로 위장하여 고구려를 염탐했다.

담비 가죽을 팔러 오는 사람들이

고구려 이곳저곳의 소식들을 가져다주었다.

: 18

담비 가죽이 어느 정도 마련되자

부여구는 진정과 막고해를 시켜 전연에서 담비 가죽을 팔게 했다.

귀족들에게 담비 가죽을 내다 팔면서

전연의 이곳저곳 소식들을 주워 모았다.

: 19

백제는 점점 위축되고 있었다.

왕권 다툼까지 이어져 약해질 대로 약해져 있었다.

이런 상황에서 전연이나 고구려가 전쟁을 일으킨다면
이 얼마나 위태로운 상황인가?

부여구는 전연과 고구려가 전쟁을 벌이도록
계략을 꾸미고 있었다.
담비 장사를 하면서 맺어진 사람들을 통하여
고구려가 전연을 공격하려 한다는 소문을 퍼뜨렸다.

전연의 조정에서는
처음에는 반신반의했으나
고구려의 기를 단번에 꺾어 놓아야 한다는 주장이
힘을 얻기 시작했다.
마침내 전연이 고구려를 공격하기 시작했다.
고구려는 계속 밀렸다.

:20
고구려와 전연이 전쟁을 벌이는 사이
부여구는 대륙백제의 왕권을 강화하는 데 힘을 쓰기 시작했다.

부여구는
진정과 막고해에게 그동안 벌어 놓았던 돈을 내주고

사병을 모집해서 훈련을 시키도록 했다.

그냥 앉아서 당할 수는 없는 노릇이었다.

한편, 백제 왕궁에는 검은 구름이 몰려오고 있었다.

: 21

비류왕은 날이 갈수록 쇠약해져가고 있었다.

"아바마마, 어서 쾌차하시옵소서."

태자가 눈물을 흘리며 비류왕을 바라보고 있었다.

"태자야, 부여구와 힘을 합치거라.

그래야만 네가 백제 왕통을 이을 수 있을 것이다."

"아바마마, 마음을 편히 가지시고 빨리 쾌차하옵소서."

그러나 마음속으로 스며드는 불안감의 정체는 무엇인가.

태자는 이러지도 저러지도 못하는 처지가 되었다.

분서왕의 세력들이 호시탐탐 왕좌를 노리고 있었다.

: 22

비류왕의 병세는 더욱 위중해졌다.

"태자야, 이제 너밖에 없구나.

내 목숨도 얼마 남지 않은 듯하니

네가 이 아비의 한을 풀어 주기 바란다."

얼마 지나지 않아 비류왕은 세상을 뜨고 말았다.

:23
태자는 땅을 치며 울었다.

"아버지께서 돌아가시다니
하늘이 무너지는구나.
내 손과 발이, 내 팔과 다리가
단단한 쇠사슬에 묶여 있는 듯
움직이지 못하겠구나.
뿌리 없는 나무가 되어 버렸구나.
메마른 우물이 되어 버렸구나.
앙상한 나뭇가지의 까마귀 같구나.
불쌍하구나, 내 신세여!"

:24
"저하. 우리에게는 슬퍼할 겨를이 없사옵니다.
이럴 때일수록 힘을 내셔야 하옵니다.
분서왕의 세력들이 무슨 짓을 저지를지 모르옵니다.

더 이상 이곳은 안전한 곳이 아니옵니다.

대왕마마의 유지를 받들기 위해서는 부여구 왕자님과 힘을 합치셔

야 하옵니다.

서두르지 않으면 분서왕 세력들의 의도대로 모든 것을 잃게 될 것

이옵니다."

그러나 하늘의 뜻을 어찌 할 것인가.

하늘은 이미 태자를 버리고 부여구를 버린 것처럼 보였다.

: 25

분서왕 세력들이 반역의 깃발을 올렸다.

집들이 불타고

어린아이, 어른, 할 것 없이 시체가 거리를 메웠다.

짐승들이 몰려들어 살점을 뜯어 가도

장례를 치러줄 이가 없었다.

: 26

아, 진정한 우리의 왕은 어디에 있단 말인가

우리는 이렇게 죽어 가는데

우리의 왕은 어디로 갔는가

백성들을 위한다면서 또다시 백성들을 죽이는구나

백성들을 위해 왕위에 오른다면서

또다시 백성들을 죽이는구나

무너진 집과 불타오르는 짚더미
온갖 능욕을 당한 채 버려진 시체들
뒤늦게 돌아온 병사들마저
분서왕 세력들의 매복 작전에 걸려 전멸되고 마니
전투가 끝이 났어도
태자를 모실 이가 한 사람도 없구나

그믐날 밤,
어둠이 백제 왕궁을 까맣게 물들인 밤
태자는 한 맺힌 세상을 뜨고 말았다.
아무도 말리지 못했다.

반역의 깃발이 펄럭이고 있었다.
분서왕의 세력들은 차근차근 왕좌를 차지하기 위한 계략을 세우
고 있었다.
그들은 스스로 왕이 되어 백제를 통치하려고 했다.
서기 344년 10월의 일이었다.
후대 사람들은 그를 계왕*이라고 불렀다.
계왕은 부여구에게도 자객을 보냈다.

대륙백제에 있는 분서왕 세력들과 힘을 합쳐

부여구를 추격하기 시작했다.

세상으로 나아가다

부여구는 자객들의 습격을 받아 쫓기다가 사막으로 몰린다. 위급한 상황에서 구원의 손길을 내민 사람은, 예전 백제 제사장의 손자인 복일이었다. 그는 부여구 일행을 데리고 바이칼 호수까지 간다. 그 과정에서 부여구가 계속 꾸던 곰 꿈의 비밀이 밝혀지고 부여구는 세상을 향한 의욕을 드러낸다.

: 1

"왕자님, 얼마나 상심이 크시옵니까.

소신들이 모시겠사옵니다.

대왕폐하와 태자저하까지 세상을 떠나시니

이를 어찌하면 좋습니까.

---

* 박영규는 《한권으로 읽는 백제왕조실록》에서 계왕이 대륙백제의 왕이었으며, 한반도 백제를 다스리던 비류왕이 죽자 왕권을 장악하여 백제의 왕이 되었다가, 부여구에 의해 축출된 것으로 해석하고 있다.

힘을 내시옵소서.

일단 목숨을 보존하셔야 하옵니다.

분명히 기회가 있을 것이옵니다."

진정과 막고해는 흘러내리는 눈물을 멈추지 못한다.

계왕이 보낸 자객들을 피해야 한다.

사방이 적이다.

일단 백제를 떠야 한다.

"내 반드시 돌아오리라."

부여구는 무거운 발걸음을 옮겼다.

: 2

길 떠나네

아무도 반겨주지 않아도 떠나야 하는 길

머무는 곳이 집이고 만나는 사람이 벗이네

곡식이 떨어지면 굶고

비가 내리면 맞으면 되지

길 떠나네

왕자의 길을 버리고

사람들이 웃으면 같이 웃고

사람들이 울면 같이 울고

아픈 사람을 만나면 같이 아프고

굶은 사람을 만나면 같이 굶으며
길 떠나네

: 3

부여구를 노리는 칼들이 사방에서 숨을 죽이고 있었다.

향기로운 들풀의 꽃잎들도 살의를 뿜어내고
싱그러운 풀벌레 소리에도 죽음의 냄새가 풍겨 나온다.

바람 소리에도 칼의 숨소리가 섞여 있고
푸른 하늘빛에도 칼날의 번뜩임이 숨어 있다.

경계, 경계, 또 다시 경계……

산을 넘고 또 넘어
시내를 건너고 또 건너
잠시 땀을 식히는 순간,

쉬익, 쉬익, 쉬익, 날아 꽂히는 화살들.

"기습이다, 기습이다."

모두 나무 뒤에 숨어 동정을 살핀다.
고요 속에 또 고요, 그 속에 또 침묵……

불현듯 뛰어드는 검은 복면의 검객들,
진정과 막고해가 칼을 꺼내들고 뛰쳐나온다.

검은 구름이 용솟음치는 듯
회오리바람이 나무를 부러뜨리는 듯
한바탕 칼춤이 펼쳐진다.

검은 복면 하나가 가까스로 도망치고
나머지는 모두 바닥에 쓰러져 있다.

: 4
"그냥 두라. 지금은 이미 늦었으니."
또 다시 기습은 있으리라.
진정과 막고해를 비롯한 호위 무사들이 매복을 하고 기다린다.
날짐승과 들짐승 소리가 들리지 않고
알 수 없는 고요가 뿜어져 나오는 숲의 냉기……

부여구는 식은땀을 흘리며 걸음을 재촉한다.

진정과 막고해라면 충분히 추격대를 따돌릴 것이다.

며칠간 시간은 벌 수 있겠지만

추격은 계속될 것이다.

모두들 긴장한다.

어쩔 수 없이 풀 한 포기 나지 않는 모래밭 속으로 숨어들었다.

: 5

이렇게 끈질기다니

죽이고 또 죽여도 어디선가 새로운 검객들이 길을 막는다

계속 밀리고 있었다.

하이에나 같다.

피냄새를 맡고 달려드는 하이에나……

사막이다.

부여구의 무리는 사막 속으로 들어간다

: 6

모래…… 누구의 번뇌인가

누구의 번뇌가 남아 이렇게 한 세상을 이루었는가

발이 모래 속에 빠지고

발을 헛디딘 자는 모래 언덕 아래로 구른다

모래바람이 분다
추격대를 따돌리기에 안성맞춤이다
발자욱이 다 지워질 것이다
무심히 펼쳐져 있는 사막……
어지럼증이 밀려온다.

: 7
“저하, 저하, 저하……”
목소리가 아득해진다.
한참 뒤, 눈을 뜬다.
얼마나 지난 것일까.
천막 안이다.

“저하, 정신이 드시옵니까. 큰일 날 뻔했사옵니다.
여기 이 사람이 아니었으면……”

“아니, 어떻게 이런 곳에 우리 백제 사람이 있단 말인가.
고맙네. 그래 그대는 누구인가.”

“당신들이 백제 왕족인 줄 알았으면
그대들을 구해 주지 않았을 것이오.

나는 백제의 제사장을 지낸 집안의 자손이오.

그대들의 선조 고이왕이 왕좌를 빼앗으면서

내 할아버지는 사당에서 쫓겨났소.

겨우 목숨만 보존하여 지금 바이칼 호수 근처 사당에 계시오.

지금 할아버지를 찾아가는 길에 그대들을 만난 것뿐이오.

그러니 고마워할 필요가 없소.

가던 길이나 가시오.”

: 8
“나는 고이왕의 후손이 아니라

구수왕의 후손이네.

그러니 나를 너무 적대시하지 말게.”

“소인이 미처 몰라보고 무례를 범하였나이다.

소인은 복일이라고 하옵니다.

대대손손 백제 사당에서 천신과 대왕마마를 모셔오다가

고이왕이 왕좌에 오르며

역모죄를 내세워 우리 집안을 풍비박산시켰나이다.

지금 할아버지께서는 그때 가까스로 도망쳐

바이칼 호수에 가 계시옵니다.

소인은 할아버지의 부름을 받고

바이칼의 무당바위까지 가는 길이옵니다.”
“그대가 나를 살렸구나. 고마운 일이로구나.”
복일은 부여구 일행을 끌고 북으로 향한다.

: 9

운명은 우연히 찾아오는 것

찾아 나서면 멀리 도망쳐 버리고

가만히 기다리면 저절로 찾아오는 것

백제 땅에서 한없이 먼 사막 가운데에서

이런 만남이 있을 줄 누가 알았으랴.

누가 들었으면 거짓이라 말하리라

운명은 그런 것

거짓말 같지만 언젠가는 일어나는

기적 같은 것

: 10

부여구는 또 곰 꿈을 꾼다.
요즘 들어 부쩍 꿈이 잦아졌다.

곰이 달려온다
붉은 털에 햇살이 날려

주변이 온통 찬란하다.

부여구는 예전과 달리 도망가지 않는다

서 있어 본다

곰이 부여구 앞에서 멈춰서더니

괴성을 지른다.

온 세상이 바르르 떨린다.

부여구는 눈을 똑바로 뜨고 쳐다본다.

순식간에 곰이 부여구의 몸속으로 들어온다

주변이 화악 밝아진다

곰이 곧 나다

내가 곧 곰이다

:11

몇 날 며칠을 걷고 또 걸었을까.

사막이 끝나고 넓은 초원이 펼쳐진다.

풀들의 바다……

바람이 불 때마다 발목 아래에서 알싸한 향기가 솟아오른다.

출렁이는 물결이 야트막한 언덕들을 넘나든다.

멀리서 말과 소들이 풀을 뜯고 있다.

：12

이렇게 넓은 땅이 있는데
내가 편히 누울 땅은 없네

천리마가 있어도 하루만 달리면 더 갈 곳도 없는 곳에서
갑갑하게 살았네

한 나라의 왕이 된다고 해도
고작 손바닥만 한 땅 위에서 거드름 피우는 꼴이네

장부로 태어나서
이렇게 넓은 땅 하나 품을 가슴이 없는 사람이
어찌 세상일을 논할 수 있겠는가

저 매처럼 날아올라 내려다봐도
끝이 보이지 않을 이 초원의 광활함이여

나는 이제 날개를 펴리라
나를 옥죄고 있던 굴레를 벗어 던지고
저 푸른 창공으로 날아오르리라

이제 가자

이제 가자

근질거리는 내 겨드랑이에 날개를 달자

몇 개의 산을 넘고 몇 개의 강을 건넜을까.

드디어 바다와 같은 호수가 앞을 가로막는다

:13

신들의 땅

신들의 호수

모든 생명의 시작이며 끝……

무당바위……

색색 천들이 둘러 쳐진 나무에 바람이 불고

푸른 하늘이 머리칼처럼 풀어져 휘날리는 곳

세상의 모든 정기가 이곳에 모였어라

인간 세상의 모든 번뇌가 소멸되는 곳

하늘과 물이 하나로 합쳐지는

혼융의 땅

죄 없는 사람은 일어나 경배하라
죄 있는 사람은 일어나 경배하라
살아 있는 사람은 일어나 경배하라
죽은 사람은 영혼을 일으켜 경배하라

가장 괴로운 곳에서
하늘로 솟아오르는 나무들
가장 깊은 절망 속에서
하늘로 솟아오르는 바위들
여신의 머릿결처럼 풀어져 날리는 하늘이여
굽어살피소서
굽어살피소서

:14
한 무리의 곰들이 춤을 춘다
아니, 아니다
곰의 탈을 쓴 사람들이 춤을 춘다

햇살이 날리는데
꿈에서 보았던 풍경과 어찌 이렇게 비슷한가

푸른 깃발을 꽂았다

붉은 깃발을 꽂았다

곰의 거죽을 뒤집어 쓴 사람이 고함을 지른다

갑자기 부여구한테로 달려든다

곰의 가죽을 들어 뒤집어 씌운다

곰과 부여구가 하나가 되었다

곰 거죽을 뒤집어 쓴 무당과 부여구가 하나가 되었다

한참동안 움직임이 없다

이게 무슨 일이란 말인가

막고해는 어안이 벙벙한 모습이다.

한참 있다가 마침내 움직이는 곰

그 속에서 부여구와 무당이 나온다

: 15

"그대는 누구인가.

누구인데 우리 곰신에게 선택을 받았는가."

"그대가 복일의 할아버지이신가.

나는 백제의 왕자 부여구요,

멀리 백제에서부터 이곳까지 쫓겨 왔소."
늙은 무당이 갑자기 얼굴이 하얗게 질린다.
"할아버지, 이분은 고이왕의 후손이 아닙니다"
늙은 무당은 비로소 안심하는 모습이다.
그는 그간의 사정을 듣고 난 뒤 외마디 신음을 흘린다.

"백제의 수호신이여.
곰신이여.
운명의 무서움이 이와 같사옵니까.
그 머나먼 곳에서 왕손이 오시다니
내가 모셨던 대왕의 후손이 오시다니
피하려고 하면 할수록
더욱 엮여지는 운명의 실타래여.
이제 죽어도 여한이 없나이다."

:16
늙은 무당은 부여구를 한참 바라보더니
조용히 일어나 큰절을 올린다.

"소인은 하늘의 일을 관장하는 사람이옵니다.
사람들의 일을 하늘에 고하고

하늘의 뜻을 사람들에게 알리는 일을 하옵니다.

이 사람은 앞으로 왕자님께 큰 힘이 될 것이니 데려가십시오.

소신의 손자로서 소신의 뒤를 이을 사람입니다.

왕자님께서 보위에 오르시거든

이 사람이 제사장의 가업을 이을 수 있도록 해주시옵소서.”

부여구는 품속에서 칠지도를 꺼내 내려다보았다.

눈물이 흘렀다.

：17

칠지도……

땅과 하늘을 이어 주는 신령스러운 나무여

7개의 가지로 우주 만물을 떠받들고 있구나

비와 바람을 다스리고

삶과 죽음에 다리를 놓고 있어라

신의 뜻이 이리로 내리고

백성들의 소원이 하늘로 오르리라

능히 세상의 나라를 다스리고

세상의 백성들을 평안케 하리라

암흑 속에서 이제 세상으로 나가니
세상의 중심이 여기에 있네
태초의 울음이 여기에 있네

:18
칼날 위의 삶
발 디디는 곳마다 낭떠러지더라

살아남기 위해 칼춤을 추어야 하고
그때마다 핏방울이 사방에 튀었네

이제 비로소 그런 삶에서 벗어나 행복했었는데
결국 이렇게 돌아가야 할 운명이었구나

:19
이제 얼마나 더 많은 피를 이 칼에 묻혀야 하나
저 물결을 보라
저 바위를 보라
여기서부터 내 삶은 시작되었으니

다시 돌아가리라

: 20

이 넓은 초원을 보라

내 삶을 둘러봐도 부끄럼 아닌 것이 없구나

나 혼자 살겠다고 여기까지 밀려 왔구나

형님을 버리고 아바마마를 버리고

내 운명이나 한탄하면서

나 스스로를 버리고 있었구나

: 21

이제 가자!

진정아, 막고해야.

내 그대들과 함께 당당하게 내 운명을 열어갈 것이니

칼을 잡고 활을 들어라.

이 신령스러운 검에 대고 맹세하노라.

이제 두 번 다시는 물러나지 않으리.

복일은 천지 운행을 빠짐없이 살펴

세상의 이치를 빠짐없이 나에게 고하거라.

천지신명이시여.

세상으로 나아가겠나이다.

칠지도를 높이 들다

부여구는 서둘러 부하들을 챙겨 계왕을 몰아낼 계책을 세운다. 마침내 칠지도를 내세워 백성들의 지지를 끌어내는 데 성공한다.

:1
가도 가도 유랑길
내가 쉴 곳은 어디인가
비가 오고 눈이 와도
길이 끊어져도
내가 갈 길은 오직 하나뿐
아버지를 잃고 형님도 잃고
혈육을 다 잃었어도
내가 가야 할 길은 오직 하나뿐
가도 가도 끝이 없는 길

: 2

부여구는 대륙백제로 스며들었다.

"저하, 저희들이 있질 않사옵니까.
걱정 마시고 힘을 내시옵소서."

이어서 막고해가 말했다.
"저하, 천심은 민심이라고 했사옵니다.
우선 백성들의 마음을 휘어잡는 일이 우선이라고 생각되옵니다."

"그 일이라면 저, 복일이가 맡겠사옵니다.
지금 계왕은 제사장의 힘을 빌어서 왕권을 유지하고 있사옵니다.
그 제사장이 가짜라는 것이 밝혀지면 여러 신하와 백성들이
모두 돌아설 것이옵니다.
대왕폐하께서 주신 칠지도를 활용하면 되옵니다."

: 3

칠지도……
그것은 하늘의 자손이라는 증표였다
하늘이 점지해 준 왕권의 증표였다

칠지도가 있는 곳에 백성이 있고
칠지도가 있는 곳에 하늘이 있음이니
칠지도를 잃어버린 왕은 자리에서 쫓겨날 것이오
칠지도를 얻는 자가 왕이 되리라

: 4

칠지도가 점지해 준 이가 따로 있다는 소문이 돌았다.
백성들의 마음이 계왕을 떠나고 있었다.
칠지도가 나타났다는 소문이 돌기 시작하면서
지금 제사장은 가짜라는 소문이 돌기 시작하면서
민심은 **흉흉**해지기 시작했다.
전연이 고구려를 점령하다시피 했고
고구려 왕이 어머니와 왕비까지 버리고 도망쳤다는 소문까지 돌
면서
백성들의 갈팡질팡하는 마음은 더욱 커져만 갔다.

: 5

"이제 우린 어떻게 해야 하나.
어느 하나 우리 같은 민초들을 위해 주는 곳이 없으니
아무리 개똥 같이 굴러다니는 목숨이라지만
여기저기 아무 데나 빌붙어 먹고사는 목숨이라지만

우리는 누굴 믿고 의지해야 하나.”

이때, 부여구는 진정과 막고해를 데리고
병사들을 모으기 시작했다.

: 6

칼을 들어라, 하늘 높이
여기는 하늘이 선택한 곰신의 나라
내 아버지와 내 형님의 피와 살을 바친 나라
먼 길을 돌아왔어도 결국은 내가 지켜야 할 나라
운명의 신이 내 손을 잡고 이끄는구나

칼을 들어라, 길고 긴 복수의 굴레를 끊어라
우리 백제의 어둠을 베어 내라
곧 세상을 밝힐 태양이 떠오를 것이니
새 하늘에 새 태양이 떠오를 것이니
하늘의 순리를 저버리고 인간의 도리를 거스르는 자들을
모두 몰아내리니

위대한 곰의 자손들이여
칼을 들라

나를 위해 들지 말고 백제를 위해 들라

백제라는 이름을 위해 들지 말고

백제의 피와 살이 되는

풀 한 포기,

나무 한 그루,

이름 모를 백성들을 위해

칼을 들어라

대백제의 새날은 우리들이 열어 가는 것이니

더 넓은 세상을 향해

더 큰 하늘의 나라를 만들어 가리라

칼을 들어라

칠지도의 영혼을

하늘 가득 퍼지게 하리라

: 7

서기 346년 9월,

계왕은 왕이 된지 3년 만에 세상을 뜨고 말았다.

부여구는 병사들을 이끌고 계왕 세력들을 몰아붙였다.

대륙백제에 흩어져 있던

병사들을 끌어모았다.

칠지도 아래 모여든 군사들의 기운이

푸른 하늘로 치솟아 올랐다.

이미 대륙백제는 부여구의 세상이었다.

계왕의 세력은 급격히 위축되었다.

백성들이 그들을 버렸다.

계왕의 세력은 한반도 백제로 쫓겼다.

부여구는 내친 김에 백제 왕궁으로 진격했다.

왕의 자리를 둘러싼 전투가 계속되었다.

그러나 백제의 왕통을 이어받은 이는 하늘이 정해 주는 법

백성들의 마음이 이미 부여구에게로 돌아서고 있었다.

칠지도의 권위 앞에 머리를 숙이지 않는 이가 없었다.

칠지도는 백제의 영혼이었다.

백성들의 마음이 곧 하늘의 마음이었다.

하늘의 마음이 곧 칠지도의 마음이었다.

제 2 부

근초고왕, 제왕의 자리에 오르다

부여구가 마침내 왕위에 오른다. 그가 근초고왕이다. 그는 피폐해
진 백성들의 마음을 위로하고 백제 재건의 기치를 내건다. 그리고
백제를 위해 목숨을 바친 영혼들을 위해 제사를 올린다.

: 1

왕의 자리가 비었다.

천하의 주인은 따로 있다 했던가.

하늘이 허락하는 사람은 따로 있다 했던가.

백성들이 부여구를 원하고 있었다.

하늘이 부여구에게 왕의 자리로 가는 길을 터 주고 있었다.

마침내 부여구가 왕위를 이었다.

근초고왕…… 후인들은 그를 이렇게 불렀다.

: 2

그는 부하들을 데리고 들어와

왕궁을 수리하고

백성들의 민심을 수습하였다.

복일이 제사장이 되어 칠지도를 모시니

백성들이 다시 하나둘 왕궁으로 모여들었다.

막고해가 모집한 병사들로 하여금 왕궁을 수비케 하고

계왕의 군사였던 자들도 그 연유를 묻지 않고 받아 주었다.

: 3

난세가 영웅을 낳고

영웅이 세상을 구하니

목을 조이던 어둠이 물러나고

손과 발을 묶고 있던 포승줄이 풀리는구나.

대대로 이어져 내려오던 악연이 비로소 풀리니

눈을 감지 못했던 이는 눈을 감으라.
가슴을 쥐어뜯던 이는 편히 잠들라.
한번 가슴에 쌓은 한이 세상에 어둠을 드리우는 법,
이제 모두 풀고 가라.
훌훌 날아 자유로운 영혼이 되어라.

이제 모든 것은 살아남은 자의 몫,
얼어붙었던 땅에 봄의 기운이 감돌고
말라죽었던 나무에 새싹이 움트네.
새싹이 자라나 꽃망울을 터뜨리네.

어제의 고통이 나를 만들었느니라.
차라리 지옥에서 지내는 것이 나았을 고통이
나의 모든 것을 가져가 버린 아픔이
나를
세상을 위한 그릇으로 만들었느니라.
어떻게든 살아남자.
끈질긴 의지가 오늘의 나를 만들어 냈느니라.

곰이 나를 낳았노라.
곰이 나를 길렀노라.

내가 힘을 쓰면 마땅히 산 하나쯤 거뜬히 옮기고
내가 가슴을 열면 온 세상 백성들 다 품고도 남으리라.

나를 위해 피를 흘려 준 백성들이여.
백제를 위해 온몸이 짓이겨진 들풀들이여.
내 피와 살을 그대들에게 바치리니
죽은 자는 내가 올리는 향을 받으시고
산 자는 내가 올리는 술 한 잔 받으시오.
내가 그대들을 섬기고 받들어 나갈 것이니
이제 편히 눈을 감으시오.
훌훌 날아 다사로운 영혼이 되시오.

근초고왕은 칠지도를 모신 사당에서
백제의 영혼들에게 제사를 지냈다.
그의 영혼은 벌써 바다를 건너고
사막을 건너고
초원을 건너는
천리마가 되어
넓은 세상 속으로 달려가고 있었다.

천하를 발아래 두다

근초고왕은 주변 정세를 이용하여 시간을 벌고 백제의 재건을 앞당긴다. 어느 정도 정세가 안정되자 대륙백제와 반도백제 그리고 왜나라를 잇는 무역로를 개통하여 해상 강국으로의 탈바꿈을 시도한다. 장애가 되는 가야 7국을 병합하고 고구려의 침입을 격퇴하여 고구려를 멸망 직전까지 몰아붙인다. 왜나라에게는 칠지도를 하사하여 우호를 돈독하게 한다. 마침내 해상 강국 대백제의 초석이 다져진다.

: 1

조금씩 사태가 수습이 되자

근초고왕은

진정의 여동생을 왕비로 맞이하였다.

나에게 이런 날이 올 줄 알았던가.

물 한 방울 내리지 않는 사막처럼 메마른 내 마음

부모 잃고 형제 잃고 세상 모든 것을 잃어버린 내 마음

뿌리가 썩어 버린 고목나무처럼 죽어 버린 내 마음

이렇게 살아날 줄 알았던가.

시원하고 맑은 물줄기가 흘러넘치고

텅 빈 가슴이 행복으로 가득 넘치고

새로운 생명으로 살아날 줄 알았던가.

사방에서 꽃무더기 저절로 피어나고

새들이 저절로 노래하는데

새로운 세상이 열릴 줄 알았던가.

: 2

이제 백제의 왕이 되었으나

이 나라를 이끌어 나갈 일이 막막하기만 하구나.

근초고왕은 군사를 훈련시키며

기회를 노리고 있었다.

그러는 와중에도 요동 지역을 둘러싼 고구려와 연나라의 전쟁은

계속되었다.

: 3

사기라는 신하가 있었다.

근초고왕은 그에게 자신의 말을 관리하도록 했다.

"내 그대에게 부탁이 있노라.

그대는 나에게 죄를 짓고 도망친 것으로 꾸며

고구려에 자리를 잡고

그 동태를 우리에게 알리도록 하라.”

사기는 일부러

근초고왕이 타는 말의 다리에 상처를 입혀

감옥에 갇혔다.

어느 그믐날 밤에

간수가 일부러 자리를 비워 주자

그는 탈출을 한 듯이 꾸며 고구려로 들어갔다.

이어 주변 여러 나라에도

사람들을 보내 정황을 살펴 보고하게 했다.

: 4

백제의 군사들이여

고구려가 무서운가

연나라가 무서운가

천하에 우리가 두려워 할 자가 어디에 있는가

칼을 들어라

창을 들어라

처절하게 울부짖으며 달려드는 늑대 떼를 물리치자

매의 눈빛으로 세상을 보고

호랑이의 발톱으로 적을 무찌르자

우리 가는 길에 승리뿐이네
백제의 군사들이여
천하를 호령하는 동명왕의 후손들이여
우리 조상들의 뼈와 살이 스며 있는 땅을 되찾자
우리의 칼이 두렵지 않은 자는 오라
백제의 투혼이여
백제의 군사들이여

: 5

서기 366년,
왜나라는 시마노스구데를 사신으로 탁순국에 보냈다.
탁순국은 가야 연맹에 속해 있는 나라……
한반도와 왜나라를 이어 주는 통로였다.
탁순국을 통하지 않으면 왜로 가기가 힘들었다.
탁순국은 그 위치를 이용하여 온갖 악행을 서슴지 않았다.
근초고왕은 탁순국을 길들일 필요가 있다고 생각했다.

: 6

한 나라가 흥하고 망하는 것은

자연의 이치와 같네

벼는 익을수록 고개를 숙이고
열매들은 익으면 땅으로 떨어지는구나

그런데 인간만이
고개를 숙일 줄 모르고
땅으로 떨어져
기꺼이 다른 목숨들을 위해 희생할 줄 모르는구나

이제 조그만 나라 하나가
뱀대가리처럼 꼿꼿이 머리를 세우고 사방을 위협하며
자기 잇속 채우기에 바쁘니
천하를 호령하는 천자로서 어찌 가만히 있겠는가

: 7

근초고왕은 시마노스구데를 백제 왕궁으로 초대하였다.
시마노스구데는 부하 니하야를 근초고왕에게 보내 예를 갖췄다.

"백제와 왜는 원래부터 한 형제와 같았는데
잠시 주변 정세가 혼란스러워

그동안 인연을 끊을 수밖에 없었도다.

우리 백제와 왜나라가 이렇게 가까운데

탁순국이 백제와 왜나라의 교류를 방해하려고 하고

우리가 왜나라에 보내는 사신을 괴롭히니

어찌 가만히 두고 볼 수 있겠는가.

앞으로 백제와 왜는 더욱 돈독한 정을 나누어

우리 백제의 안위가 그대 나라의 안위와 다름이 없도록 할 것이다.

이제 우리 백제는 칼을 들고 일어나

탁순국을 비롯한 가야 7국에게 우리의 힘을 보여 주려고 한다.

하니 왜도 병사들을 보내어 우리의 뜻에 동참하길 바라노라.

그대의 왕에게 가서 짐의 뜻을 전하라."

근초고왕은 니하야에게 진귀한 선물을 주어 보냈다.

: 8

고구려는 신라와 손을 잡을 수밖에 없었다.

노골적으로 영토 확장을 시도하고 있는 근초고왕을 견제하기 위

해서였다.

연과의 끈질긴 전쟁에 지쳐 있는 상태에서

백제까지 강성해지는 마당에

그냥 손을 놓고 기다릴 수는 없는 노릇이었다.

근초고왕은 고구려와 손을 잡은 신라를 그냥 둘 수 없었다.

: 9

"이참에 눈엣가시 같은 한성 남쪽 지역을 병합하리라.

우리 백제가 부강하기 위해서는

요서와 요동과 왜나라를 잇는 무역을 키워야 하거늘

옛 선조들이 이루고자 했던 그 꿈을 내가 이루리라.

무엇보다 소금이 난다는 것 하나를 믿고

우리를 무시하는 마한을 먼저 정복하리라.

이어서 왜나라와의 무역을 핑계 삼아

갖은 만행을 일삼는 탁순국을 비롯한 일곱 가야국을 무릎 꿇리리라.

막고해 장군과 진정 장군은 어명을 받들라.

목씨 가문과 사씨 가문은 어명을 받들라.

우리의 철기 무기와 기마 부대가 얼마나 무서운지

쓴맛을 보여 주리라.

이제 고구려는 아직 기력을 회복하지 못하고

연나라도 힘을 잃었으니

북쪽 국경은 걱정할 게 없으리라.

이제 남쪽 경계를 넓히면

요서의 대륙백제와 요동, 그리고 한반도의 백제와 왜나라를 잇는

무역로가 만들어지리니

서해 바다를 우리가 주름잡게 되리니

백제의 군사들이여

출정하라.

출정하라.

출정하라."

: 10

어찌 감히 우리를 배신하고 고구려와 손을 잡는단 말인가.

근초고왕이 남쪽으로 치고 내려오자

마한의 잔여 세력은 손쓸 틈이 없었다.

근초고왕은 이 전쟁을 위한 만반의 준비를 하고 있었다.

왕궁을 방문했던 왜나라 사신을 통해 왜나라 병사들의 참전을 요청해 놓았다.

뛰어난 학문과 기술을 갖추고 있는 백제의 위용을 본 왜나라는

백제의 참전 요청을 기꺼이 받아들였다.

탁순국을 비롯한 비자벌, 남가라, 탁국, 안라, 다라, 가라 등 가야 7국*은 우왕좌왕하고 있었다.

---

* 각각 지금의 대구, 창녕, 김해, 경산, 함안, 합천, 고령 지역을 말한다.

:11

강철검이 춤을 출 때마다 햇빛이 눈부시고

석궁에서는 화살이 날아간다

이어서 철갑을 두른 말이 밀어닥치니

온전히 남아 있는 병사들이 없구나

땅속에서 솟아나온 듯

지옥에서 불러서 나온 듯

이승의 칼로는 막을 수 없는

귀신같은 병사들이로구나

마한의 병사들이 놀라 도망갈 적에

그들 목숨이 낙엽처럼 흩뿌려지니

감히 누가 남아서 대항할 수 있으랴

웅진과 완산이 무너지고

임실을 거쳐 남원과 장수가 고개를 숙이는구나

:12

백제군의 무서움이야 무엇으로 말할 수 있으랴

꿈에도 만나고 싶지 않은 병사들이여

베어도 베어도 베어지지 않는 목숨들이여

하나가 쓰러지면 다른 하나가 이어 오고

그마저 쓰러져도 두려움은 남더라

이겨도 이긴 것이 아니어라

어떻게 해야 백제군을 막을 수 있단 말이냐

두려움은 소문으로 들을 때 더 커지는 법

근초고왕이 점점 다가온다는 사실만으로도

병사들은 오금이 저려오더라

:13

근초고왕 군대에 대한 소문은 7개국으로 퍼졌다

"철갑을 두른 말은 지옥에서 불러온 괴물 같사옵고

그 위에서 큰 창을 휘두르는 병사의 힘을 막을 수가 없사옵니다.

신출귀몰하게 튀어나오는 화살은

방향을 종잡을 수 없으니

감히 우리의 힘으로 상대할 수 없을 정도입니다."

가야를 이루고 있는 7개 나라 왕들은 전장에서 올라오는 보고를

듣고

당황할 뿐이었다.

왜나라 군대까지 합류한 상태였다.

:14

근초고왕은 7개국에 선전포고를 했다.

"나는 그대들을 죽이기 위해 온 것이 아니다.

신라가 우리 백제를 얕잡아 보고 고구려와 손을 잡았기에

신라를 벌하고자 하는 것이다.

그대들 역시 신라를 받들고 있는 처지이니

어찌 내가 가만히 있을 수 있겠는가.

우리의 뜻을 따르겠는가.

아니면 목숨을 내놓겠는가."

"아무리 우리에게 승산이 없다고 한들

조상들이 물려주신 땅을 함부로 할 수 있겠느냐?

목숨이 다하는 순간까지 맞서 싸우리라."

: 15

그러나 어찌하리요

거대한 파도처럼 밀려드는 백제의 군사들을,

더불어 왜나라의 군사들도 합류해 들어오는 것을

막고해 장군의 지휘 아래

백제군과 왜군이 한 몸으로 밀어붙이니

어떤 나라도 버틸 수가 없어라.

한 마리의 개미가 어찌 굴러오는 수레바퀴를 막을 수 있으랴.

한 나라씩 무릎을 꿇으니

모두 백제의 제후국이 되기로 맹세하였더라.

이어 신라까지 조공을 바치기로 맹세를 하는 신세가 되니

대백제의 깃발이 미치지 않는 곳이 없구나.

마침내 요서의 대륙백제와 한반도 백제, 그리고 왜나라를 잇는

대백제 제국의 기틀이 갖춰진 것이다.

:16

서기 367년,

근초고왕은 구저, 미주류, 막고를 왜나라에 보냈다.

황태후와 태자 예전별존이 크게 기뻐하며

"선왕이 만나고 싶어 하던 사람들이 이제야 오다니

선왕을 뵙지 못하는 것이 슬프기만 하구나."라며

슬퍼하였다.

조정의 신하들이 함께 슬퍼하였다.

왜나라가 백제를 그리워함이 이와 같았다.

:17

서기 369년 5월,

근초고왕은 제사장을 불렀다.

"우리 백제의 제후국인 왜나라 왕에게 하사품을 내리고자 하노라.

한 나라의 왕이라는 징표로 칠지도를 내리고자 하니

온 정성을 다하여 우리가 모시고 있는 칠지도와 같이 만들어

왜나라 왕에게 보내도록 하라.

왜나라에는 우리 백제 백성들이 이미 자리를 잡고 있어서

우리 백제와 다름없는 곳이며

그들을 다스리는 왕들도 모두 우리 백제의 후손들이니

하나의 흐트러짐도 없어야 할 것이로다.”

: 18

제사장은 좋은 날을 고르고

몸을 정갈히 하여

백 번을 연마한 강철로 칠지도를 만들었다.

칠지도는 사악한 기운을 몰아내고

마음을 깨끗이 해주며

몸을 경건하게 다스려 주는 신검이라

백제의 황제를 정성스럽게 모시는 왜나라에 감복하여

근초고왕이 내린 신물이었다.

백제와 왜나라의 신의는 백제가 멸망할 때까지 이어졌으니

모두가 이렇게 마음에서부터 우러나왔기 때문이다.

: 19

서기 369년 9월,

고구려의 고국원왕이 직접 백제의 치양으로 쳐들어 왔다.

고국원왕은 비옥한 땅을 차지하고
고구려의 단결을 도모하려는 의도를 지니고 있었다.
근초고왕이 남쪽에 집중해 있을 때
군사를 일으켜 기습 공격을 감행한 것이었다.
보병과 기병 2만여 명의 고구려 군대가 밀려 들어왔다.

: 20
말발굽에 짓이겨지는 풀뿌리의 아픔을 아시는가
그 자리에 피어 있었다는 이유만으로
갈갈이 찢겨지는 풀꽃의 아픔을 아시는가
불태워지는 초가집과
피로 붉게 물드는 들판을 아시는가
아프고 아프도다
그러나 여기는 우리 백제의 땅
몸이 갈갈이 찢기고
영혼이 모두 사라지는 한이 있어도
우리가 지켜야 할 땅
한 번의 칼질에도 우수수 떨어지는 풀잎들의 아픔을 아시는가
열매를 맺지 못하고 떨어지는 들꽃들의 아픔을 아시는가

근초고왕은 태자 부여수에게 군대를 내주고 출정시켰다.

백제 군대와 고구려 군대는 서로 맞서 눈치만 보고 있었다.

빈틈을 노리고 있었다.

고구려에서 탈출한 병사 한 명이 태자를 찾아왔다.

근초고왕이 고구려로 보냈던 사기였다.

"고구려 군사는 수가 많으나

제대로 훈련을 받은 군사는 얼마 안 되옵니다.

저기 붉은 깃발을 든 부대만 치시면

나머지는 저절로 무너질 것이옵니다"

태자는 사기의 말대로 붉은 깃발을 든 부대를 집중 공격하였다.

화살과 석궁을 날리고

기마병을 몰아서 가운데로 쳐들어갔다.

고구려 군대가 두 개로 쪼개졌다.

우왕좌왕 오합지졸 병사들이 도망치기 시작한다.

5천여 명의 전사자를 남긴 채……

태자는 계속 고국원왕의 뒤를 쫓기 시작했다.

겁먹은 강아지처럼 도망치는 고구려군을 쫓으며

아무 이유 없이 쓰러져간 백성들을 생각했다.

:23

병사들의 눈에는 분노가 이글거리고

철갑을 두른 말들은 지옥에서 나온 마귀 같았다.

마침내 수곡성 서북 지역까지 도달하였다.

거의 잡힐 듯이 가까워진 고구려군에게로 달려 나갈 때였다.

막고해 장군이 태자를 막았다.

"더 이상 추격해 나가는 것은 위험하옵니다.

여기서부터는 고구려군 지역이옵니다.

지금 얻은 것도 많은데

이만 만족하고 후일을 도모하는 것이 좋겠사옵니다."

"오늘 이후로 또다시 누가 이곳에 올 수 있겠는가."

태자는 굳은 표정으로 이를 악물고

백제군의 깃발을 높이 들었다.

군사들의 함성이 하늘로 퍼져 올랐다.

:24

서기 369년 11월,

근초고왕은 한강 남쪽에서 군사 사열을 하였다.

군사들이 모두 황색 깃발을 높이 치켜들었다.

우리 백제는 황제국이다.

요서에서부터 반도의 왕궁까지

반도의 왕궁에서부터 왜나라까지

우리 백제의 깃발이 펄럭이지 않는 곳이 그 어디더냐.

저 고구려는 연나라의 신하국이길 자처한 나라가 아니더냐.

감히 황제국에게 대항을 한다면

가만두지 않으리라.

깃발을 들라.

황제국의 깃발을 들라.

천하에 그 누가 우리에게 대항을 하겠는가.

웅대하구나, 백제여

자랑스럽구나, 백제의 백성들이여

깃발을 들라.

북을 울려라.

: 25

서기 371년 9월,

고구려 고국원왕이 전열을 정비하고 다시 쳐들어 왔다.

지난번의 패배를 갚기 위한 고구려군의 위세가 높았다.

그러나 근초고왕에게는 사기의 첩보가 있었다.

근초고왕은 패하 강가에 군사들을 매복시켜 놓았다가

급습을 하였다.

고국원왕의 군대는 쫓기기 시작하였다.

"감히 황제국을 넘보다니, 내 이번에는 가만두지 않으리라."

근초고왕은 3만의 군사를 이끌고

평양성까지 밀고 들어갔다.

:26

갑옷을 입고 긴 칼을 차니

세상에 두려울 것이 없도다

천리마를 몰아서 적진으로 들어가

칼춤을 추리라

누구든지 내 앞에 나서라

백성을 위하고 나라를 위한다는 명분이야 누군들 없으랴

백성을 어루만지려는 마음이야 누군들 없으랴

나는 그것을 이룰 수 있는 힘이 있느니

그 꿈을 다스릴 수 있는 능력이 있느니

나를 따르는 이 사람들을 보아라

내가 섬기는 이 사람들을 보아라

부르튼 발로 여기까지 따라온 이 병사들을 보아라

몸은 힘들어도 밝게 웃는 이 사람들을 보아라

몸과 마음이 하나로 이어진 우리

그들이 곧 나이고

내가 곧 그들이니

가족을 위해 나라를 위해 우리의 미래를 위해

기꺼이 목숨을 건 병사들이여

나도 그대들을 위해 나라를 위해 우리의 미래를 위해

내 목숨을 걸 것이니

민초들이여 가자

하나가 쓰러지면 그 영혼까지 데리고 함께 가고

내가 쓰러지면 내 영혼까지 그대들에게 바치리라

대백제에게 바치리라

눈을 부릅뜨고 거친 고함 한 번 지르면

두려울 것이 없도다

가자 가자 우리의 앞날이 저기에 있도다

: 27

고국원왕은 쫓기다 백제군의 화살에 맞았다.

고구려의 운명이 꺼질 찰나였다.

불이 꺼지기 전 마지막 불꽃처럼

고구려군의 항전은 필사적이었다.

끊어질 듯 끊어질 듯 끊어지지 않았다.
"내가 잘못 판단하여
고구려를 위태롭게 하고
나까지 이렇게 죽게 되는구나.
태자야, 오늘의 이 한을 잊지 말고
꼭 갚아다오."

: 28
평양성은 고국원왕의 죽음을 맞이하고
깊은 슬픔에 빠져들었다.
그러나 근초고왕은 평양성을 함락시키지 못한 채
군사를 돌렸다.

: 29
"대왕폐하, 만세"
"대백제, 만세"
백성들이 길가로 몰려나와 환영을 했다.
백성들은 백제 병사들의 의기양양한 모습을 보며
눈물을 훔쳤다.
우리 아들, 우리 아비, 우리 형, 우리 동생……
살아 돌아오지 못한 가족들을 생각하는 사람들……

이제는 한 자리에 모인 가족들……

이제 대왕이 돌아왔으니 잘 살게 될 것이라고 안심하는 사람
들……

사람들이 "만세"를 부르고 또 불렀다.

: 30

살기 위해 싸웠노라

힘이 없으면 언제 어디서 죽을지 모르는 세상

먹을 것도 빼앗기고 잠잘 곳도 빼앗기고

그래도 히히 웃으며 고개를 숙여야 되는 세상

그런 세상을 깨부수기 위해 싸웠노라

우리들 목숨이 두 개, 세 개, 백 개가 되는 듯이 싸웠노라

우리를 노리는 늑대 무리, 승냥이 무리, 들개 무리들

다 물리치고 이제 돌아왔노라

: 31

"너희들이 너희들의 목숨을 스스로 지켜라.

너희들이 너희 재산을 스스로 지켜라.

그런 사람만이 대백제의 백성이 될 수 있음이다.

그런 사람만이 천하의 주인이 될 수 있음이다."

대왕폐하의 고함소리를 들으며

천둥처럼 울려 퍼지는 북소리를 들으며

바람을 가로지르는 활 소리, 칼 소리, 함성 소리

우리는 죽어서도 떳떳하고

우리는 살아서도 떳떳했노라.

죽은 자는 죽어서

대백제의 땅을 기름지게 하는 거름이 되리니.

: 32

산 자여 들으라

봄이 와서 들에 산에 찔레꽃이 피거들랑

꽃향기가 그대들 가슴속으로 스며들어 가거들랑

부드러운 바람이 살랑살랑 그대들 얼굴을 어루만지거들랑

우리를 떠올려다오

천 개의 목숨을 가진 사람들처럼 싸웠던······

마지막 남은 한 호흡까지 칼을 놓지 않았던······

동료를 위해 목숨을 버리고

오로지 하나의 영혼으로

수십만의 동료들과 하나가 되었던······

: 33

산 자여 들으라

미안해하지 마라

죄스러워 하지 마라

삶과 죽음은 하나이니

잠시 이별한 것일 뿐이니

그대들은 살아서 대백제를 살아라

죽은 자는 저승에서 대백제를 살 것이니

대백제의 깃발이 꽂히지 않은 곳이 어디더냐

우리의 발길이 닿지 않은 곳이 어디더냐

근초고왕 폐하의 어명이 닿지 않은 곳이 어디더냐

여기서 왜나라까지, 요동 요서까지, 저 멀리 흑치국까지

우리가 만들었노라

우리가 다녀왔노라

호미 들어 김매고 쇠스랑 들고 거름 주던

이 작은 손으로, 이 좁은 어깨로, 이 작은 발로

세상을 주름잡았노라

들판에서 창을 껴안은 채로 자고

배고픔으로 배고픔을 채우고

추위로 추위를 견뎠노라

더위를 더위로 견뎠노라

그래도 즐거웠노라

행복했노라

아름다웠노라

그대들이 있어서 즐거웠고

돌아갈 나라가 있어서 행복했으며

우리가 지켜온 백성들의 미소가 아름다웠노라

영원할지어다, 백제여

대백제의 깃발이여

대왕폐하여

: 34

자고로 누가 백성들의 주인이라 했던가

내가 왕일 수 있도록 애써 준 것은 이름 없는 군사들이었느니라

그 군사들을 길러 낸 가족들이었느니라

누가 나를 위해 목숨을 버렸겠는가

고향의 가족을 위한 것임을 왜 모르겠는가

내 어깨에 짊어진 그대들의 삶의 무게가 무겁기만 하구나

내가 해야 할 일은

그대들이 목숨 걸고 지킨 이 나라를

죽는 순간에도 떠올렸을 그대들의 가족을

그대들의 육신이 들어 있는 흙을

아름답게 지키는 일

백성들의 피와 땀을 밟고 올라서는 것이 아니라

백성들의 피와 땀에 내 피와 땀을 같이 합치는 일

굶으면 같이 굶고

울면 같이 울고

흙 묻은 손을 부여잡을 수 있게 하는 일

누가 아름답고 누가 추하겠는가

누가 깨끗하고 누가 더럽겠는가

: 35

이 왕궁은 백성들의 땀이요

이 음식은 백성들의 피요

이 옷은 백성들의 혼이요

어느 것 하나 내 것이 없느니라

잠시 백성들에게 빌려 쓰고 있는 것일 뿐

그들을 위해 무릎을 꿇으리라

그들을 위해 고개를 숙이리라

그들을 위해 목숨을 바치리라

근초고왕, 세상을 품다

근초고왕은 자신의 측근인 진정을 내친다. 백성들을 제대로 돌보지 않고 사리사욕을 챙겼기 때문이었다. 그 뒤 국내 정치를 직접 챙기면서 백성들의 삶을 풍요롭게 하기 위해 노력한다. 이어 고흥을 불러 백제의 역사를 기록하게 하고, 아직기와 왕인을 왜나라에 보내 학문을 전파하여 왜나라의 발전에도 기여한다. 그러나 세월의 흐름을 이길 수는 없는 법, 근초고왕은 결국, 백성들과 백제의 앞날을 걱정하며 눈을 감는다.

: 1

이게 웬 일인가.

이게 웬 말인가.

진정이 조정을 좌지우지하다니

사리사욕을 채우기 위해 좌지우지하다니

백성들을 짓밟고 자기 잇속만 챙기다니

내가,

백제 군사들이,

전쟁터를 누빌 때

오히려 백제 백성들 위에 군림하다니

아무리 왕비의 오빠라고는 하나

어찌 가만히 있을 수 있겠는가.

내 오른팔이었으나 어찌 가만히 있을 수 있겠는가.

나라의 기틀을 바로 잡아야 하리.

: 2

"진정은 듣거라.

너는 내 목숨을 구하고 백제를 위해 네 한 목숨 걸었었는데

어찌하여 지금은 백제 백성들을 이렇게 힘들게 하고 있는가.

짐이 왕궁을 비워 둔 동안 왕권을 지키기 위한 네 노력을 모르는

바는 아니나

그렇다고 하여도 백성들이 그대와 등을 돌릴 만큼

민심이 그대를 떠났다는 것은

결국 민심이 짐을 떠났다는 것과 같은 것이다.

우리가 피를 흘린 이유가 무엇이더냐.

백성들을 위한다면서 그것 때문에 오히려 백성들을 괴롭게 한다면

차라리 모든 일을 포기하는 것보다 못한 일이다.

이에 짐은 그대의 관직을 거둬들일 것이니

짐을 원망하지 말고 다시 기회가 주어질 때까지

백성들 속으로 들어가 무엇이 백성들을 위한 일인지 헤아리고 있

으라."

: 3

복되구나

복되구나

복되구나

우리는 전생에 무슨 복이 있어서

백제 백성으로 태어나 부귀영화 누리느냐

이 사람들,

이 물건들,

이 동물들

왜나라에서도 오고 흑치국에서도 오고

진기하고 진기하구나

언제 이런 살림 살아볼까

배를 곯았던 때가 언제인가

추위에 헐벗었던 때가 언제인가

거리마다 웃음소리 퍼지고

버려진 아이들 없어지니

거리를 돌아다니는 개들도 기름기가 번지르르하구나.

성군이로세

성군이로세

: 4

근초고왕은 태학박사 고흥을 불렀다.

"이제 우리 백제의 기틀이 잡힌 것 같소.

이제 우리나라의 역사를 기록해서 남기고 싶소.

선조왕대의 일들을 낱낱이 밝혀서

후손들에게 본보기가 되게 하고

자신을 돌아보게 만들고 싶소.

우리 백제가 얼마나 위대한 나라인지

우리 영토가 어디까지 뻗어 나갔는지

우리 병사들의 드높은 기개가 어디까지 뻗쳐 올랐는지

하나도 빠짐없이 기록하시오."

"알겠사옵니다. 폐하.

소신 성심을 다하여 폐하의 뜻을 받들겠나이다."

: 5

찬란한 태양이 뜨도다

어둠이 물러나고 푸른 하늘이 펼쳐지도다

바이칼의 푸른 호수처럼 흐드러지게 시려 오는 가슴

대평원에 푸르게 펼쳐진 초원과

그곳을 휘달리던 천리마의 말발굽 소리

천하를 울리도다

드디어 우리 백제가 제대로 된 몸을 가지게 되었도다

하물며 뒷동산의 소나무도
자기 몸속에 나이테를 만들며
한 해 한 해를 새겨 두는데
천하를 호령하는 우리가
우리의 발자취를 후손에게 알려줄 방법 하나 없었다니
이 얼마나 부끄러운 일인가

이제 비로소
우리가 태어날 때부터 지금까지 어떻게 자라났는지
조목조목 밝혀줄 나이테를 가지게 되었도다
내가 지나온 길은 내 몸뚱이 내 영혼이도다
뿔뿔이 흩어진 백성들 한 사람 한 사람을
가슴에 품어 주는 거대한 느티나무이도다
그 아래서 비를 피하고 바람을 막고
더위를 이겨 내게 해주도다
역사는 우리의 앞길을 비춰 주는 등불이도다
찬란한 등불이도다

: 6

곰이 달려오고 있었다.

붉은 태양이 달려오고 있었다.

들판이 맑은 피리 소리를 내며 출렁였다.

향긋한 향을 풍기며 삐리삐리뱃종 들판이 노래를 부르고 있었다.

하늘엔 거대한 독수리 한 마리가 날개를 펴고

하늘 꼭대기로 날아오르고 있었다.

칠지도에서 나뭇가지가 나와서

사방으로 뻗어 나가고 있었다.

곰이 달려오고 있었다.

근초고왕의 몸속으로 쑥 들어와

거대하게 포효했다.

세상이 찬란하게 떨리고 있었다.

곰의 나라가 펼쳐지고 있었다.

: 7

근초고왕은 아직기를 불렀다.*

"왜나라는 말이 아주 귀하다고 하오.

왜나라 왕이 간청하여 거절하기 어려우니

----

* 오순제 교수는 아직기와 왕인이 왜에 간 것을 고이왕 때의 일로 보고 있다.

그대가 가서 그들에게 말을 길들이는 법을 가르쳐 주고 오시오.

또한 그대의 학문 수준이 보통이 아니니

왜나라에 큰 도움이 될 것이오."

아직기는 말 두 필을 데리고 왜나라로 갔다.

아직기는 왜나라의 풍습과 환경에 적응하기 어려웠다.

말들은 더욱 힘들어 했다.

아직기는 말들과 함께 마구간에서 지냈다.

거의 한달 가까이 지나고

말들이 기력을 회복해 나가자

왜나라 왕과 신하들에게 말을 다루는 법을 가르치기 시작했다.

왜나라 왕은 아직기를 믿고 존경하게 되어

궁궐에서 태자에게 왕도와 사람의 올바른 도리를 가르쳐 주는

스승이 되어 달라고 요청했다.

아직기가 태자를 가르치게 되어

태자의 학문 수준이 높아지자

더 많은 백제의 학자들을 모셔와 줄 수 없는지를 물었다.

아직기가 왕인을 추천하자

왜나라 왕은 근초고왕에게 청하였다.

: 8

"그대는 내 벗이고 내 스승이었소.

지금 왜왕이 우리 백제를 우러러보고

우리 문물을 받아들이려고 애쓰고 있소.

지난번에 아직기를 보내 주었더니

이번에는 학문을 가르쳐 줄 선생을 보내 달라고 하는구료.

왜에서는 그대를 보내 달라고 사정하고 있소만

어찌하는 게 좋겠소.

왜는 이미 우리의 형제국이고 이렇게 간곡히 섬기는데

그 부탁을 무시하기도 힘들구료."

왕인은 고민에 고민을 거듭하다 일본으로 가기로 마음먹었다.

그는 후미노오비토書首의 시조가 되었다

왕인은 왕과 신하들에게 유교 경전과 역사를 가르쳤으며

그의 자손들은 대대로 가와치河內지역에 살았다.

학문이 깨이지 못한 나라에

새로운 문물과 학문을 보내 준

근초고왕의 덕을 찬양하지 않는 이가 없었다.

: 9

근초고왕의 이름이 세상을 덮었다.

붉은 곰의 포효 소리가 세상을 덮었다.

온조대왕 때부터,

아니 그 이전부터,

태곳적부터

백제를 지켜왔던 붉은 곰,

"늘 내 앞길을 이끌어 주었던 곰신이시여,

내가 비틀거릴 때마다 나를 일으켜 주셨던 곰신이시여.

이제 이 몸의 쓰임새가 다 되었나 봅니다.

측은한 눈빛으로 나를 내려다보시는군요.

내 곁을 떠나는 모습을 자주 보이시는군요.

요즘은 잠드는 것이 두렵습니다.

당신의 꿈을 꿀 때마다

당신은 나에게 등을 보이고 멀리멀리 가십니다."

: 10

곰이 근초고왕을 내려다보고 있었다.

듬성듬성 털이 뽑혀 있었다.

털들이 얽히고 해져 윤기를 잃고 있었다.

숨을 쉴 때마다 가르릉거리는 쇳소리가 났다.

눈곱이 끼고 가끔씩 알 수 없는 눈물이 흘렀다.

발톱이 무뎌져 있었다.

등이 굽고 움직임이 느려져 있었다.

눈물 어린 눈동자가 근초고왕을 내려다보고 있었다.

늙은 어머니의 눈빛이었다.

잠깐 잠이 들었을까

곰은 온데간데없고

근초고왕은 사막 한가운데 누워 있었다.

바람이 부는데

주위에 아무도 없었다.

홀로 주변을 둘러보아도 온통 사막뿐……

바람이 불고 모래가 날리고

알 수 없는 해골 하나가 드러나고 있었다.

근초고왕이 들고 다니던 환두대도가 들려 있었다.

수많은 병사들도, 행복에 들뜬 백성들도

아버지도 왕비도 태자도 보이지 않았다.

홀로 누워 있었다.

곰의 물기 묻은 눈동자가 어른거렸다.

곰신이시여,

아, 곰신이시여

근초고왕은 꿈속에서 한결같이 사막 속을 헤매고 있었다.

더 이상 곰은 그를 찾아오지 않았다.

:11

서기 375년 7월,

고구려가 수곡성을 침략해 왔다.

백제에 흉년이 들어 병사들을 일으키기가 쉽지 않다는 것을 간파

한 것이었다.

태자 부여수가 군대를 이끌고 막아 보았으나 역부족이었다.

마침내 수곡성이 함락되었다.

한 시대가 저물고 있었다.

:12

내가 벌써 늙었으니

눈도 침침하고 손과 발이 옛날 같지 않구나

돌이켜보니

온 인생을 전쟁터에서 보낸 셈이로구나

다행히 하늘이 보살피시어

조상에게 죄를 짓지 않았고

백성들에게 허물을 보이지 않았으며

한 나라의 왕으로서

큰 잘못 없이 살아온 것이 다행이로구나

백성들이 편안하게 살아온 것이 요 근래 몇 년뿐

나라를 위한다는 명분으로

옛 영토를 되찾아야 한다는 집착으로

백성들을 힘들게 한 것은 아니었던가

:13

나무가 가만히 있으려 하나

바람이 가지를 흔들며 지나가고

꽃이 고요히 피어 있으려 하나

벌과 나비가 가만히 있지 않는구나

내 마음은 아직도 전장터의 청년 장수와 같거늘

하늘은 내가 이승에 머무는 것을 달가워하지 않는구나

전장터를 누비던 병졸들의 얼굴이 하나하나 떠오르고

거친 숨결을 내뿜으며 내달리던 천리마의 숨소리도 들리는구나

가자,

가자,
가자,
내 할 일이 모두 끝난 것 같으니
이제 다음 생을 이야기하자.

닫는 시

근초고왕이여, 크고 위대한 덕이여

대왕이시여

대왕이시여

그대가 가시는 곳엔 이미 그대와 함께했던 병사들이 가 있으리니

전장터에서의 그 미소 그 웃음 그 목소리 그 함성 소리

붉은 곰의 고함 소리 칼 소리 활 소리 바람 소리

푸른 초원 위에서 붉게 타오르고 있으리니

천리마를 타고 달리소서

끝이 없는 초원과 초원, 가도 가도 다시 초원

그대 발길이 머무는 곳이 백제의 영토이고

그대 웃음소리 들리는 곳까지가 백제의 백성들이 사는 곳이니

그대가 보내 준 칠지도는 하늘의 이치를 세상에 알리고

만백성이 고개 숙여 경배하노니
그곳의 병사들을 이끌어
구름을 타고 내려와 다시 백제를 지키소서

천둥은 그대의 목소리이고
번개는 그대의 활이니
그 위력 앞에 모두가 무릎을 꿇을 것이오

대왕이시여
붉은 곰이시여
이제 모든 일은 살아 있는 자들의 몫
그대가 밟았던 영토의 모든 백성들이 무릎 꿇고
그대 가는 길에 눈물을 뿌리도다
땅에 머리를 찧으며 괴로워하도다

그대가 백제요
백제가 그대이니
그 웅대한 혼을 잊지 않으리라
우리 가슴속에 담아 두리라

어떤 어려움이 닥쳐도

세상이 우리를 괴롭게 하여도 기필코 이겨내리라

그대는 갔어도
그 혼은 남아서
이 땅의 흙 속에
이 땅의 풀잎에
이 땅의 나무들에…… 모든 식물들에
이 땅의 새, 사슴, 개, 돼지…… 모든 동물들에
돌멩이 하나 흙먼지 하나에까지
그대의 혼은 남아서 우리를 이끄네

저 광대한 벌판으로, 저 푸른 하늘로, 저 광막한 바다로
그대 잘 가오
그대로 인해 아름다웠던 세상
그대 잘 가오

효성과 우애가 깊었던
백제 마지막 임금

의자왕

백제의 떨어지는 해를
슬픔으로 품은 왕의 이야기

등장인물

- **의자왕** | 백제 마지막 왕. 해동증자로 불릴 만큼 칭송이 자자하였으나, 당나라와 거리를 두고 자주노선을 고집하다가 멸망을 맞이한 비운의 왕.

- **계백 장군** | 백제 장군. 백제를 위한 마지막 황산벌 전투에서 전사하고 만 비운의 인물.

- **무왕** | 의자왕의 아버지.

- **선화왕후** | 의자왕의 어머니.

- **사택왕후** | 의자왕의 의붓어머니.

- **부여융** | 백제의 셋째 왕자. 백제 멸망 후, 백제부흥운동 세력들을 제압하고 당나라에 의존하여 백제 재건을 꿈꾸다가 좌절하고 죽음을 맞이한 왕자.

- **부여풍** | 일본에 있다가 백제부흥군의 요청으로 귀국하여 백제부흥운동 세력의 왕이 된 인물.

- **부여태** | 백제의 왕자.

- **부여효** | 은고 왕비의 아들. 백제의 태자

- **은고 왕비** | 의자왕의 왕비. 왕권을 좌지우지하다가 백제 멸망의 단초를 제공한 왕비.

- **성충** | 백제의 신하. 의자왕의 충신.

- **윤충 장군** | 의자왕의 명으로 대야성을 함락시키고 성주 김품석을 죽인 인물.

- **의직 장군** | 백제의 장수. 의자왕의 충신.

- **좌평 흥수** | 백제의 충신.

- **좌평 충상, 달솔 상영** | 계백과 함께 황산벌에서 신라군에 맞서 싸운 백제 장수.

- **복신** | 무왕의 조카이자 의자왕의 사촌. 백제 멸망 후에 부흥운동을 이끈 지도자.

- **임자** | 백제의 좌평. 김유신과 내통하여 백제가 멸망하는 데 결정적인 역할을 한 간신.

- **양만춘** | 고구려 안시성 성주. 당태종의 침입을 물리치고, 활을 쏘아 당태종의 눈에 부상을 입힌 고구려의 맹장.

- **연개소문** | 고구려의 장수로서 고구려의 왕권을 장악하여 백제와 손을 잡고 당나라에 맞선 인물.

- **김춘추(태종무열왕)** | 어려운 처지에 몰린 신라를 구하기 위해 당나라와의 외교 전략을 활용하여 결과적으로 삼국통일의 초석을 마련한 인물.

- **김유신** | 신라의 장수. 어려운 처지에 몰린 신라를 구하고 삼국통일을 이루는 데 기여한 인물.

- **김법민** | 신라의 태자. 아버지 김춘추를 도와 신라가 삼국통일을 이루는 데 크게 기여한 인물.

- **비담** | 신라의 상대등. 선덕여왕에 반발하여 난을 일으켰으나 실패한 인물.

꽃이 피었다고 기뻐하지 마라
꽃을 시샘하여 서리가 내리리니
꽃을 시샘하여 폭풍우가 몰려오리니
꽃을 피우기보다 열매 맺기가 더 어려우니

보름달은 쉽게 그믐달로 기울어 가고
볼품없던 초승달이 보름달로 가득 차오르니
지금 태평성대라고 우쭐대지 마라
지금 힘들다고 고개 숙이지 마라
하늘 높을 때 고개 숙여 땅을 볼 줄 알고
앞길이 막막하기만 할 때 고개 들어 하늘을 볼 줄 알라

꽃이라고 모두 다 같은 꽃이 아니듯이
열매라고 모두 다 같은 열매가 아니네
피로 맺은 맹세 위로 허무한 꽃잎 날리고
민초들의 피로 자라던 나무에 씨 없는 열매가 맺히네

대들보에 거미줄이 쳐지고 기왓장들 여기저기 나뒹구네
주인 잃은 칼날에 녹이 슬고 갑옷이 삭아서 찢어지네
모두가 사라지고 잡초만 무성해지는구나

아침에 피었던 꽃이 저녁 무렵 떨어져 내리니
바람이 불지도 않았는데
스스로 떨어져 내리는 꽃잎을
무슨 수로 지켜내리
누구에게 하소연하리

꽃이 피었다고 함부로 기뻐하지 마라
열매를 맺었다고 함부로 미래를 말하지 마라
달콤한 열매에 벌레가 많고
일찍 핀 꽃이 빨리 지는 법이니
아, 함부로 장담하지 마라
함부로 세상을 논하지 마라

제 1 부

홀로서기를 꿈꾸다

의자는 아버지 무왕에게서 신라가 백제에게 저지른 악행에 관한 이야기를 들으며, 신라에게 원수를 갚겠다는 다짐을 되새긴다. 의자는 왕자들간의 왕권 다툼 속에서 온갖 어려움을 이겨 내고 태자 자리에 오른다. 이후 서곡성 전투를 승리로 이끌며 귀족들과 백성들의 지지를 이끌어 내는 데 성공한다.

: 1

나, 의자의 몸속에는 백제인의 피가 흐르도다.
신라에 대한 증오의 피, 복수의 피가 흐르도다.

대륙을 휘달리던 근초고대왕의 피가 흐르도다.

선조들이 넘나들던 바다의 바람이 불어오도다.

짭쪼름한 소금 냄새가 풍겨나도다.

고작 이 좁은 땅덩이에 만족하고 앉아 있을쏘냐.

신라여.

기다려라.

그대들의 오만불손함을 가만두지 않으리라.

조상대대로 물려온 칠지검의 영험함으로

벼리고 벼린 환두대도의 날카로움으로

그대들의 간사함을 베리라.

목을 내놓고 기다리시게.

신라여

의자는 조용히 눈을 감고 아버지 무왕의 말씀을 떠올리고 있었다.

: 2

"간교하고 교활한 신라 놈들과 어찌 같은 하늘 아래 살아가리."

무왕은 탄식을 하며 이야기를 계속했다.

어렸을 때부터 외우다시피 한 선대왕의 이야기

온조대왕부터 이어지는 왕들의 이야기를 들으며

의자는 백제의 뿌리를 생각했다.

마침내 성왕에 대한 이야기가 시작되자

의자의 주먹엔 힘이 들어가고 이가 앙다물어진다.

: 3

"개로대왕 시절,

고구려 장수왕이 물밀듯이 밀려들어왔다.

근초고대왕에게 죽은 고국원왕의 원수를 갚기 위해서였느니라.

우리 백제군은 떨어지는 낙엽처럼 힘을 쓰지 못했다.

수도 한성이 함락되고

결국, 개로대왕이 장수왕에게 죽임을 당하는 지경에 이르렀다.

우리는 수도를 한성보다 더 남쪽인 웅진으로 옮겨야 했다.

그리고 동성대왕과 무령대왕께서 전란의 피해를 복구하고

성왕 대에 이르러 가까스로 나라의 기틀을 정비할 수 있었느니라.

수도를 다시 사비로 옮겨야만 했다.

백제의 국운이 융성해지자

성왕께서는 그 옛날 고구려에게 빼앗긴 한강 유역 땅을 되찾으려

했느니

마침 하늘이 도우시는 것인지

고구려에서는 안장왕이 피살당하고
왕의 외척들과도 분란이 일어서
나라 꼴이 말이 아닌 지경이었거늘.
고구려의 침입을 막기 위해 120여 년이나 손을 잡아온 신라에게도
영토를 넓히기에 더없이
좋은 기회였다.

마침내 서기 551년,
우리 백제와 신라 그리고 가야가 손을 잡고 고구려를 공격했지.
큰 승리였다.
우리는 고구려에게 빼앗겼던 한강 하류의 6군을 되찾았고
신라는 한강 상류 죽령 북쪽에서 고현 이남까지의 10군을 차지할
수 있었다.
그런데 이 간악무도한 신라 진흥왕이 120여 년간의 동맹을 깰 줄,
누가 알았으랴.”
무왕은 왼손에 든 칼을 부르르 떤다.
의자의 얼굴도 일그러진다.
방 안의 공기가 싸늘하게 차가워진다.

“이제는 백제 역사에서 지워 버리고 싶구나.
553년의 일을……”

: 4

신라는 기어코 한강 유역의 백제 땅을 차지하고

신주新州라는 이름까지 지어 붙였다.

백제 왕실에서는 극심한 논쟁이 일어났다.

성왕과 훗날 위덕왕이 되시는 태자는

늑대 같은 신라 놈들을 박살내자고 주장했다.

그러나 대신 기로耆老를 앞장세운 귀족 세력들은 전쟁을 반대했다.

귀족들이 전쟁 자금을 대야 했기 때문이었다.

하지만 성왕의 강력한 의지와 명분 앞에 귀족들은 고개를 숙일 수

밖에 없었다.

태자가 이끄는 백제군은 신라로 밀려들어 갔다.

마침내 관산성에서

백제는 신라와 격렬한 전투를 치르게 되었다.

신라의 관산성 군주 각간 우덕과 이찬 탐지는

거대한 백제 군대의 기세에 밀려 힘 한 번 써 보지 못하고 성 안으

로 퇴각했다.

신라의 각간 우덕은 위급하게 신주 군주新州軍主 김무력金武力에게

도움을 요청했다.

김무력이 구원병을 이끌고 들이닥치자
백제군은 당황하여 점점 밀리기 시작했다.

: 5

전투가 위급해지자,

성왕은 태자를 돕기 위해 직접 출전할 수밖에 없었다.

그러나 하늘이 이미 백제를 버렸던 것인가.

대신 기로가 왕의 행로를 은밀하게 신라에게 흘려 주었다.

사사건건 귀족들과 분쟁을 일으키고

자신의 뜻만을 관철시키려는 왕을 그대로 둘 순 없었다.

성왕이 야간을 틈타 손수 보기步騎 50여 기를 거느리고

구천狗川*에 이르렀을 때였다.

: 6

갑자기 신라군의 함성이 들리며 화살이 쏟아졌다.

불붙은 나무더미가 굴러다녔다.

성왕은 격렬하게 저항하였으나 부하 50명과 함께

그 자리에 쓰러지고 말았다.

이때 삼년산군三年山郡**의 비장裨將인 고간高干과 도도刀都가

---

* 지금의 충청남도 옥천군 부근
** 지금의 충청북도 보은군 부근

성왕의 목을 베었다.

신라군은 성왕의 머리를 신라 북청北廳 계단 아래에 매장하였다.

이 전투에서 백제는 왕과 함께 4명의 좌평佐平을 잃고

3만 명에 가까운 군사들을 잃었다.

기로를 비롯한 귀족 세력들은 왕실을 몰아붙였다.

왕은 그야말로 귀족들의 허수아비나 다름없었다.

: 7

"우리 백제 역사에 두 번 다시 그런 일은 없어야 하리라.

나는 잠을 자도 잔 것이 아니었고

음식을 먹어도 먹는 것이 아니었다.

너는 그 치욕을 절대 잊어서는 안 되리라.

내가 하지 못하면 네가

네가 못하면 네 후손이 대대손손 그 원한을 갚아야 하리라.

신의를 헌신짝처럼 내다 버리는 간악한 신라 놈들을 반드시 처단

하거라.

그리고 네 주변을 둘러싸고 있는 귀족 세력들을 항상 조심하거라.

그들은 나라도 백성도 관심이 없느니라.

오로지 재물을 불리고 호의호식하는 데에만 신경을 쓸 뿐."

"기필코 백제를 농단하는 귀족 세력들을 몰아내고

우리 백제를 능멸한 신라를 정복하여

근초고대왕 시대의 영화를 다시 누리리라.”

의자는 아버지 무왕의 말을 새겨들으며

마음속의 칼을 갈고 또 갈았다.

: 8

서기 627년(무왕 28년) 8월,

무왕은 조카인 복신을 당나라에 보내 조공을 했다.

당태종은 복신에게 호통을 쳤다.

“백제가 신라와 대대로 원수가 되어 빈번히 침략하고 토벌하니

이는 우리 당나라에 대한 도전이라고 생각하오.

황제의 나라인 당나라를 섬기고

황제의 은혜를 뼈로 새기며

더 이상 혼란을 일으키지 마시오.”

복신은 백제가 신라와 원수지간이 된 이유를 밝히며

전쟁의 불가피함을 설득하였으나

당태종은 백제의 말을 들으려 하지 않았다.

당태종은 백제를 눈엣가시처럼 여기고 있었다.

당나라의 말을 듣지 않는 나라를 가만히 둘 수 없다는 것이

당태종의 생각이었다.

: 9

당나라에서 돌아온 복신은 의자 왕자를 찾아갔다.

"당태종은 우리를 못마땅하게 여기고 있사옵니다."

"왜 우리가 당나라의 눈치를 봐야 하오.

우리는 그들보다 더 오래된 나라요.

그들이 큰 나라라는 이유만으로

우리가 하고 싶은 일을 하지 못한다는 것은 있을 수 없는 일이오."

의자는 복신과 술잔을 기울이며

작은 나라로서의 울분을 터뜨렸다.

: 10

"무엇인가 계책을 찾아야 하리라.

내 백제를 위해서는

여우와 같은 짓이라도 하리라.

얼굴에 분을 바르고 미소를 지으라면 그리하리라.

한나라 유방은 자신의 뜻을 펴기 위해

초나라 항우에게 받은 온갖 설움을 견뎌내지 않았던가.

참고 참으며 힘을 길러서

결국 초나라를 밀어내고 천하를 통일하지 않았던가."

"철천지원수 신라와 어찌 같은 하늘 아래 살 수 있겠는가."

아버지 무왕의 한탄이 의자의 머릿속에서 메아리치고 있었다.

:11

어머니 선화왕후는 늘 당부했었다.

"의자야, 진정한 제왕은 나아갈 때와 물러날 때를 알아야 하는 법
이다.

대왕께서 중원의 유교를 숭상하시는 이유는

성왕 전하 이후 막강해진 귀족 세력들을 억누르기 위함임을 명심
하거라.

군주에 대한 충성을 숭상하는 것이 유교의 핵심이거늘

너 스스로 충과 효를 실천하여야 하리라.

그리하면 온 백제의 중심에 설 수 있으리라"

:12

어머니, 제가 철이 들기도 전에 돌아가시니

늘 그 말씀을 가슴에 새기고 있사옵니다

어머니 품이 그리워

잠을 깬 적이 얼마던가요

그 누구도 대신할 수 없는

어머니의 품

어머니의 냄새

어머니의 음성

저기 어미의 뒤를 쫓아가는
새끼 오리들의 발걸음마저 부럽던 나날들

내 가슴이 텅텅 비어 있습니다
살아도 산 것 같지 않사옵니다
늘 채울 수 없는 그리움
어머니……

:13

구밀복검口蜜腹劍……
의자는 제왕이 되려는 야망을 숨겼다.
이복형제들의 왕위 후계 다툼에 말려들지 말아야 한다.
늘 온화한 낯빛으로 형제들을 대하고
공경하는 마음으로 새어머니 사택왕후를 섬겼다.
왕자비 은고의 말이 가슴을 울렸다.
"저는 두렵습니다.
여러 왕자들이 서로 왕의 자리에 오르려고
온갖 권모술수를 펴고 있사옵니다.
자칫 그 화가 왕자마마에게 미치지 않을까 걱정이옵니다."

:14

칼날 위의 삶이 이러할까.

하루하루가 목숨을 건 삶이었다.

의자는 아이들을 왜나라로 피신 보냈다.

태자 자리에 욕심이 없음을 밝혔다.

무조건 무왕의 결정을 따르고

누가 되든 충심으로 모시고 섬기겠다고 밝혔다.

"대왕마마께서 태자를 정하셔야 이 혼란이 사라질 것을,

아직까지 태자를 책봉하지 않은 것은

외척 세력들의 눈치를 보고 있어서가 아니겠사옵니까.

하나 이제는 더 이상 미룰 수 없는 일,

조만간 어떤 쪽으로든 결정이 날 것이옵니다.

이럴 때일수록 더 고개를 숙이고

허리를 낮추시옵소서."

:15

외척 세력들 간의 물밑싸움이 심해지고 있었다.

허나 어느 한 쪽의 손을 들어줄 수 없었다.

적이 없고 모든 세력을 다 아우를 수 있는 왕자가 필요했다.

왕궁에 또 다른 피바람을 불러와서는 안 됐다.

왕자들 간의 태자 책봉을 둘러싼 다툼을 미리 막을 필요가 있었다.

마침내 무왕은 신하들에게 자신의 뜻을 밝혔다.

"자고로 왕의 자리는 맏이가 물려받는 것이 순리요,

의자는 백제 왕궁의 안녕과 나라의 발전을 위해서

왕자들과의 싸움을 막기 위해

태자의 자리를 내놓았소.

또한 사택왕후를 친어머니와 같이 모시고 있어

그 칭찬이 자자하오.

성격이 모나지 않으며 여러 신하와 왕자들과도 척을 지지 않았으니

왕으로서의 덕목을 두루 갖추고 있다고 생각하오.

이에 의자를 태자로 책봉할 것이니

앞으로 이에 대해 왈가왈부하지 마시오.

또 다른 논의가 있을 경우

이것을 나에 대한 도전이라고 생각할 것이오."

귀족들은 겉으로는 불만을 얘기할 수 없었다.

서로 대립하고 있던 정치 세력들로서는

의자를 태자로 인정해 두는 것이 그중 나은 방책이었다.

태자가 된다고 다 왕이 되는 것은 아니기에……

위태로운 평화가 유지되고 있었다.

: 16

서기 632년(무왕 33년),

의자는 태자의 자리에 올랐다.

의자의 셋째 아들인 부여융이 벌써 18세 되던 해,

의자의 나이가 벌써 40에 가까운 때였다.[*]

의자는 자식들을 불러 모았다.

"너희들은 행동을 각별히 조심하라.

내가 태자가 됨으로써 우리 가족은 귀족들로부터

공동의 적이 되었음을 명심하거라.

불미스런 일이 일어난다면 그 누구도 살아남지 못하리라.

한 사람의 잘못으로 우리 모두 죽음의 길로 들어설 수도 있음이다.

대왕마마에 대한 충성심을 가지고

비록 의붓어미의 자손들이라고 할지라도 효심의 끝자락을 놓아서

는 안 되리라."

---

[*] 의자왕의 왕자들은 48명이 더 된다고 한다. 그중 생몰연대가 밝혀진 왕자들은 부여
태, 부여풍, 부여효, 부여융 등이다. 그런데 그 순서는 학자에 따라 다르게 해석하고
있다. 박영규는 부여융을 장남으로, 이어서 부여태, 부여풍, 부여효 등의 순서로 보고
있다. 또 다른 견해로는 부여효가 장남이고 부여융은 셋째라는 견해가 있다. 이것은
'부여융묘지석'이 발견되면서 알려진 것이다. 필자는 부여효가 장남이고 부여융을 셋
째로 본 견해를 수용했다.

부여효, 부여태, 부여융 등이 공손하게 손을 모으고

아버지 의자태자의 말을 새겨들었다.

"이제 곧 신라에 대한 공격이 있을 것이니

너희들은 마음을 단단히 먹고

대왕폐하와 백제에 대한 충성심을 떨칠 준비를 해라."

: 17

서기 633년 8월,

백제는 신라의 서곡성으로 진군했다.

부여효와 부여융이 손을 잡고 출정을 했다.

은고왕비는 부여융을 경계하였다.

후비 출생이나 총명하고 용맹스러울 뿐만 아니라

아버지 의자의 뜻을 잘 헤아려서

의자태자의 총애를 받고 있었다.

더군다나 사택왕후 세력이 든든하게 뒤에 버티고 있었다.

"효야, 융 왕자를 조심하고 경계하거라.

언젠가 너와 자웅을 겨뤄야 하는 날이 올 것이니……"

부여효는 어머니 은고왕후의 말에 엷은 미소를 지을 뿐이었다.

: 18

싸움은 13일 동안이나 계속되었다.

밤마다 햇불이 불타오르고

낮에는 화살이 소나기처럼 쏟아져 내렸다.

잡초들이 짓이겨 나가고

핏물이 성벽을 적셨다.

사방에 시체들이 쌓이고

시체 썩는 냄새가 지독했다.

백제군은 서곡성을 둘러싸고 밤낮으로 고함을 질러댔다.

서곡성 신라군은 잠이 부족할 지경이었다.

: 19

마침내 13일째 되는 날 밤,

백제군은 별동대를 보내 성벽을 몰래 기어오르게 했다.

신라군 초병은 며칠째 밀린 잠을 이겨 내지 못하고 꾸벅꾸벅 졸고
있었다.

초병들을 제거하고 성 안으로 침투한 별동대가 성문을 열어젖히자

기다리고 있던 백제군이 물밀듯이 성 안으로 진격했다.

그것으로 끝이었다.

백성들이 '의자태자 만세'를 불러댔다.

부여효, 부여융 등의 왕손들과

윤충 장군 등 선봉에 섰던 장수들이
의자태자 앞에 무릎을 꿇고 충성을 맹세했다.
의자태자에게 등을 돌렸던 세력들이 하나둘씩
의자태자 주변으로 몰려들고 있었다.

: 20
짙은 어둠을 밀어내며 번져 가는 햇살
백제 땅 곳곳에 스며드는 따뜻한 기운
백성들이 하나하나 부처의 미소를 짓네

부모에 효도하고 형제간에 우애 있는
백제의 해동증자 海東曾子 의자태자
우리들의 왕으로 그보다 더 어울리는 사람이 있을까

해바라기가 온종일 해를 바라보며 살아가듯이
사람들이 그만 바라보고 있네
태어난 곳으로 되돌아오는 연어 떼같이
민심이 그에게로 흘러드네
누가 감히 그 흐름을 거스를 수 있을까

시냇물은 위에서 아래로 흘러 바다로 가고

나무는 아래에서 위로 자라 하늘에 닿네

태자시여, 시냇물의 마음으로 백성과 하나가 되리라

백성들이시여,

나무의 마음으로 태자와 하나가 되리라

백성들과 태자가 하나가 되니

누가 감히 거스를 수 있을까

백제의 하늘에 어둠이 걷히고 햇살이 번져가네

복수의 칼을 들어라

의자태자는 사택왕후의 지지를 통해 어렵게 왕위에 오른다. 그러나 자주를 내세워 당나라와 등을 돌림으로써 귀족들과 갈등이 고조된다. 그러는 와중에 의자왕은 신라의 대야성을 무너뜨리고 승전 축하연을 베푼다.

: 1

서기 641년,

무왕이 승하했다.

왕실에는 다시 한 번 싸늘한 기운이 돌기 시작했다.

의자태자의 왕위 계승 문제를 두고

모든 왕자들 사이에 긴장이 고조되었다.

왕자들의 외척들이 욕심을 노골적으로 드러내기 시작했다.

사택왕후는 성충과 윤충 그리고 계백을 불러들였다.

"그대들은 선대왕의 충신이자 의자태자의 충신으로 알고 있소.

이제 왕위 계승을 둘러싸고 날카로운 갈등이 있을 것이오.

그대들이 나서 줘야겠소.

곧 어전회의가 있을 것이니

지난번 서곡성을 점령하는 데 참전했던

그대들의 부하들을 태자궁 주변에 배치하여

혹시 일어날 수 있는 사태에 대비하시오."

태자궁을 둘러싼 군사들의 기세에

귀족들은 감히 의자태자에게 맞설 생각을 품지 못했다.

그리고 곧이어 의자태자를 불러들였다.

: 2

"태자야, 너는 나의 친아들이 아니다.

그런데도 그동안 나를 친어머니 이상으로 모시고

다른 이복형제들과 우애도 깊어

만백성의 표본이 되는도다.

내가 너에게 선왕의 대를 잇게 하는 것은

진실로 백제를 위해서라는 것을 명심하거라.

다만, 너의 후계자는 내가 고를 수 있도록 해 다오.

그래도 되겠느냐?”

의자태자는 사택왕후의 뜻을 따랐다.

지금은 사택왕후의 도움이 절실히 필요한 때였다.

: 3

당태종은 조공을 온 백제 사신에게

의자태자를 ‘주국대방군왕백제왕柱國帶方郡王百濟王’으로 책봉한다는

조서를 내려 보냈다.

왕위 계승이 순조롭게 진행되고 있었다.

의자왕은 당태종에게 책봉 조서 받는 것을 부끄러워했다.

“우리가 언제까지 당나라의 눈치를 보며 나라를 다스려야 한단 말

인가.

오장육부가 뒤틀리는 것 같으니 천지가 곡을 할 노릇이로구나.”

그러나 아직도 의자왕을 못마땅해 하는 세력이 많았다.

신하들 중에도 의자왕이 당나라와 거리를 두려는 생각을

반대하는 자가 많았다.

의자왕은 신하들 몰래 사람을 시켜 귀족들의 동태를 살피게 했다.

: 4

진실로 백제의 미래를 걱정하는 자가 누구던가

우리가 언제까지 당나라의 눈치를 보고 살아야 하는가

강한 자에게 약하고

약한 자에게 강한 것을

의로운 것이라 할 수 있는가

나는 반드시 백제가 스스로 주인되는 세상을 만들고 말리라

왜나라와 우리는 형제국이나 다름없으니

고구려와 손잡을 수 있다면

신라는 가볍게 억누를 수 있으리니

비록 신라가 당나라를 등에 업고

겨우 버티고 있기는 하나

고구려로 하여금 당나라를 견제하게 하면

당나라와 신라는 저절로 끊어지리

그리만 된다면 백제가 한강 이남 모든 지역을 통일할 수 있으니

이 얼마나 좋은 기회인가

그런데 신하들이 사사건건 반대만 해대니……

우리가 언제까지 당나라를 섬겨야 하나

왜 하나같이 홀로 서려는 기개를 지니지 못하였는가

의자왕과 신하들의 뜻이 이렇게 어긋나 있었다.

점점 그 간극이 벌어지고 있었다.

: 5

"폐하, 왜나라의 서명천황께서 승하하시고

그 뒤를 이어 황극천황께서 즉위하셨다 하옵니다."

"우리 백제가 국상 중이거늘

왜나라도 국상을 당했다 하니

하늘이 무너지는 듯하구나.

사신을 보내 그 아픔을 위로하도록 하라."

그러나 사신을 보낼 수 없었다.

그동안 잠잠했던 외척 세력들이 왕위를 노려

일을 도모하고 있었다.

: 6

서기 642년(의자왕 2년) 7월,

의자왕은 직접 군사를 이끌고 신라의 미후성獼猴城을 공격하였다.

"이제 무엇이 두려우랴.

그 옛날 우리 백제를 능멸한 신라의 간사함을 벌하리라.

군사들은 나를 따르라."

그것은 복수의 칼날이었다.

계백과 의직이 왕을 보필하고
신라의 성들을 몰아쳤다.

대나무가 쪼개지듯
해일이 몰아치듯
휘몰아치는 백제군의 기세에
신라는 속수무책이었다.

순식간에 40여 성이 함락되었다.
의자왕은 당당하게 귀환하였다.
백성들의 환대 속에 의자왕은 더욱 굳건하게
왕의 자리를 강화해 나가고 있었다.
귀족들마저 의자왕을 인정할 수밖에 없었다.
의자왕은 귀족 가문의 딸들을 후비로 삼아
귀족 세력들의 후원을 이끌어 냈다.

: 7
서기 642년 8월,
의자왕은 윤충을 불렀다.
"근래에 신라의 대야성이 혼란스럽다고 하오.
대야성은 김춘추의 사위가 다스리고 있는 성,

그 성을 점령하는 것은 큰 의미가 있는 일이오.

더군다나 신라의 서라벌로 들어가는 요지가 아니던가.

그대에게 군사를 내어 줄 터이니

반드시 대야성을 함락시키고

신라에 대한 우리의 원한을 풀 수 있도록 하시오.”

: 8

장군 윤충은 군사 1만을 출정시켰다.

대야성은 김춘추의 사위 김품석이 다스리고 있었다.

“장군, 김품석은 부하의 부인을 빼앗는 짓을 서슴지 않았습니다.

백성들은 도탄에 빠지고 군사들의 사기는 땅에 떨어져 있사옵니다.

밤낮으로 술과 여자에 빠져 지내니

그야말로 향락의 극치를 보이고 있다고 하옵니다.”

: 9

김품석에게 모욕을 당하고 백제로 탈출했던 모척이

몰래 검일을 찾아갔다.

“성주가 자네 부인을 강제로 빼앗아가니

얼마나 극악무도한 놈인가.

나는 성주에게 그 부당함을 직언했다가

미움을 받아 죽을 뻔 했으니……

이제 가까스로 탈출하여 백제에 의탁했네.
이번에 우리를 도와주면 자네의 원한도 풀리는 것이네.
더군다나 이제 신라의 앞날은 바람 앞에 등불 같은 신세이니
대세를 따르세."

:10

검일은 성주에게 빼앗긴 부인을 생각하며 이를 갈았다.
검일은 성 안의 밤을 기다려 곡식 창고에 불을 지르고
혼란을 틈타 성문을 열어 제쳤다.
갑작스럽게 밀어닥친 백제군은 순식간에 성을 장악했다.

:11

김품석은 어쩔 수 없이 항복을 하려 하였다.
부장인 죽죽과 용석은 절대 항복할 수 없다고 반대했다.
"우리 화랑에게 항복은 있을 수 없사옵니다.
차라리 싸우다 죽는 것이 더 영광스러운 일이옵니다."
난세가 영웅을 만든다고 했던가.

죽죽과 용석의 끈질긴 저항은 차라리 아름다웠다.
마침내 온 몸에 화살을 맞고 쓰러진
죽죽과 용석의 주검을 보면서

죽어서도 감지 못 한 채 부릅뜬 눈을 보면서

김품석은 눈물을 흘렸다.

:12

"아, 내가 무슨 짓을 한 것인가.

한 나라의 신하로서, 한 성의 성주로서

내 할 일을 다하지 못하고

오늘 이렇게 위태로운 지경에 처하니

무슨 염치로 목숨을 보존하랴."

김품석은 자책하였으나 이미 늦었다.

김품석과 그의 식솔들은 모조리 포로가 되었다.

:13

모척과 검일은 칼을 들고 김품석의 앞으로 나아갔다.

"네 놈의 극악무도한 짓으로 온 백성이 당한 고통을 생각하면

너를 씹어 먹어도 시원치 않다.

어찌 살기를 바라겠느냐?"

모척과 검일의 칼에 김품석과 식솔들이 모조리 쓰러졌다.

장군 윤충은 남녀 포로 1천여 명을 서쪽 지방으로 보내 살게 했다.

그런 뒤 군사를 주둔시켜 대야성을 지키게 했다.

의자왕은 윤충을 불러 승리를 축하하고

말 20필과 곡식 1천 석을 상으로 내렸다.

:14

"장하도다. 나의 병사들이여

이제 그간의 한을 만분의 일이나마 풀었느니라.

그대들이야말로 우리 백제의 영웅들이니

자, 나의 술잔을 받으라."

"대왕폐하, 만세"

"대왕폐하, 만세"

대왕과 병사들이 한데 어우러져

춤을 추고 즐기니

전승 축하 잔치로 백제 왕궁이 왁자지껄했다.

신라는 압량*까지 쫓겨나 하늘을 원망할 뿐

다른 수단이 없었다.

:15

김춘추는 사위와 딸의 전사 소식에 넋을 놓았다.

대청 기둥에 기댄 채 꼼짝을 하지 않았다.

----
* 지금의 경상북도 경산 지역

아무 소리도 들리지 않고

아무런 느낌도 느껴지지 않았다.

죽은 사람처럼 표정이 없었다.

"어찌 저 철천지원수 백제를 가만둘 수 있으랴.

내 이 한을 무슨 수가 있어도 갚으리니.

내 영혼을 팔아서라도

반드시 복수하리라."

김춘추는 고구려에 원군을 청하러 갈 계획을 세웠다.

언제까지 남의 나라 눈치를 보랴

의자왕은 자주 노선을 노골적으로 드러낸다. 당나라의 영향력에서 벗어나고 신라를 정벌하기 위해 전투를 계속한다. 그러나 당나라의 위협과 귀족 세력들의 만류로 그 뜻을 잠시 미루기로 한다. 한편 고구려 역시 당나라의 뜻을 거역하고 독자 노선을 걷기 시작한다. 이에 격분한 당나라는 고구려와 백제를 치기 위한 작전을 개시한다.

:1

서기 642년 10월,

고구려에서는 연개소문이 반란을 일으키고 왕권을 장악했다.

의자왕은 연개소문에게 성충을 사신으로 보냈다.

"우리는 신라와 깊은 원한이 있소이다.

그것을 풀어야 하거늘

당나라는 우리의 억울함을 살피기보다는

배신자인 신라를 지지하고 있소.

비록 지금은 당나라의 눈치를 보고 있으나

고구려가 우리 백제와 손을 잡는다면

우리는 당당히 신라를 치고

멀게는 당나라와도 대적할 각오가 되어 있소."

:2

연개소문은 흔쾌히 백제의 요구를 들어주었다.

홀로 당나라를 상대하는 것은 어려웠기 때문이다.

남쪽에서는 신라가 쥐새끼처럼 야금야금 고구려 영토를 넘보고 있었다.

북쪽에서는 당나라가 호시탐탐 기회를 엿보고 있었다.

백제가 남쪽에서 신라를 견제해 준다면

고구려는 당나라에만 집중할 수 있었다.

이러는 와중에 김춘추는 고구려 연개소문에게 원병을 요청하러
갔다.
연개소문이 호의를 베풀 리가 없었다.

"그동안 신라가 차지한 고구려 땅을 되돌려 주면 신라를 도와주
겠소."

: 3
김춘추는 강하게 반발했다.
연개소문은 김춘추를 감옥에 가두었다.
김춘추가 죽음을 예감할 지경에 처했을 때
한 가지 꾀를 생각해냈다.

연개소문의 요구를 다 들어주겠다고 약속했다.
연개소문은 크게 기뻐하며 김춘추를 풀어 주었다.
김춘추는 서둘러 신라로 말을 달렸다.
연개소문이 속았다는 것을 알고 군사를 보냈지만
이미 김춘추는 신라군 일만 군사의 호위를 받으며
고구려 땅을 벗어난 뒤였다.

김춘추는 억울함에 이를 갈며

이제 구원을 요청할 수 있는 곳은 당나라밖에 없음을 깨달았다.

:4

서기 643년(의자왕 3년) 11월,

의자왕은 고구려 보장왕에게 사신을 보냈다.

이미 신라가 노골적으로 당나라와 가까워지고 있어서

백제와 고구려는 위기의식을 느끼고 있었다.

당나라와 신라를 대적하기 위해서는

고구려와 백제의 화친 관계가 더욱 굳건해져야 했다.

의자왕은 신라를 고립시킬 책략을 세우고 있었다.

우선 당나라와 신라가 쉽게 접촉하지 못하게 만들 필요가 있었다.

:5

당항성.

신라가 당으로 갈 때 사용하던 항구.

그 성만 점령하게 된다면 신라는 당나라와 쉽게 접촉하지 못할 것

이었다.

의자왕은 계백을 불러 당항성을 치게 했다.

호랑이 장군 계백……

이름만으로도 신라군을 오금 저리게 만드는 장수

이름만으로도 우는 아기의 울음을 그치게 만드는 장수
아무도 맞설 수가 없어라

당항성 성주는 처절하게 맞섰으나
굴러 오는 수레바퀴를 어찌 막을 수 있으랴
백제군으로 완전히 포위된 당항성은
버려진 어린아이처럼 우왕좌왕
싸워도 싸워도 끝이 보이지 않는
백제군의 거센 힘을 막을 수 없었다
신라는 당나라로 가는 지름길을 잃고 말았다

당나라는 곧바로 백제 사신에게 이 일을 엄중하게 물었다.

"바로 당항성을 신라에게 돌려주지 않으면
우리 군대를 곧바로 파견하여 엄벌에 처하리라."

: 6
백제 왕궁에서는 심각한 의견 대립이 일어났다.
"우리 백제군이 당당하게 점령한 당항성을 어찌 그대로 돌려주란
말인가."
"하오나, 폐하. 만약 당나라의 환심을 잃게 되면

우리 백제는 큰 피해를 입을 수 있사옵니다.

비록 우리 백제가 신라보다는 큰 나라라고 할 수 있지만

당나라에는 비길 바가 못 됩니다.

단순하게 감정적인 차원에서 처리해서는 아니 되옵니다."

: 7

의자왕은 이를 갈았다.

"내 오늘 이 치욕을 결코 잊지 않으리라.

선조에게 부끄럽지 않은 대백제를 건설하여

이 치욕을 씻으리라.

대신들의 뜻을 받아들이겠소.

당항성에 연락하여 군사를 물리라고 하시오."

신라 선덕여왕은 신라의 앞날을 걱정하며 사신을 당나라로 보냈다.

신라를 지키기 위해서는

당나라의 도움이 절실했다.

: 8

서기 644년(의자왕 4년),

의자왕은 부여융을 태자로 삼았다.

사택왕후의 뜻이었다.

왕실을 온전히 하기 위해서
사택가문의 보존을 위해서
부여융을 태자로 삼고자 했다.
의자왕은 사택왕후의 뜻을 거스를 수 없었다.

: 9
은고왕후는 의자왕을 찾았다.
"어찌 장자인 내 아들 부여효를 태자로 삼지 않고
후비의 아들인 융을 태자로 삼는단 말이오.
대왕이 왕좌에 앉을 수 있도록 목숨 걸고 싸운 사람도
바로 나이거늘,
대왕께서는 이 사실을 잊으셨단 말이오."

"노여움을 거두시오.
내 어찌 그것을 모르겠소.
지금은 융이 필요하오.
아니 융의 뒤에 있는 세력들의 도움이 필요하오.
기다리시오.
짐은 나이 40에 가까워서야 태자가 되었소.
지금부터 태자 자리에 앉아 뭇 세력의 화살받이가 될 필요가 없소.
지금은 융이 태자요.

허나 앞일은 알 수가 없는 것이니,

모든 것을 짐에게 맡기고 그만 물러가시오.”

“부여효가 태자가 되지 못하면 가만있지 않겠습니다.”

은고왕후는 의자왕을 믿을 수 없었다.

스스로 앞으로의 일을 도모해야 함을 절실히 깨달았다.

은밀하게 사람을 시켜 친위 세력을 키워 나갔다.

: 10

겉으로 보이는 승리의 기운과는 달리

전쟁으로 피폐해져 가는 백제였다.

백성들의 마음을 위로하기 위해

왕궁의 안녕을 도모하기 위해

급히 책봉 의식이 치러졌다.

전국에 살인자를 제외한 죄인들을 풀어 주라는 어명을 내렸다.

그러나 백성들은 계속되는 전쟁에 지쳐 가고 있었다.

: 11

한편, 서기 644년(의자왕 4년) 1월,

신라는 당나라로 사신을 보냈다.

“어찌하여 우리나라가 이 지경이 되었단 말인가.

북으로는 고구려, 서로는 백제

호랑이와 늑대에게 쫓기는 사슴 같은 존재여.

멀리 당나라에 의탁해야만 하는 삶이라니

아, 선대왕님들을 저승에서 어찌 뵈오리.”

:12

신라는 당태종의 마음을 사기 위해

간이고 쓸개고 모든 것을 내놓을 수밖에 없었다.

“부디 신라를 굽어살펴시옵소서.

고구려와 백제는 황제폐하의 신하국으로서의 신분을 망각한 채

황제폐하에게 충성을 다하는 우리 신라를 괴롭히고 있사옵니다.

황제폐하의 심기를 어지럽히고

황제폐하께 공공연히 반기를 들고 있으니

이를 다스려 주시옵소서.”

“알겠소. 신라가 더 공격을 받는다면

고구려와 백제를 가만두지 않겠소.

즉각 군대를 일으킬 것이오.

육로로 고구려를 치고

수군을 동원하여 백제를 칠 것이오.

그리고 우리 군대의 붉은 깃발을 빌려줄 터이니

신라군이 그것을 사용하도록 하시오.

고구려와 백제가 신라군을 공격하는 것은

우리 당나라에게 선전포고를 하는 것과 같은 것이니

어찌 감히 공격을 할 수 있겠소."

이어 당태종은 사농승 상리 현장을 파견하여

고구려와 백제에게 더 이상 신라를 공격하지 말라고 경고했다.

: 13

백제의 왕궁은 무거운 침묵에 휩싸였다.

"우리가 언제까지 당나라의 눈치를 보아야 하는가?

통탄할 일이로다.

저 간악한 신라가 호랑이에 의지해서 여우 노릇을 하려는구나."

"폐하, 아무리 억울하고 화가 나더라도

당나라를 무시할 수는 없사옵니다.

일단은 요구를 수용하소서.

차후 상황을 살피면서 우리의 뜻을 펼쳐도

늦지 않을 것이옵니다."

: 14

의자왕은 여러 신하들의 간곡한 청을 받아들일 수밖에 없었다.

"당에 사신을 보내어 당나라의 뜻을 받아들이겠다고 하시오.

그리고 우리가 왜 신라를 공격할 수밖에 없는지

신라가 얼마나 야비한 놈들인지를

낱낱이 고해바치고 오시오.

당나라에 대한 충성심은 변함이 없으며

앞으로도 그럴 것이라는 확신을 심어 주고 오시오.

그러나 명심하시오.

신라와 우리는 같은 하늘 아래 살 수 없는 나라요.

둘 중에 하나가 쓰러져야 이 전쟁은 끝이 날 것이오.”

: 15

고구려의 왕궁에서도 한바탕 소란이 일었다.

“폐하, 감히 누가 우리 고구려에게 이래라저래라 한단 말입니까.

이미 우리는 당나라를 물리친 경험이 있사옵니다.

어떤 침략에도 우리는 이겨낼 수 있사옵니다.

이 연개소문이 있는 한, 제 아무리 당나라라도

함부로 쳐들어오지 못합니다.

우리는 신라가 차지한 죽령 이북의 땅을 되찾아야만 하옵니다.

그전에는 절대 신라를 가만둘 수 없사옵니다.”

연개소문의 강력한 의지에

다른 신하들은 말 한마디 꺼내지 못하였다.

왕 위에 군림하고 있는 연개소문이 아니던가.

그러나 누가 알았으랴.

기고만장한 연개소문의 호기가

고구려 멸망의 전주곡으로 바뀌고 있었음을.

당의 사신은 사색이 되어 쫓겨나다시피 당나라로 돌아갔다.

당태종은 고구려 정복 계획을 실행에 옮기기 시작했다.

황제국의 체면이 말이 아니었다.

"신라와 손을 잡고 협공을 한다면 제아무리 고구려라고 해도

어떻게 견뎌 낼 수 있겠는가.

우선 백제를 쳐서 점령한 뒤

고구려의 남쪽과 북쪽에서 동시에 공격을 하면

반드시 승리할 수 있으리라."

· · · · · ·

제 2 부

· · · · · ·

의자왕, 정복의 칼을 높이 들다

당나라와 고구려가 전쟁을 벌이는 동안, 백제와 신라 사이에도 본격적인 전쟁이 시작된다. 백제에서는 의직과 부여강신을 비롯한 장수들이, 신라에서는 김유신을 비롯한 장수들이 명예와 국가의 운명을 건 전쟁을 벌인다. 일진일퇴의 공방전이 벌어지면서, 두 나라의 갈등은 최고조에 달한다.

:1

서기 644년(의자왕 4년) 9월,

김유신이 백제를 공격하였다.

당나라의 눈치를 보느라 억지로 유지되던 평화가 깨졌다.

"우리 신라를 우습게 보는 백제에게 본때를 보여 줘라.

나, 김유신이 있는 한 어느 누구도 우리 신라를 넘보지 못하리라.

기다려라. 우리가 뺏긴 성들을 다 회복하고

반드시 백제를 멸망시키리라."

백제의 7개 성이 순식간에 김유신의 수중으로 떨어져 나갔다.

의자왕은 분노로 두 손을 부르르 떨었다.

: 2

서기 645년(의자왕 5년) 1월,

의자왕은 부여강신을 불렀다.

"당나라를 등에 업고

미친개처럼 날 뛰는 김유신과 신라 놈들을 가만두지 않으리라.

당장 사신을 당나라로 보내야겠다.

가서 쥐새끼처럼 간사한 신라의 행위를 알리고

앞으로의 전쟁에 대한 모든 책임은 신라에게 있는 것이라고

알려라."

부여강신은 곧장 당나라로 들어갔다.

그러나 당태종은 백제의 말을 들어주지 않았다.

"우리 왕의 뜻은 진실로 황제의 군대와 함께

고구려를 치는 것이옵니다."

그리고 금으로 만든 갑옷을 바쳤다.

또 많은 물건을 조공으로 바쳤으나

백제의 뜻을 다 펴지 못하고 돌아올 수밖에 없었다.

: 3

서기 645년(의자왕 5년) 5월,

당나라는 고구려를 공격하기 시작했다.

신라는 남쪽에서 치고 올라갔다.

양쪽에서 협공을 당한 고구려는 우왕좌왕하기만 할 뿐

예전처럼 효과적인 방어책을 세우지 못했다.

비사성과 개모성이 나가떨어지고 요동성이 함락되었다.

하지만 이 사이에 백제는 신라를 쳐서 7개성을 차지했다.

백제가 신라를 공격하자

고구려는 당나라와의 전투에만 집중할 수 있었다.

전열을 가다듬은 고구려는 안시성을 지켜냈다.

안시성 성주는 양만춘 장군이었다.

고구려의 명궁, 양만춘

하늘이 알고 땅이 아는 용맹스러움과 지혜를 가지고 있어라

당나라 대군에도 기죽지 않고

일당백의 기개로 천하를 호령하였네

바람 같이 일어나 당나라군을 밀어내고

거친 파도와 같이 당나라군을 부쉈네

악에 바친 당태종이 피눈물을 흘리고

고구려 장수, 양만춘

분노의 화살이 날아가

당태종의 눈을 맞췄네

겨우 목숨을 부지하고

서둘러 도망치는 당태종의 꽁무니에 대고

만세 소리 우렁차게 퍼지네

"만세, 만세, 만만세"

: 4

겨울이 다가오고 있었다.

시간에 쫓긴 당나라군이 서두르다가 고구려의 계략에 넘어갔다.

당나라는 크게 패하여 쓸쓸히 귀국하였다.

고구려가 이 승리를 기뻐하는 동안

당나라는 지속적으로 고구려와 백제를 멸망시키기 위한

전략을 세워 나가고 있었다.

제아무리 강대국 고구려라도

당나라와 신라의 협공에는 속수무책이었다.

당나라는 고구려 백제 정복에 대한 확신을 가지게 되었다.

당태종은 마침내 대대적인 전쟁 준비에 돌입했다.

그러나 고구려와 백제는 까마득히 모르고 있었다.

거대한 폭풍우가 밀려오고 있었다.

태풍의 눈 속의 고요……

고구려와 백제만 모르고 있었다.

: 5

서기 647년(의자왕 7년),

신라에서는 상대등 비담이 난을 일으켰다.

"여자가 어찌 왕이 될 수 있단 말인가."

선덕여왕은 김춘추와 김유신에게 난을 진압하도록 했다.

김유신은 월성을 장악하여 진을 쳤다.

그 와중에 선덕여왕이 승하했다.

이어 진덕여왕이 즉위하였다.

비담은 명활산성에 진을 쳤다.

김유신과 비담은 팽팽하게 맞섰다.

어느 날 큰 별이 월성 방향으로 떨어졌다.

병사들은 김유신이 패할 징조라고 수군거렸다.

김유신은 허수아비에 불을 붙여 연을 띄운 후
떨어진 별이 다시 하늘로 올라간다고 소문을 냈다.
병사들이 다시 사기를 높였다.
김춘추와 김유신은 알천과 대아찬 주승을 데리고
비담의 난을 진압했다.
알천은 상대등이 되고 대아찬 주승은 우두주의 영주가 되었다.
이런 혼란을 틈타 의자왕은 다시 군사를 일으켰다.

: 6
서기 647년(의자왕 7년) 10월,
의자왕은 장군 의직에게 보병과 기병 3천을 주고
감물성과 동잠성을 공격하게 하였다.

날카로운 창끝을 보라
햇살이 미끄러지는 칼날을 보라
찢어질 듯 펄럭이는 깃발을 보라
저승사자처럼 휘몰아치는 말발굽 소리를 들으라
지옥에서 울리는 듯
귀가 찢어질 것 같은 함성 소리를 들으라

: 7

백제군은 계속 밀어붙였네

어린아이 같이 도망가기 바쁜 신라군을 밀어붙였네

성곽에는 신라군의 시체가 쌓이고

백성들은 서로를 부둥켜안고 벌벌 떨고 있었네

이제 곧 성문이 부숴질 찰나였네

그때였네

신라의 구원군이 백제군의 등 뒤에서 휘몰아쳤네

"김유신 장군님이다. 이제 살았다. 만세, 만세."

구원군이 도착한 것을 본 신라군이

성문을 활짝 열고 반격을 시작했네

: 8

누가 적군이고 누가 아군인가.

오직 산 자와 죽은 자가 있을 뿐……

누구를 위한 몸부림인가

오직 죽느냐 사느냐가 있을 뿐……

살아 있는 자가 많은 편이 어느 쪽이냐가 있을 뿐……

백제군은 독 안에 든 쥐꼴이 되었네

앞과 뒤에서 휘몰아치는 신라군의 위세에

우왕좌왕 살길을 찾기 바빴네

그러나 살려고 하면 할수록 죽음은 더욱 가까워지는 법
전멸이었네
겨우 의직 혼자 말 한 마리에 의지하여 탈출했네

: 9

"내가 너무 급했구나.
내가 신라를 너무 쉽게 봤구나.
나 때문에 아까운 내 병사들이 목숨을 잃었으니
이 죄를 어떻게 갚으리.
병사들이여.
내 반드시 그대들의 한을 갚고
그대들의 뒤를 따르리니 너무 원망 마시게나."

의직은 쏟아지는 눈물을 흩뿌리며 등을 돌릴 수밖에 없었네.
그러나 신라는 여전히 바람 앞에 등불 같았네.

: 10

서기 648년(의자왕 8년) 3월,
의직은 다시 군사를 이끌고 신라로 쳐들어갔다.
"두 번 다시 같은 실수를 하지 않으리라.
대왕폐하의 은혜로 목숨을 구하고

또다시 원수를 갚을 기회를 얻었으니

어찌 함부로 행동을 하겠는가.”

: 11

백제군의 칼에는

지난번 전투에서 죽은 병사들의 한이 서려 있었다.

백제군의 눈빛에는 누구도 가까이 할 수 없는 위엄과

살의가 번뜩이고 있었다.

그들이 움직일 때마다 땅이 흔들리고

나무와 풀들이 파르르 떨었다.

새와 짐승들이 두려움에 떨었다.

병사들 한 사람 한 사람이

거대한 산봉우리 같았다.

산이 움직이는 것 같았다.

누가 감히 그 앞을 막을 수 있겠는가.

: 12

신라의 서부 변경에 있는 요차성부터 무너지기 시작했다.

이어 10여 개의 성이 차례대로 무릎을 꿇었다.

“의직 장군 만세, 만세.”

“드디어 내 병사들의 한을 조금이나마 씻었구나.

마침내 대왕폐하의 은총에 보답할 수 있게 되었구나.
신라의 김유신에게 당했던 치욕을 씻을 수 있게 되었구나.
다음번에는 반드시 김유신의 목을 베리라."

의자왕은 승전 소식을 듣고
신라 정복을 더욱 재촉하기로 마음먹었다.
당나라가 손을 쓰기 전에 일을 마무리지어야 했다.
"장군들은 앞으로 있을 전투에
만반의 준비를 하도록 하시오.
고구려가 당나라를 막아 주는 동안
서둘러 신라를 정벌해야겠소."

: 13
김유신은 진덕여왕에게 대야성의 원수를 갚아야 한다고 상소하
였다.
그러나 진덕여왕은 김유신의 출정을 막았다.
"작은 나라가 큰 나라를 침범했다가
오히려 위험하게 되면 어쩌려고 하는가?"
김유신은 울분을 삭일 수 없었으나
어명을 거스를 수는 없었다.
"저 백제에 대한 복수를 반드시 이루고 말리라."

신라가 이렇게 혼란스러움 속에서

점점 힘을 기르고 있을 무렵,

백제도 호시탐탐 신라를 노리고 있었다.

:14

서기 648년(의자왕 8년) 4월,

의자왕은 다시 신라로 군대를 보냈다.

그러나 어찌 알았으랴.

김유신이 심어 놓은 첩자가 백제 귀족들의 도움을 받아

활개치고 있었음을.

김유신이 백제군의 이동을 보고 받고

옥문곡에서 매복하고 있었다는 사실을.

:15

기세등등하게 출정하고 있던 백제군이

계곡 안에 들어서자

김유신은 일제히 공격 명령을 내렸다.

화살이 쏟아져 내리고

바위덩이가 굴러 내리고

불붙은 나무덩이가 떨어져 내렸다.

아무리 용맹스러운 군사들인들

어찌 피한단 말인가.

백제군은 힘 한 번 써 보지 못하고
거의 전멸했다.
김유신은 생포한 백제 장군들을 미끼로
대야성 성주였던 김품석의 유해와 교환하자고 제안했다.
백제는 선택의 여지가 없었다.
김품석의 유해를 내주고
포로로 잡혀 있던 장군들을 데려왔다.

:16
이때부터라도 백제는 신라를 경계했어야 했네
신라의 김유신을, 신라의 김춘추를 조심했어야 했네
왕실 내부에 쌓여 가는 불만을 다스려야 했네
전쟁을 치르느라 피폐해지는 백성들을 보살폈어야 했네

옛날의 힘만 믿고 대비를 소홀히 하는 동안
신라는 점점 힘을 길러 가고 있었네
안으로 내실을 이루고 밖으로 당나라와 힘을 합치니
그 누가 함부로 신라를 무시할 수 있겠는가

고립무원孤立無援에 빠지다

의자왕은 신라 정벌에 더욱 박차를 가한다. 신라 김춘추는 당태종의 병환을 이용하여 신라에 대한 지지를 이끌어 내는 데 성공한다. 의자왕은 당나라의 그늘에서 벗어나기 위해 독자 노선을 강화하고 신라 정벌에 더욱 박차를 가하고자 한다. 그러나 어머니 사택 왕후로 인해 뜻을 펴지 못한 상실감에 점차 향락에 빠져들기 시작한다.

: 1

이 무렵, 당나라도 고구려를 향해 군사를 일으켰다.

당태종은 설만철에게 군대 3만을 내주어 평양성을 공격하였다.

그러나 설만철은 지지부진하게 시간만 보내고 있었다.

당태종은 이어서 30만 병력을 동원하여

고구려를 완전히 정복한다는 계획을 세웠다.

그러는 와중에 당태종의 병세는 더욱 심해지고 있었다.

안시성에서 얻은 부상 때문이었다.

"날로 씹어 먹어도 시원찮을 고구려 놈들……"

당태종은 이를 갈았다.

허나 그뿐이었다.

: 2

서기 648년(의자왕 8년) 겨울,

김춘추는 자신의 아들 문주와 함께 당나라로 건너갔다.

어떻게든지 당나라의 도움을 이끌어 내야 했다.

그는 아들에게 당태종 곁에서 병수발을 들도록 시켰다.

당나라의 왕궁에서는 신라에 대한 동정심이 일고 있었다.

신라를 잘 이용하면 그동안 골칫거리였던

고구려와 백제를 다스릴 수도 있었다.

걸핏하면 당나라에 반발하고

제 잘난 맛에 사는 놈들이었다.

그러나 서기 649년(의자왕 9년) 4월,

당태종은 뜻을 이루지 못하고 죽음을 맞이했다.

"고구려에 대한 공격을 중지하라."

그가 남긴 유언이었다.

: 3

의자왕은 크게 웃었다.

"이제 누가 우리를 막을 것인가.

당나라는 이제 더 이상 군대를 동원하지 못할 것이오.

오로지 고구려와 우리가 있을 뿐,

신라는 그야말로 독 안의 쥐요,

고양이 앞의 생쥐 꼴이오.

이번에 반드시 신라를 굴복시켜

선대 대왕들의 한을 풀겠소."

신라는 더욱 궁지에 몰리고 있었다.

겨울이 가도 또 다시 겨울이 몰아치고

어둠이 밀려가도 또 다시 어둠이 몰려왔다.

: 4

서기 649년(의자왕 9년) 8월,

의자왕은 좌장 은상에게 정예 병사 7천 명을 주고

신라를 공격하게 하였다.

석토성을 비롯하여 7개의 성이 차례대로 무너졌다.

다급해진 신라는 김유신, 진춘, 천춘, 죽지 등의 장수를 앞세워

백제를 몰아쳤다.

김유신은 계책을 냈다.

"지금 힘으로 맞선다면 저들을 이길 수 없다.

군사들을 나누어 일부는 도살성 아래 매복해 있고

일부는 싸우다가 일부러 후퇴를 해서

백제군을 도살성 아래로 끌어들여라."

이번까지 밀리면 신라는 망한다.

그만큼 절실했다.

: 5

"전진하라. 전진하라. 전진하라.

이제 신라는 우리 것이다."

백제는 파죽지세로 신라를 몰아붙였다.

도살성 근처 숲속에 숨어 있는 신라군들은 숨을 죽였다.

백제군이 신라군을 쫓아 달려들고 있었다.

쫓기는 신라군을 그대로 보내고 나서

일제히 함성을 지르며 백제군을 공격하기 시작했다.

쫓기던 신라군도 뒤돌아서서 다시 백제군을 공격하기 시작했다.

기세등등하던 백제군은 기습에 놀라

우왕좌왕했다.

화살과 돌덩이와 나무덩이들이 쏟아졌다.

백제군은 거의 전멸하다시피 쫓기고 말았다.

더 이상 물러설 곳이 없던 신라는 가까스로 숨통을 틔웠다.

: 6

당고종이 즉위한 다음 해인 서기 650년(의자왕 10년),

신라는 백제와 고구려가 괴롭히고 있으니 도와 달라는 친서를 보냈다.

그리고 진덕여왕이 태평송을 직접 비단에 써서

당고종에게 바치게 하였다.

“위대한 당나라가 나라를 세우니

높고도 높은 황제의 운세가 찬란히 빛나는구나

천하를 평정하고 전쟁이 그치니 천하가 편안하고

앞선 왕들의 훌륭한 뜻을 이어받았네.

하늘의 뜻을 이어받아

황제의 뜻을 이어받아

만물을 다스리니

모든 것이 저마다 빛이 나네.

황제의 어진 마음은 해와 달 같이 세상을 비추고

그 마음으로 세상을 어루만지니 온 세상이 편안하네.

깃발은 나부끼며 빛이 나고

징과 북은 세상을 울리네.

이러므로 황제의 뜻을 어기는 자는

하늘의 재앙을 받으리라.

높은 산의 정기가 훌륭한 재상을 내려보내니

황제께서는 충성스럽고 어진 신하에게 나라 일을 맡기네.

옛 성군들의 덕이 하나로 모아졌으니

우리 당나라 황실 빛나고 빛나도다.”

: 7

당고종은 크게 기뻐하며 백제에 조서를 보냈다.

“신라에게서 빼앗은 땅과 포로를 돌려주지 않으면

당나라는 신라를 지원하고

고구려에게 백제를 돕지 못하게 할 것이다.

만약, 고구려가 당나라의 말을 듣지 않으면

거란과 모든 번방 국가들을 동원하여

고구려까지 공격하겠노라.”

: 8

의자왕은 깊은 고민에 빠졌다.

신하와 귀족들은 당나라의 뜻을 거부하면 안 된다며

거세게 반발했다.

“폐하, 당나라와의 관계를 회복하셔야 하옵니다.

거듭되는 전쟁으로 백성들의 원성이 자자하고

귀족들도 더 이상 자금을 댈 여력이 없사옵니다.”

“맞사옵니다. 폐하의 뜻은 옳사옵니다만

너무 급히 서두르시면 아니되옵니다.

요즘 주변 정세가 심상치 않사옵니다.”

의자왕과 신하들 사이에 서서히 분란이 일어나고 있었다.

전쟁 물자를 대느라 재산이 축나고 있는 귀족들은

노골적으로 반기를 들고 있었다.

: 9

서기 651년(의자왕 11년),

의자왕은 당고종에게 사신을 보냈다.

당나라와 오해를 풀고자 했으나

이미 당나라는 신라를 지지하고 있었다.

"다시 한 번 말하건대,

백제가 빼앗은 신라의 성들과

신라가 잡고 있는 백제의 포로들을 맞바꾸고

다시는 전쟁을 일으키지 말라.

이를 지키지 않을 경우에는

모든 병력을 동원하여 엄벌하겠노라."

: 10

그리고 의자왕에게 국서를 보냈다.

"해동의 세 나라가 건국된 지 오래되어서 모두 국경이 만들어지니

실로 개의 어금니처럼 들쑥날쑥 맞닿아 있는 모습을 이루었소.

그런데 근래에 틈이 생겨 서로 전쟁을 번갈아 일으키는 바람에

평안한 세월이 모두 사라져 버렸소.

짐은 하늘을 대신하여 만물을 다스리는 천자로서

이를 안타깝게 여기고 있소.

지난해에 고구려와 신라의 사신이 모두 왔기에

짐은 이제 원한을 풀고 서로 화친하도록 명령하였소.

이때 신라 사신 김법민이 내게 말하였소.”

:11

“고구려와 백제는 서로 협조하여 신라를 침범하고 있사옵니다.

이제 거의 모든 땅을 백제에 빼앗겨

신라의 영토가 남아 있지 않을 지경이옵니다.

백제에게 명령하시어,

빼앗긴 성을 되찾아 주시옵소서.

만약 황제폐하의 명을 듣지 않으면

즉시 군사를 일으켜 신라를 구해 주시옵소서.

신라는 옛 땅만 되찾으면 즉시 화친을 맺겠사옵니다.”

:12

“백제왕은 들으시오.

지금 즉시 빼앗은 성을 신라에게 돌려주시오.

신라에게 붙잡힌 백제 포로들도 돌려받도록 하시오.

만약 짐의 명령을 듣지 않으면

고구려에게 명하여 백제를 치도록 할 것이오.

다시 한 번 말하지만,

거란과 여러 번국들을 동원하여

고구려와 백제를 가만두지 않겠소.

짐의 말을 잘 생각하여 나중에 후회하는 일이 없도록 하시오."

: 13

국서를 읽고 난 뒤,

의자왕은 더 이상 당나라와 뜻을 같이할 수 없다고 생각했다.

"언젠가는 당나라의 그늘 아래서 벗어나야 하거늘,

다만 시간이 더 빨라진 것일 뿐,

이제 대백제의 깃발을 높이 내걸리라.

우리에게는 고구려가 있고 왜나라가 있다.

이들과 힘을 합친다면 얼마든지

당과 신라를 이겨낼 수 있으리라."

: 14

백제 왕궁에서는 신하들의 반발이 심해지고 있었다.

"당나라와 관계를 끝낸다는 것은 있을 수 없사옵니다.

허울 좋은 명분에 휩쓸려

현실을 부정한다면 백제에 결코 좋지 않을 것이옵니다."

"신라도 지금까지와는 다르옵니다.

김유신이라는 자가 신라군을 통솔하면서부터

그 옛날의 신라군과는 달라지고 있사옵니다.

이럴 때일수록 당나라를 우리 편으로 이끄는 것이 필요하옵니다."

"왜와 수교를 했다고는 하나

만약 우리 백제가 위기에 처했을 때에는

우리를 도와주기가 힘이 듭니다."

"고구려가 있다고 하오나

불과 얼마 전까지만 해도 우리와 원수지간이 아니었사옵니까.

언제 배신할지 모르는 나라를 믿고

당나라를 멀리한다는 것은 말이 안 되옵니다."

: 15

"듣기 싫소. 어느 누가 감히 백제를 넘본단 말이오.

신라 놈들처럼 간이고 쓸개고 모두 다 내놓고

똥개처럼 꼬리를 살살 흔들어 대란 말이오.

그렇게 자신이 없으면

모두 자리를 내놓으시오.

앞으로 두 번 다시 이런 말이 나오면 가만두지 않겠소."

"그렇사옵니다. 폐하.

지금 우리 백제는 지금까지 어느 때보다도 막강하옵니다.

신라를 무너뜨리는 것도 곧 이루어질 것이옵니다.

폐하. 소신들이 폐하를 모실 것이오니

저 겁쟁이 사대주의자들의 말에 놀아나지 마시옵소서.”

“우리 영토가 넓어지고

백성들의 사기도 높아지고 있는데,

이때가 태평성대가 아니고 무엇이겠사옵니까.”

“그렇소. 경들이 있어서 안심이오.

짐이 경들을 위해 주연을 베풀 것이니

경들은 그 동안 노고를 풀고

백제를 위해 다시 힘써 주시오.”

: 16

사택왕후가 의자왕을 불렀다.

“대왕께서 백제의 국력을 키우고

신라를 향한 원한을 갚기 위해 노력하는 것을 알고 있소.

그러나 당나라와 관계를 끊어서는 안 되오.

당나라와의 끈을 유지하지 않으면

우리 백제의 안위에도 큰 문제가 될 것이니

다시 생각하시오.

만약 그렇지 않으면 내가 가만히 있지 않을 것이니

그리 아시오.”

: 17

의자왕은 하늘을 보며 한탄했다.

“어마마마께서 내 날개를 꺾어 버리시는구나.

어마마마의 눈치를 봐야 하고

신하들은 나보다도 어마마마의 눈치만 보고 있으니

어찌 한 나라가 온전하게 돌아갈 수 있단 말인가.

짐의 능력이 이것밖에 없으니 어찌한단 말인가.

더군다나 왕비들까지 태자 자리를 놓고 암투를 벌이고 있으니

나라를 생각하기보다 사사로운 잇속만 챙기려고 하니

어찌 한단 말인가.

귀족들의 불만을 누그러뜨리기 위해

전쟁을 일으키고 백제의 땅을 넓히고

백성들을 다스리는 데 온 힘을 다해 왔거늘……”

의자왕은 술로 허무함을 달랬다.

: 18

서기 653년(의자왕 13년) 3월,

왕은 궁녀와 더불어 주색에 빠지고 술 마시기를 그치지 않았다.

“내가 왕인가.

내가 마음대로 할 수 있는 것은

여기 있는 궁녀들뿐이로구나.

내 마음을 알아 주는 사람이 너희들밖에 없구나. 하하하하”

:19

몇몇 신하들이 의자왕을 찾았다.

“폐하. 소신들을 죽여 주시옵소서.

소신들이 폐하를 제대로 모시지 못하여 이렇게 되었사옵니다.

하오나 이렇게 계시면 아니 되옵니다.

국사를 돌보시옵소서.

사택왕후마마의 측근들이 조정을 장악하고 있으니

참으로 백제의 앞날이 걱정되옵니다.

조만간 소신들이 모든 일을 제대로 돌려놓을 것이옵니다.

폐하의 곁에는 소신들이 있사옵니다.

옥체를 보존하시옵소서.”

:20

“고맙소. 모든 것이 공허하기만 했는데

그나마 경들이 있어서 위안이 되오.

짐이 비록 왕이라고는 하나

어마마마의 뜻이 저리 완고하니

참으로 힘이 드오.

그러나 경들이 있어서 힘이 나오."

: 21

의자왕의 하루하루가 위태롭게 지나가고 있었다.

사택왕후가 의자왕을 불러 일렀다.

"왕궁의 일은 태자에게 맡기고

왕께서는 나라 바깥의 일을 맡는 것이 어떻겠소.

태자도 나라를 다스리는 법을 배워야 할 것이니

왕은 당나라와 고구려, 그리고 왜와 신라의

일을 처리하오.

국내 백성들을 다스리는 일은 태자에게 맡기시오."

: 22

왕궁의 신하들이 사택왕후의 심복들로 채워지고

의자왕은 허무함을 다스릴 길이 없었다.

술로 지새우는 날들이 많아졌다.

"폐하. 시간은 우리 편이옵니다.

사택왕후마마가 계시다고 하오나 이미 많이 편찮으시옵니다.

곧 폐하의 뜻대로 하실 수 있는 날이 올 것이니

부디 큰 뜻을 저버리지 마시옵소서."

자신을 걱정하는 충신들의 말을 듣고
비로소 힘을 내는 의자왕이었다.

보름달이 구름에 가리워지다

사택왕후가 승하하자, 은고왕후가 반란을 일으켜 의자왕은 허수
아비 신세가 되고 만다. 그러는 와중에도 백제는 신라를 공격하여
승전보를 올린다. 다급해진 신라는 당나라에 구원을 요청한다.
백제 왕실에서는 은고왕후가 반란을 핑계 삼아 적대 세력을 몰아
내고 부여효를 태자 자리에 앉힌다. 은고왕후의 전횡으로 백제 왕
실은 위기에 빠지고, 몇몇 충신들은 직언을 하다가 쫓겨난다. 대
백제의 둑이 무너지는 징후가 속속 나타난다.

: 1

의자왕은 고구려와 손을 잡고 신라를 공격했다.
서기 655년(의자왕 15년) 1월의 일이었다.
신라의 23개 성이 순식간에 함락되었다.
신라는 절체절명의 위기에 처했다.
신라의 무열왕은 급히 당나라에 사신을 파견했다.

"황제폐하,

지금 고구려와 백제가 황제폐하의 뜻을 거스르고

또 다시 저희 신라를 침략하여

이제 신라가 망할 위기에 처했사옵니다.

부디 구원해 주시옵소서."

당나라에서는 서둘러 부대를 파견하여 고구려를 치기로 했다.

당나라가 군대를 준비하고 있다는 소식이 전해지자

고구려도 만반의 준비를 하기 시작했다.

: 2

서기 655년(의자왕 15년) 2월,

당나라는 정명진과 소정방을 보내 고구려를 쳤다.

그러나 고구려는 당당하게 버텨 냈다.

5월까지 지속적으로 공격했으나

고구려는 끄떡도 하지 않았다.

정명진과 소정방은 패잔병을 이끌고 회군할 수밖에 없었다.

고구려와 백제의 기세는 더 높아졌다.

: 3

어느 날,

무왕의 승하 후 급격히 쇠약해진 사택왕후가

아들과 손자들을 불러 모았다.

"내 몸이 날로 쇠약해져 가니

이제 대왕을 쫓아가야 할 것만 같구나.

너희들은 의자를 잘 보필하여

태평성대가 이어지게 하거라."

얼마 후 사택왕후 역시 승하하니

왕궁이 다시 혼란스러워졌다.

: 4

은고왕후가 드디어 속셈을 드러냈다.

"자, 이제 모든 준비가 끝났소.

거사를 일으킵시다.

우선, 부여융을 돕고 있는 세력들을 몰아내야 하오.

지금 조정을 장악하고 농간을 펴는 사택왕후의 세력들을 잘 살펴

시오."

: 5

은고왕후는 이미 의자왕의 의붓동생인

부여새상을 왜로 내쫓았었다.

부여새상은 왜로 쫓겨 가면서

대좌평 기미를 불러 당부했다.

"은고왕후는 겉과 속이 다른 위인이요.

왕위에 뜻이 없다면서 자기 자식인 부여효를 태자로 만들려고 하

고 있소.

어머니 사택왕후의 뜻을 무시하고 말이오.

그런데도 의자왕은 은고왕후의 음모를 애써 무시하고 있소.

의자왕 형님도 문제가 있소.

근초고대왕 시절의 부귀영화를 일으키겠다면서

쓸데없이 전쟁을 일으켜

당나라를 자극하고

신라와도 끊임없이 전쟁을 계획하고 있으니

이대로는 백제가 위태로워지오.

또한 왕권을 강화하기 위해 귀족들의 의견을 무시하고

전쟁에 힘들어 하는 백성들의 고통을 돌보지 않으니

어찌 가만히 보고 있을 수 있겠소.

지금 당나라가 얼마나 강대하오.

잘못하다가 당나라의 눈 밖에라도 나는 날에는

백제의 앞날도 장담하지 못하오.

잘못하면 부여융 태자의 안위도 위태로워지오.

은고왕후와 그 뒷 세력들을 몰아내야 하오."

: 6

은고왕후를 지지하는 세력들과

부여융을 지지하는 세력들 간의 대충돌이 다가오고 있었다.

은고왕후는 의자왕을 위로한다는 명목으로 연회를 베풀었다.

조정 대신들도 연회에 참석하여 한창 분위기가 무르익고 있을 때

였다.

은고왕후가 이끄는 군사들이 연회 장소를 포위했다.

“폐하, 지금 부여새상이 역모를 꾀했다는 첩보가 있사옵니다.”

의자왕과 신하들은 몸이 굳어졌다.

부여새상이라면 부여융을 태자의 자리에 올린 사람이 아니던가.

그런 사람이 왜 역모를 꾀한단 말인가.

더군다나 지금 왜에 쫓겨 가 있는 사람이 아닌가.

의자왕은 철저히 조사한 연후에 조치를 내리겠다고 언급한 후

서둘러 왕궁으로 들어갔다.

: 7

“왕후, 이 어찌 된 일이오.”

“부여새상이 대왕의 뜻을 거스르는 일이 많았사옵니다.

만약 부여새상과 그를 따르는 조정 대신들을 정리하지 못하면

대왕께서는 대백제를 건설하고

우리 백제를 귀찮게 하는 신라를 억누를 수 없을 것이옵니다.

제 뜻을 따르시겠습니까.

아니면 저는 여기서 자결하겠사옵니다.”

이미 성 안에는 은고왕후의 군사들이 모든 곳을 장악하고 있었다.

의자왕은 은고왕후의 뜻을 따를 수밖에 없었다.

“좋소. 부여효를 태자로 책봉하겠소.

대신 이번 일의 주모자라고 하는 이는

사사로이는 내 동생이고

그 아들인 교기는 내가 아끼는 조카요.

그들이 나에게 역심을 품지 않았다는 것은 왕후도 잘 알 것이오.

“하오나 주모자 한 사람의 희생은 불가피하옵니다.

교기의 아비를 참수하소서.

그래야 왕명이 설 것이옵니다.”

: 8

“이렇게 내가 무력할 수가 있는가.

대백제의 왕인 내가,

당나라와 신라를 좌지우지하는 내가

천하를 호령하던 내가

한갓 여자에게 휘둘리다니

어찌 이럴 수가 있는가."

의자왕은 모욕감과 치욕감에 치를 떨었다.

그러나 이미 일이 이렇게 진행되었으니 어찌한단 말인가.

: 9

"너는 내 아우가 아니더냐.

내가 너를 아끼고 믿었거늘

어찌 형의 목에 칼을 겨눌 수가 있더냐?

너를 용서할 수 없다.

너를 참수하여 앞으로 본을 삼을 것이다.

나를 원망하지 마라."

"형님, 내가 역모를 꾸미지 않았다는 것은

형님이 이미 아시는 일 아니오.

다만 형님을 보필하고

백제를 위해 옳은 의견을 낸 것일 뿐이오.

이제 은고왕후의 계략에 휘말려 이렇게 죽게 됐으니

저승에 가서 선대왕폐하를 어찌 보겠소.

나는 백제를 배신할 수 없었던 것이오.

지금 계속 전쟁을 일으켜 백성들을 도탄에 빠지게 만들고

비록 작은 전투에서 승리를 거둬 당장은 달콤할지 모르나

당나라와 대적해서는 안 되오.

내 목을 거두시고 굽어살피시오."

: 10

의자왕은 눈물을 흘리며 아우를 참수형으로 다스렸다.

"아, 왕이라는 자리가 이렇게 무력하기만 하구나.

피붙이마저 정쟁의 제물이 되고 마니,

이 왕좌라는 것이 무엇인가.

아바마마, 어마마마, 소자를 용서해 주시옵소서."

: 11

"내, 너희들을 모두 참수하고 싶으나

목숨만은 살려줄 터이니 죄를 뉘우치며 살거라."

은고왕후는 반란과 조금이라도 연관이 된 자들은

모두 왜나라로 쫓아냈다.

조카인 교기와 내좌평 기미를 비롯한 40여 명의 귀족들이

왜로 쫓겨 갔다.

: 12

"이제 왕후의 뜻을 이루었으니 만족하셨소.

어찌되었든 왕후의 의지대로

눈엣가시 같은 귀족 세력들까지 한꺼번에 정리할 수 있었으니

이제 만족하셨소."

의자왕은 마음의 괴로움을 달랠 길이 없었다.

"내 마음을 알아줄 이가 어디 있는가

수신제가치국평천하修身齊家治國平天下라고 했거늘

수신제가를 하지 못했으니

어찌 치국평천하를 할 수 있겠는가."

술로 지새우는 날이 점점 많아지고 있었다.

: 13

서기 655년(의자왕 15년) 2월,

은고왕후는 신하들에게 명하였다.

"우리 부여효 왕자가 태자 자리에 올랐는데

태자궁이 저리 낡아서야

어찌 대백제 태자의 위신이 설 수 있겠소.

더군다나 우리는 신라의 여러 성을 함락시키고

우리 땅을 더 넓히기도 했소.

태자궁을 더욱 화려하게 재건하여

대백제의 위세를 만방에 떨치도록 하시오."

은고왕후의 총애를 받는 신하들은

은고왕후와 부여효 태자를 칭송하기에 여념이 없었다.

:14

"우리 백성들은 풀뿌리를 캐 먹으며

하루하루를 연명하는데

저게 무슨 짓인가."

백성들의 원성이 자자해지기 시작했다.

조정의 신하들은 의자왕보다는 은고왕후의 눈치를 보고 있었다.

:15

성충은 하늘을 보며 한숨을 쉬었다.

"아, 어쩌면 좋단 말인가.

대왕폐하가 명분에 빠져 쓸데없는 오기를 부리니

당나라를 무시하고 쓸데없는 오기를 부리니

앞으로 백제가 걱정이로구나.

더군다나 왕후에게 아부하는 무리들이

왕의 시야를 가리고 있으니,

참으로 걱정이로다."

의직이 맞장구를 쳤다.

"그렇사옵니다. 지금 백제가 천하를 호령할 수 있는 것은

가족과 목숨을 버리고 전장터를 누비는 장수와 병사들 덕택임을

벌써 잊어버렸단 말입니까.

왕궁에서는 그것이 마치 자신들이 이룬 것인 양

거드름 피우며 왕에게 아첨하는 자들뿐이니

이 일을 어찌하면 좋사옵니까.”

:16

거대한 둑에 조그만 틈이 벌어지고 있었다.

“폐하께서 그동안 후비들을 둔 이유는

그들의 뒤에 있는 귀족 세력들을 우군으로 끌어들이기 위한 것이

었네.

혼사를 통해 군사를 동원하는 데 도움을 받아온 것이지.

허나 이제는 그들이 폐하의 목을 죄어 오고 있으니

이를 어찌하면 좋은가.

더군다나 폐하의 판단력도 흐려지고 계신 듯하네.

신하들도 자신들의 이익을 위해

후비들의 뒤에 줄을 서기 시작하니

장차 이 일을 어찌할 것인가.”

성충은 먹먹해 오는 가슴을 달랠 길이 없었다.

:17

서기 655년(의자왕 15년) 8월,

의자왕은 고구려와 말갈의 지원을 받아 신라를 공격하였다.

신라의 여러 성이 손쉽게 무너졌다.

의자왕은 신하들과 함께 승전 축하연을 열었다.

"태자야, 보았느냐.

전쟁은 이렇게 하는 것이다.

경들도 들으시오.

이게 우리 백제의 힘이오.

조만간 우리는 신라를 정복하고

대백제의 위세를 떨칠 것이오.

마음껏 즐기시오.

무희들을 부르시오.

태자궁 증축도 서둘러 마무리하시오.

하하하하"

백제의 왕궁에는 매일 잔치가 열렸다.

"우리 백제를 누가 거역할 수 있으리."

"대왕폐하, 만세. 만세. 만세."

:18

성충이 의자왕을 마주했다.

"폐하. 옛일을 잊으셨사옵니까?

그 옛날, 개로대왕께서 연못을 파고 방장산 만들어 신선놀음을 하고

태자궁까지 크게 짓고 자만하다가

고구려 장수왕에게 불태워지고 죽임 당하신 일을 잊으셨사옵니까?

그 일 때문에 왕궁까지 웅진으로 천도할 수밖에 없었음을

잊으셨사옵니까?”

은고왕후가 나섰다.

“네 이놈. 어느 안전이라고 그리 더러운 말을 내뱉는단 말인가.

폐하, 저런 극악무도한 놈을 하옥하여 벌하오소서.”

성충은 감옥에 갇히는 신세가 되었으나

나라 걱정에 물과 음식을 입에 대지 않았다.

“소신 성충. 죽기 전에 폐하께 올리옵니다.

소신이 보건대, 반드시 당나라와 신라가 전쟁을 일으킬 것이옵니다.

적을 막기 위해서는 육로로는 탄현과 심현을 막고

수로로는 기벌포를 방비해야 하옵니다.

반드시 헤아리소서.”

그러나 의자왕은 귀에 담지 않았다.

성충은 기력을 잃고 쓰러져서는

다시는 일어나지 못했다.

:19

백제의 좌평 임자는 신라의 장수 조미곤을 포로로 잡아

종으로 부리고 있었다.

임자는 평소에 백제에 불만을 품고 있었다.

조미곤이 신라에서 김유신을 만나고 와서

임자에게 밀서를 내밀었다.

김유신이 보낸 것이었다.

"지금 세상이 위태로운 지경이니

만일 신라가 망하면 내가 그대에게 의탁하고

백제가 망하면 그대가 나에게 의탁하면 어떻겠소."

임자는 그 제의를 수락하고

김유신과 친밀하게 지냈다.

거대한 둑에 구멍이 뚫리고 있었다.

백제여, 아, 백제여

드디어 당나라와 신라 연합군이 백제를 공격한다. 미처 대비하지
못한 백제는 진퇴양난에 빠진다. 당나라 장수에게 신하들을 보내
그동안의 잘못을 사죄하고 군대를 물릴 것을 사정하지만 거절당
한다. 황산벌에서 계백이 전사하고 의자왕은 태자 부여효와 함께
피난을 간다. 그러나 부하 장군이 배신하는 바람에, 결국 의자왕

: 1

서기 658년(의자왕 18년),

당나라는 정명진과 설인귀를 보내 다시 고구려를 친다.

그러나 실상은

고구려의 방비 태세를 점검하기 위한 싸움이었다.

성동격서 聲東擊西,

백제는 당나라가 백제를 치기 위해 준비하고 있다는 것을 몰랐다.

당나라와 고구려가 전쟁 중이니

백제는 맘 편히 신라만 상대하면 된다고 생각했다.

고구려는 당나라를 물리치고 기세를 올렸다.

고구려에 패한 당나라가 아닌가.

의자왕은 당나라를 걱정하는 신하들을 무시했다.

귀족들에게만 태평성대였다.

왕궁에는 늘 잔치가 벌어졌다.

의자왕을 대신하여

은고왕후가 모든 것을 쥐락펴락하고 있었다.

: 2

서기 659년(의자왕 19년),

당나라는 다시 한 번 고구려를 침입했다.

고구려의 방비 태세를 점검하면서

착실히 전쟁 준비를 하고 있었다.

: 3

의자왕은 점점 피폐해져 가고 있었다.

신라와의 전투에만 몰입하고 있었다.

세상에 홀로 남겨진 듯한 외로움을

술로 달래고 있었다.

은고왕후가 모든 것을 좌지우지하고 있었다.

좌평 임자는 은고왕후에게 금화라는 무녀를 소개했다.

"왕후마마, 사당에 새로운 무녀를 들였사옵니다.

미래를 내다보는 눈이 뛰어나서

제사장도 놀라워할 정도라고 하옵니다."

: 4

은고왕후는 중대한 결정을 해야 할 때마다

금화의 점술에 의지했다.

하지만 금화가 김유신이 보낸 무녀라는 것을 누가 알았을까.

은고왕후는 금화가 추천한 여자들을 여러 명 궁중으로 들였다.

의자왕을 보필하여 부여효 태자를 왕좌에 앉히는 데

이용하기 위한 것이었다.

은고왕후는 상좌평을 불러들였다.

"앞으로 금화의 도움을 받으시오.

앞을 내다보는 예지력이 뛰어나니 반드시 도움이 될 것이오."

금화의 점술이 상좌평을 대신할 정도였다.

어디서 들어온 여우 한 마리가 상좌평 자리에 앉았다며

수군거리는 소리가 여기저기서 들려왔다.

: 5

왕궁은 점점 혼란스러워졌다.

"폐하, 한 귀신이 궁으로 들어와 '백제가 망한다, 백제가 망한다'

하고 땅속으로 들어갔사옵니다."

"그 땅을 파 보라."

땅을 파 보니 거북이가 나왔다.

등에 '백제는 둥근 달과 같고 신라는 초승달과 같다'라는 글이 쓰

여져 있었다.

"제사장을 부르라."

제사장이 말했다.

"백제는 보름달이니 앞으로 이그러질 징조이고,

신라는 초승달 형상이니 앞으로 크게 일어날 징조입니다."

왕이 대노하여 그 자리에서 제사장을 죽여 백강에 버리게 하였다.

이어서 제사장의 수족들을 모조리 척살하였다.

백강에 18척이나 되는 제사장의 시신이 떠오르고

제사장 수족들의 시체를 우물 속에 집어넣고 메웠다.

우물빛이 핏빛으로 물들었다.

: 6

당나라에서는 전쟁 준비가 한창이었다.

마침 왜에서 사절단을 보냈는데

왜로 돌려보내지 않았다.

"우리가 고구려와 백제를 칠 준비를 하고 있다는 것을

그대들이 보고 들었으니

그대로 보낼 수는 없소.

전쟁이 끝난 뒤에 그대들을 보내 줄 것이오."

은밀하게 이루어지는 전쟁 준비를

고구려도 백제도 눈치 채지 못했다.

백제의 눈을 속이기 위해

고구려를 치려 한다는 소문을 은밀하게 흘렸다.

백제는 당나라가 자신들을 칠 것이라는 사실을 꿈에도 몰랐다.

: 7

서기 659년(의자왕 19년) 4월,

백제가 다시 신라를 공격했다.

기세등등한 백제 군대가 신라의 성들을 무너뜨렸다.

신라의 왕은 당고종에게 구원병을 요청했다.

"드디어 때가 왔도다.

신라의 구원병 요청을 받아들여

소정방에게 13만 군대를 내줄 것이니

이를 이끌고 나가

그동안 골칫거리였던 백제와 고구려를 정복하고 오도록 하라."

전쟁 준비가 막바지에 들어갔다.

폭풍 전야였다.

태풍의 눈이었다.

잠깐 동안의 고요가 이어졌다.

: 8

서기 660년(의자왕 20년) 5월 26일,

신라군은 금성에서 군대를 움직였다.

고구려를 치러 가는 것처럼 백제를 속이기 위해 북쪽으로 움직

였다.

6월 18일,

이천 지역에서 신라군이 집결했다.

백제는 아무것도 모르고 있었다.

고구려를 치러 가고 있다는 소식만 전해올 뿐이었다.

6월 21일, 신라태자 김법민은 신라군 일부를 이끌고

덕적도에 도착한 당나라 13만 대군을 맞이했다.

소정방과 김법민은

7월 10일에 백제 사비성에서 양국 군대가 만나는 것으로 약속

했다.

이때 김유신은 5만 군대를 이끌고 이천에서 소백산맥을 넘었다.

상주 지역을 거쳐 논산에 있는 황산벌로 진격해 들어갔다.

7월 9일, 드디어 전쟁의 도화선이 불을 뿜었다.

: 9

백제는 신료를 모아 대책을 논의했다.

그러나 우왕좌왕할 뿐 뚜렷한 대책을 세우지 못했다.

시간만 허비하고 있었다.

좌평 의직은 당나라를 우선 쳐부숴야 한다고 주장했다.

달솔 상영은 신라와 먼저 싸울 것을 주장했다.

의자왕은 귀양 가 있던 좌평 홍수에게 의견을 물었다.

"백강과 탄현 등의 요충지를 집중 방어해야 하옵니다."

좌평 홍수의 대답은 그 옛날 성충의 생각과 같은 것이었다.

그러나 좌평 임자는 반대였다.

"좌평 홍수는 지금 죄인의 몸이옵니다.

우리 백제에게 감정이 좋을 리가 없사옵니다.

그런 사람의 말을 들어 어찌하려고 이러십니까.

당나라 군사를 백강 안으로 끌어들여

일시에 공격하여 무너뜨리는 것이 좋사옵니다."

: 10

의자왕은 결단을 내릴 수가 없었다.

시간만 흘러가고 있었다.

당나라군은 백강으로 밀려들고

신라군은 탄현을 거쳐 사비성으로 밀려오고 있었다.

의자왕은 급히, 의직에게 2만 명을 주어

당나라군을 막게 했다.

계백에게는 5천을 주어 신라군을 막게 했다.

백제군은 기벌포에서 대패했다.

당나라 군대를 막기에는 역부족이었다.

"성충의 말을 듣지 않아

백제가 이렇게 위태로워졌구나.

이를 어쩔꼬, 이를 어쩔꼬."

도성 근방 30리쯤 진격해 왔을 때,

백제는 다시 한 번 막아 보려 했으나

1만여 명의 사상자를 냈을 뿐이었다.

의자왕은 상좌평과 좌평을 보내

음식을 바치며 그동안의 잘못을 사죄하고

회군해 줄 것을 간청하였다.

"이미 늦었소.

우리 황제폐하의 명을 거역할 때는

이만한 일을 이미 각오한 것이 아니었겠소."

소정방은 눈도 깜짝하지 않았다.

:11

계백은 산직리 산성, 모촌리 산성, 황령 산성 3곳에 진영을 두고

신라군을 기다렸다.

좌평 충상, 달솔 상영이 계백과 함께했다.

"그대들은 들으라.

월나라 왕 구천은 5천 군사로 오나라 70만 군사를 쳐부쉈느니

그대들 하나하나가 일 대 백, 아니 일 대 천의 정신으로 맞서면

어느 누가 감히 우리를 넘볼 수 있으리오.

이제 나라가 위태로운 지경에 놓였으니

우리가 무너지면

우리 가족, 우리 백성들이 어떤 치욕을 당할 것인지

잘 알지 않는가.

옛말에 '나라가 망하면 함께 죽는다'고 했으니

죽었다고 생각하고

우리의 육신과 영혼을 모두 이 황산벌에 묻도록 하자."

: 12

드디어 신라군이 나타났다.

신라장수 김흠춘이 아들 반굴을 내보냈다.

그러나 반굴은 얼마 싸우지 못하고 전사했다.

이어서 장수 김품일이 아들 관창을 보냈다.

계백은 관창을 사로잡아 신라 군영으로 돌려보냈다.

"얼마나 장수가 없었으면,

이따위 어린아이를 내보낸단 말인가."

백제군의 기세는 대단했다.

물 한 모금 마신 뒤, 다시 관창이 백제 진영으로 쳐들어왔다.

계백은 크게 노하여

관창의 목을 베어 신라 진영으로 보냈다.

관창의 목을 본 신라군은 분노로 들끓었다.
"저렇게 어린 관창도 나라를 위해 목숨을 바쳤는데
우리가 못할 것이 뭔가.
저 어린아이의 복수를 하자."

: 13
칼에는 영혼이 스며 있다고 했던가
창에는 영혼이 스며 있다고 했던가
화살에는 영혼이 스며 있다고 했던가
영혼과 영혼이 부딪치고
영혼이 날아다녔다
5만 명의 신라 군사를 어찌 당할 수 있겠는가

계백은 눈을 감지 못한 채 죽었다.
좌평 충상, 달솔 상영은 포로로 잡혔다.
백제 군사 오 천 중 4820명이 전사하고
신라군 오 만 중 10,100명이 전사했다.
핏물이 땅속으로 스며들고
이름 모를 풀들도 핏물로 물들었다.

: 14

의자왕은 전 병력을 웅진 어귀에 집결하여 당나라 군과 대치했다.

그러나 방법이 없었다.

유비무환이라

아무런 준비도 없이 기세만 울리던 백제 왕궁은

혼비백산했다.

점점 옥죄어 오는 당나라 수군과 육군의 기세를 당할 수 없었다.

고구려와 왜나라에 도움을 요청하러 보내려 해도 이미 늦었다.

"아 이렇게 허무하게 무너지다니

대백제 700년 역사가 하루아침에 무너지는구나."

: 15

서기 660년(의자왕 20년) 7월 13일,

의자왕은 태자 효를 데리고 웅진성으로 옮겼다.

왕궁이 무너지더라도 왕통은 이어야 하니

왕조가 망하는 것을 막을 수는 있지 않겠는가

"성충의 말을 듣지 않아 이렇게 되었구나."

왕과 태자가 후일을 기약하며 웅진성으로 옮기자

왕자 부여태가 왕이라고 참칭했다.

당나라가 백제를 누르고 물러날 때에

백제의 왕으로 인정받으려는 속셈 때문이었다.

부여태는 자신의 심복이었던

웅진 성주 예식진 장군에게도 이 소식을 전했다.

전쟁 중에도 역모가 일어난 것이었다.

태자 효의 아들 문사가 숙부 부여융에게 말했다.

"대왕께서 아버지와 함께 나가 버렸고

태 숙부는 스스로 욕망을 드러내어

자기 마음대로 왕 노릇을 하고 있으니

만일 당나라 군사가 포위를 풀고 가 버리면

우리들은 모두 역모죄에 걸려들어 안전할 수 없사옵니다.

소자는 성을 빠져 나가겠사옵니다."

문사는 밧줄을 타고 성문을 빠져 나갔다.

이 소문이 금방 퍼져 많은 백성들이 성을 빠져 나가 버렸다.

소정방이 그 틈을 이용하여 성에 군사를 들여보냈다.

부여태는 할 수 없이 성문을 열고 항복하고 말았다.

:16

웅진성.

예식진 장군은 의자왕을 찾아가 설득을 했다.

"폐하. 이미 백제는 힘을 잃었사옵니다.

이제 항복하여 당나라를 섬기면

백제 왕조를 인정받을 것이오나

끝까지 저항하면 오로지 죽음이 있을 뿐이옵니다.

만약 대왕폐하께서 항복하지 않으시면

소장이 대왕폐하를 모시고 나갈 것이옵니다."

"네놈이 감히 짐을 능멸하려는 것이냐.

한 나라의 신하로서 어찌 왕을 배신할 수 있단 말이더냐.

괘씸하구나.

내가 이런 장수를 믿고 있었다니……"

의자왕은 피눈물을 흘리며 가슴을 쥐어뜯었다.

부여효 태자가 반항하려고 하였으나

예식진 장군과 그 부하들의 칼날 앞에서 꼼짝할 수 없었다.

：17

7월 18일,

의자왕은 성문을 열고 나와 항복했다.

백성들의 안위와

백제 왕궁의 안전을 보장하겠다는

당나라의 약속을 믿을 수밖에 없었다.

백제 공격 9일 만에 백제를 함락시킨 소정방은 의기양양하였다.

:18

8월 2일,

의자왕과 부여융은

신라 무열왕과 당나라의 소정방에게 술잔을 올렸다.

김법민은 부여융에게 침을 뱉으며

대야성에서 죽은 누이의 원수를 갚으려 했다.

부여융은 소정방의 만류로 겨우 목숨을 지킬 수 있었다.

:19

9월 3일,

소정방은 의자왕과 태자 효, 왕자 태와 융, 연

대좌평 사택천복, 국변성 등의 대신과 장병 88명,

그리고 백성 1만 2천 8백 7명을 호송하여

당의 도읍 낙양으로 데려갔다.

당고종은 낙양의 측천문루에서 그들을 받아들인 뒤

11월 1일에 대좌평 사택천복과 국변성 이하 50여 명을

은칙을 내려 모두 풀어 주었다.

: 20

의자왕은 고국으로 돌아와 왕통을 이으려고 했다.

그러나 이미 늙고 병든 몸이었다.

왕자와 태자들을 불러 모았다.

"짐이 잘못하여 나라를 망하게 하였으니

저승에서 어찌 조상들을 뵐 면목이 있겠느냐.

내가 죽더라도

너희들이 내 꿈을 이뤄 주었으면 한다.

그러면 내 한이 풀리리라.

결국, 저 간사한 신라의 농간에 넘어 갔으니

충성스런 신하들을 멀리하고

내 눈과 귀를 즐겁게 해주는

간신들의 말만 믿어서 이렇게 되었구나.

반드시 백제의 왕통을 이어 주길 바란다.

마침 고국에서 충성스런 장수들이

신라를 몰아내기 위해 항쟁을 하고 있다 하니

백제가 부흥할 날이 멀지 않으리라."

: 21

의자왕은 한스러운 일생을 마쳤다.

손권의 손자인 손호의 무덤 옆에 잠들었다.

고국을 떠나
죽어서도 고향으로 돌아오지 못하였다.
부여융은 당나라의 도움을 받아
무너진 백제를 다시 일으켜 세울 계책을 꾸미고 있었다.

의자왕을 위한 묘비명

여기 한 사내 잠들다.

물을 거슬러 오르는 연어들처럼

시대를 거역하려 했던 사람이 여기 있으니

뜻은 컸으나

세상이 그를 버렸고

그 아픔을 이기지 못해 스스로 자신을 버렸네

어려서 어머니를 잃고

의붓어머니를 친어머니처럼 모셨거늘

일평생 어머니의 그늘에서 벗어나지 못했네

자신의 용맹스러움을 드러내기 위해

싸움터에서는 죽음을 두려워하지 않았네

어린 시절 채우지 못한 어머니 사랑을
뭇 여인의 품에서 찾았네
채워도 채워도 채워지지 않는 어머니의 냄새여!

여기 한 사내 잠들다
흐르는 물을 무엇으로 막을 수 있는가
평생 어머니에 대한 그리움으로 몸부림치다
점점 비어 가는 가슴 속 허무를 이기지 못하고
세상을 떠돌던
비운의 왕
여기 잠들다
자신과 가족을 다스리지 못하여
격렬하게 비상하여 하늘을 날지 못하고
깃털이 빠지고 발톱까지 빠져 버린
늙은 독수리
여기 잠들다

대백제 부흥의 꿈과
끝나지 않은 전쟁

흑치상지

백제 멸망의 혼란 속에서
길을 잃은
비운의 장수 이야기

등장인물

- **흑치상지** | 백제 멸망 후 부흥운동의 지도자. 부흥운동 내부 분란에 휩쓸리다가 부여융을 쫓아 당나라에 투항한 뒤, 당나라에 의지하여 백제 재건을 꿈꾸었으나 좌절한 비운의 장수.

- **복신** | 무왕의 조카. 의자왕의 사촌으로 백제 멸망 후에 부흥운동을 이끈 지도자.

- **지수신** | 흑치상지와 함께 백제부흥운동을 주도하였으며 끝까지 당나라에 대항한 인물.

- **도침** | 부흥군의 장수. 승려.

- **부여융** | 백제 멸망 후, 백제부흥운동 세력들을 제압하고 당나라에 의존하여 백제재건을 꿈꾸다가 좌절한 비운의 왕자.

- **부여풍** | 백제의 왕자. 일본에 있다가 부흥군의 요청으로 귀국하여 백제부흥운동 세력의 왕이 된 인물.

- **사타상여** | 흑치상지의 부장. 당나라까지 쫓아가서 흑치상지와 생사고락을 한 인물.

- **좌평 정무** | 백제부흥운동을 위해 두시원악에 주둔하면서 용맹을 떨친 인물.

- **예식진 장군** | 웅진성주. 반역을 일으키고 의자왕을 겁박하여 당나라에 항복시킨 인물.

- **김법민** | 신라의 태자. 아버지 김춘추(태종무열왕)를 도와 신라가 삼국통일을 이루는 데 크게 기여한 인물.

- **주흥** | 흑치상지를 제거하는 계략을 꾸미는 인물.

- **천지천황** | 일본을 개국한 왜나라 왕. 백제 유민을 받아들여 천도를 한 뒤 일본을 개국한 인물.

- **발지설** | 토번의 추장.

- **사네노 무라치, 에치노 다쿠쓰** | 왜에서 부흥군을 돕기 위해 파병한 장수.

- **서경업** | 측천무후에 반항하여 난을 일으킨 당나라 장수.

- **소정방** | 백제를 정벌하기 위해 파견된 당나라 장수.

- **순장군** | 당나라 장수. 흑치상지의 사위.

- **유심례** | 당나라 장수.

- **유인궤** | 백제부흥군에게 사비도성이 함락 위기에 몰리자 구원군으로 파병된 당나라 장수.

- **측천무후** | 당나라 고종의 왕비.

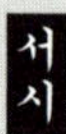

여기 두 갈래의 길이 있으니
하나는 영광의 길이요, 하나는 치욕의 길이라
한 개의 성姓을 가진 이를 섬기는 사람은 치욕의 길로 갈 것이오
백 개의 성姓을 가진 이를 섬기는 사람은 영광의 길로 갈 것이다.

두 마리 용이 여의주를 두고 싸우는구나
이미 여의주는 빛을 잃고 생명력을 잃었는데
어느 용이 가져간들 무슨 소용이 있으랴
미천한 개구리도 우물을 벗어나 시냇물로 나가는 것을 두려워
않으니
새로운 세상을 얻기 위해서는 이미 낡아 버린 하늘을 깨뜨려야
하네

삶은 곧 꿈이며

꿈은 단지 꿈으로 끝나니

용이 되지 못한 이무기가 피눈물을 흘리고

세상을 품으려 했으나 품지 못한 거북이의 모가지가

천근 같은 갑골 속에서 나오지 못하는구나

흑치상지, 죽음의 신과 마주서다

흑치상지가 죽음을 마주하고 있다. 그는 부여융을 떠올리며 백제 부흥을 이루어 내지 못한 한과 동지들을 배신할 수밖에 없었던 삶에 대한 죄책감을 되새긴다. 그런 뒤 모든 마음을 비우고 지난 일들을 떠올린다.

:1

서기 689년 10월 9일,

당나라 왕궁의 감옥,

죽음의 신이 검은 망토를 휘날리며

흑치상지를 휘감고 있었다.

메마른 낙엽들이 음험하게 바스락거렸다.

세상이 모두 숨을 죽인 순간,

그의 영혼 속으로 죽음의 신이 스며들기 시작했다.

죽음의 신이 베푸는 마지막 은총은
평생의 삶을 되돌아 볼 수 있는 시간을 허락하는 것.
흑치상지는,
부여융과 함께 주고받았던
소무목양蘇武牧羊의 고사를 떠올리며 눈물을 흘렸다.

:2
소무는 흉노의 땅에 갇혔으면서도
절개를 버리지 않았네.
흉노족의 추장인 선우單于가
돈으로 달래고, 천하 미인으로 유혹을 해도,
채찍과 칼로 목숨을 들었다 놓았다 협박을 해도,
지조를 버리지 않았네.
삶과 죽음은 어차피 우리 인간의 손을 떠나 있는 것.
그는 목마르면 눈을 녹여 마시고
배고프면 담요의 털을 씹어 먹으며
고향을 생각했네.
한漢나라를 떠올렸네.
갈라진 입술에서 피가 흐르고
갈비뼈가 앙상해도
마음만은 행복했네.

그를 굴복시키지 못한 선우가

숫양이 새끼를 낳으면 한漢나라로 보내 준다면서

숫양과 함께 북방으로 쫓아 버렸네.

: 3

이제 죽으면 부여융 전하를 뵐 수 있을까

온갖 고통 속에서도 한나라에 대한 충절을 지켰던 소무……

어찌 나와 이렇게 다른 삶을 살았단 말인가.

나라를 위한다는 명분으로

동지들을 배신할 수밖에 없었으나

지금도 모르겠네.

어느 것이 옳고 어느 것이 그른 삶이었는가.

다만 그들이 그리울 뿐,

차라리 그들의 칼에 목숨을 바칠 수 있었으면 얼마나 좋았으랴.

복신 장군, 지수신 장군……

그들이 그리울 뿐,

평생을 죄인으로 살아도 죄를 씻지 못했네.

오랑캐 땅에서 20여 년을 보내고도,

고향으로 돌아가지 못하는 내 신세는 소무와 같구나.

부여융 전하

용서하소서

전하와의 약속을 지키지 못하였나이다

기필코 백제를 살려 내고야 말겠다는 약속을 지키지 못하였나이다.

전하……

살아도 살아도 욕스러웠던 삶

지수신 장군이 내게 했던 말이 평생을 쫓아다녔네

"당나라의 개……"

산 사람의 인생은 최후에 가서야 판가름 나는 것

내, 당나라에 와서 어느 전쟁에서도 져보지 않았는데

한 번도 진실로 기쁜 적은 없었구나.

정말로, 나는 당나라의 개였던가.

그때는 내 판단이 옳은 것 같았으나

결국 그것은 잘못된 것이었네.

한 번 잘못 들어간 길은 되돌리기가 어려워라.

내 마지막 자존심으로, 백제인의 자존심으로

어찌 당의 칼날에 내 목을 맡기리오.

내 스스로 목을 매리라.

죽어서 속죄하리라.

단 한 번도 편안하지 않았던 삶이여

어찌해야 내 동지들에게 속죄할 수 있을까.

어찌해야 내 후손들에게 속죄할 수 있을까

: 4

창살 안으로 내리는 달빛,

이국의 달빛,

가슴이 미어지는 달빛,

바라만 봐도 눈물이 나는구나.

잠이 오지 않는 밤,

창살 밖의 농밀한 고요에 소름이 돋는 밤,

죽음의 신이 옆에 와 서 있는 것이 보이는 밤,

저 늑대 울음소리는

죽음의 신이 데리고 오는 저승사자의 울부짖음인가

내 가슴속에 평생 쌓였던 한이 새어 나오는 소리인가

낙엽 쓸리는 소리, 내 심장 뛰는 소리,

차라리, 죽음의 맛이 달겠구나……

달디 달겠구나……

(흑치상지의 가슴속에서는 그 동안의 인생 역정이 폭풍우처럼 휘몰아

치며 지나갔다.)

제 1 부

꺼져가는 촛불이여

혹치상지는 풍달군의 군장이 되어 6개의 성을 다스린다. 그러나 이미 백제의 국운이 기울고 있음을 느낀다. 백제 멸망의 징조가 여기저기 나타나는데, 혹치상지는 끝까지 백제와 백성들을 위하겠다는 마음을 다진다.

: 1

혹치상지는 10대에 관직에 들어섰다.
백제에는 37개 군이 있었는데,
그는 풍달군의 군장이 되었다.

풍달군의 행정과 군사를 모두 다스리는 최고 책임자가 되어
6개의 성을 다스렸다.
그러나, 어쩌랴.
백제는 이미 국운이 다하고 있었던 것을.
그는 나라 걱정으로 밤잠을 이루지 못하였다.

의자왕은 간신들에게 둘러싸여 있었다.
나라는 이미 찢겨져 있었다.
귀족들은 귀족들대로,
왕족들은 왕족들대로 나뉘어져 서로의 잇속만 챙기고 있었다.
자신들에게 이익이 되는 것이라면
적국과 내통하는 것도 마다하지 않았다.
왕궁에는 온갖 아첨꾼들만 활개치고 있었다.

: 2
왕궁은,
백제는,
쥐 떼가 기어 들어와 갉아 대는,
거대한 한 척의 나무배 같았다네
쥐들이 갉아 대는 구멍들로 물이 스며들고 있었다네
그 구멍들이 하나하나는 작았지만

합치고 합쳐지면서 거대한 구멍으로 변해 가는 것을

아무도 모르고 있었다네

: 3

흑치상지는 홀로 한탄했다.

젊은 시절 백성들을 보살피고 위세를 떨치던 대왕폐하는 어디로

갔는가.

왕위에 오른 지 2년이 채 안 되었는데도,

손수 군대를 이끌어 신라의 40여 성을 빼앗고,

장군 윤충을 시켜 대야성을 함락시키고,

김춘추의 사위였던 성주城主의 목을 베었던

대왕은 어디로 갔는가.

좌장 은상에게 정예 병사 7천 명을 주어

신라의 석토성 등 7개의 성을 빼앗았던

총명한 대왕은 어디로 갔는가.

아, 그 위대했던 대왕폐하는 어디로 가고,

온갖 간신배의 농간에 놀아나는 허수아비왕만 있단 말인가.

진정한 왕은 백성을 섬겨야 하는 것이거늘……

진정한 신하는 왕이 백성을 섬길 수 있도록 왕을 모셔야 하는 것이

거늘……

대장부로 태어나

어진 왕을 만나서 세상에 뜻을 펼치고,

백성과 나라를 위해 목숨을 바칠 수 있다면 얼마나 영광스러운 일

인가.

왕을 제대로 모시지 못한 나 역시, 간신들과 다른 게 뭐 있는가.

설사, 하늘이 왕을 버리고, 백제를 버린다고 하더라도,

나는… 이 흑치상지는… 백제를 버리지 않으리라.

백제의 백성들을 버리지 않으리라.

장수로서의 도리를 다하리라.

백성들에 대한 도리를 다하리라.

죽어서 백골이 되어도 백제인으로 남을 것이요,

다시 태어나도 백제인으로 태어나리라.

흑치상지는 꺼져 가는 나라의 마지막 불꽃을 느끼고 있었다.

: 4

흑치상지는 날마다 마음속에서 칼을 갈았다.

칼날을 벼리고 벼려 마음속 잡념들을 하나씩 하나씩 잘라 나갔다.

장검을 앞에 놓고 무릎 꿇은 채

멀리 동명왕 때부터 이어져 온 백제의 왕들을 떠올렸다.

 백제의 배들이 드나들던 왜의 항구들과

대륙의 항구들과

서해 바다 건너 할아버지가 다스렸던 흑치국을 떠올렸다.

배가 고파 거리에서 울부짖던 아이들의 얼굴과

누렇게 뜬 백성들의 얼굴빛을 떠올렸다.

곡식 한 줌이면 영혼이라도 팔 것 같은 얼굴들을 떠올렸다.

그리고, 아버지의 얼굴을 떠올렸다.

: 5

백성 보기를, 칼의 날처럼 보아라.

칼의 쓰임새는 자기 주인을 보호하고 섬기는 것이지만,

잘못 다루면, 오히려 주인의 목숨을 해치는 법이니라

진정한 검법은

칼을 다루는 기술을 익히는 것이 아니라

적의 목을 베는 데 있는 것이 아니라

스스로의 아집과 미망迷妄을 베는 데 있느니라.

그 칼의 마음을 읽고

칼의 마음을 다스리는 데 있는 법이니라.

: 6

그렇게 밤을 새운 날들이 차곡차곡 쌓여 가고 있었다.

백제 멸망의 날은 운명처럼 점점 다가오고 있었다.

: 7

하늘이 울고 있었네

아니, 온 세상이 울고 있었네

산천초목이 다 불안에 떨고 있는데,

의자왕은 모르고 있었네

왕비 은고의 감언이설에 속아 시간 가는 줄 몰랐네

좌평 임자는 김유신과 내통하여 금화라는 무당을 왕비에게 천거

하였네

미래의 화복과 국가 운명을 예측하는 선녀라며 천거하였네

의자왕은 금화의 노리갯감이 되어갔네

금화의 한마디 한마디가 백제를 좌지우지하였네

금화는 백제의 충신들을 하나씩 제거해 나갔네.

충신이었던 성충은

의자왕에게 충언을 올리다 투옥되었네

옥에서도 충언을 하고 하다가,

가슴을 치고 땅을 치며 죽어 갔네

온 세상이 알고 있었네

왕만 몰랐네

하늘의 계시를

하늘은 계속 백제의 멸망을 예고하고 있었네

: 8

법왕이 세운 오합사에,

적색 말이 들어와 불당을 돌다가 며칠만에 죽었네.

울어라 울어라 새여, 자고 일어나 울어라 새여

태자궁에서 암탉이 참새와 교미하는 일이 벌어지고,

백마강에서는 길이가 세 발이나 되는 물고기가 땅으로 걸어 나와

죽었네.

어긔야 어강됴리 아흐 다롱디리

생초진生草津에 길이가 18자나 되는 여자의 시체가 떠오르고,

9월에는 궁중의 홰나무가 사람처럼 곡소리를 내었네.

위 덩더둥셩 더렁둥셩

밤에는 궁성 남쪽 길에 나타난 귀신이

백제가 백제가 망한다 곡을 하다가 땅속으로 사라졌네.

울어라 울어라 새여, 자고 일어나 울어라 새여

얄리얄리 얄랑셩 얄라리 얄라

왕도의 우물물이 핏빛이 되었네.
서해안에는 작은 물고기들이 떼로 죽는 일이 생기고,
백마강의 물빛이 핏빛처럼 붉어졌네.

위 증즐가 태평성대太平盛代 …… 위 증즐가 태평성대太平盛代

큰 머구리 수만 마리가 나무 꼭대기에 바글바글 모여들었고,
천왕사와 도양사, 백석사에는 벼락이 떨어졌네.

울어라 울어라 새여, 자고 일어나 울어라 새여

들사슴처럼 큰 개 한 마리가
백마강 언덕에서 왕궁을 향해 짖어대고는 사라지더니,
왕도에 있는 뭇개들이 모여서 짖거나 곡을 하다가 사라졌네.

울어라 울어라 새여, 자고 일어나 울어라 새여
다리러디러 다리러디러 다로러 거디러 다로러……

백성들도 알고, 흑치상지도 알고 있었네.

하늘이 백제의 왕을 버린 것이 아니라,

백제의 왕이 스스로 하늘을 버리고,

백성을 버리고,

백제를 버린 것을.

양금택목良禽擇木의 슬픔

당나라와 신라의 대대적인 공격이 감행되고, 결국 의자왕은 항복하고 만다. 그러나 흑치상지는 뜻을 같이하는 장수들을 이끌고 임존성으로 들어가 백제부흥운동의 기치를 올린다. 큰 위세를 떨치던 부흥운동은 왕권 다툼으로 인한 자중지란自中之亂으로 위기를 맞는다. 부여융은 흑치상지에게 양금택목의 고사를 보내며 흑치상지의 마음을 얻는 데 성공한다.

: 1

백제는 신라와 당이 쳐들어오는 걸 알면서도 어떻게 할 수 없었다.

당나라 장군 소정방이 13만 대군을 이끌어 쳐들어오고,

신라의 김유신이 백제의 동쪽을 치고 올라오는데도
왕궁에서는 우왕좌왕하기만 하였다.
외부의 적보다 더 무서운 적이 내부에 있었다.

: 2

좌평 의직이 말하기를,
당나라 군대가 육지에 올라와,
아직, 기운을 회복하지 못할 때에 기습을 한다면 이길 수 있다고
했는데,
달솔 상영이 반대를 했다.
그 뒤에도 서로 의견 다툼만 하느라,
적을 막을 수 있는 기회를 계속 놓쳤다.
귀양 가 있던 좌평 흥수도
백강과 탄현이 백제의 요충지로서 그곳을 지키면서
당나라 군사들의 물자와 군량이 떨어지길 기다리면
반드시 이길 수 있다고 아뢰었는데,
또다시 신하들의 언쟁이 벌어져 때를 놓쳤다.
신라와 내통한 간신들이,
짐승만도 못한 간신들이,
임자와 같은 간신들이
백제의 대책 수립을 막고 있었다.

: 3

황산벌에서는 호랑이 장군 계백이 전사하고,

조룡대에서는 용 같은 장수 의직이 전사했다.

이어 사비도성마저 함락되었다.

왕은 태자 효와 함께 웅진성으로 도피하였다.

그리고, 태자를 부둥켜안고 하염없는 눈물을 흘렸다.

: 4

긴급한 작전회의가 수시로 열렸다.

그러나, 별 뾰족한 수가 없었다.

그때 마침, 소정방은 왕실의 안전을 약속하면서 항복을 권고해

왔다.

항복만 하면 곧 철수한다고 약속하였다.

그러나 어찌 알았으랴

웅진 성주 예식진 장군이 반역의 깃발을 올릴 것이라는 사실을

적을 향해 휘둘러야 할 칼을 왕에게 휘두를 줄을

누가 알았으랴.

의자왕은,

예식진 장군에 이끌려 항복을 할 수밖에 없었다.

백제 백성들을 보살피고 백제의 존속을 보장하겠다는

소정방의 약속이 지켜지기를 바라면서.

서기 660년 7월,

결국, 왕은 소정방에게 항복의 예를 올릴 수밖에 없었다.

하늘이 무너지는 순간이었다.

백제 백성들의 가슴속으로 짙은 황사 바람이 몰아치고 있었다.

: 5

그러나, 소정방은 백제와 한 약속을 지키지 않았다.

신라의 음모 때문이었다.

신라는 백제의 존속을 원하지 않았다.

당나라도 고구려 정벌에 신라의 협조를 받기 위해

신라의 요구를 들어줄 수밖에 없었다.

소정방은 의자왕을 가두고

철수하지도 않았을 뿐만 아니라

백제 백성들을 무참히 죽였다.

: 6

서기 660년 8월,

나당연합군의 전승 기념 행사……

그날의 수치는 흑치상지를 비롯한 백제 장수들의 울분을 터뜨리는

계기가 되었다.

신라의 무열왕과 소정방을 비롯한 장군들은 당상에 앉아서,

당하에 앉은 의자왕과 부여융을 징그럽게 내려다보며 한마디씩
했다.

여자 치마폭이 그렇게 좋았소?
술과 여자에 빠져 도끼 자루 썩는 줄 모른다더니……
그대가 바로 그러하구료……

젊은 시절 영험하던 총기가
모두 어디로 갔는지, 원……

당상의 장수들이 탁자를 치며 껄껄대는데……
의자왕은 고개를 숙인 채
당상의 장군들에게 술잔을 따라 예를 올렸다.
백제 장수들은 치떨리는 눈물을 흘렸다.
앙다문 입술에서는 피가 흐르기도 했다.

태종무열왕의 태자인 김법민은 부여융을 꿇어앉힌 채,
얼굴에 침을 뱉었다.

"예전에 내 누이동생이 네놈들 손에 죽은 것을 기억하느냐
오늘, 비로소 그 원수를 갚을 수 있게 되었구나."

그는 칼을 꺼내 부여융의 목을 치려고 했다.

소정방이 가까스로 말렸다.

춤추는 무희들까지 춤을 추며

의자왕과 부여융을 농락했다.

차라리 죽음보다 못한 치욕이 백제 장수들의 가슴에 구멍을 내고

있었다.

흑치상지의 눈에서는 피눈물이 흘렀다.

그는 휘하 장수들을 이끌고 몰래 성을 빠져 나와

처음 부임했던 임존성으로 향했다.

기나긴 부흥운동의 깃발이 오르는 순간이었다.

: 7

임존성…… 백제 최후의 등불……

사비성과 웅진성에서 가까운 군사 요충지였다.

흑치상지는 그를 따르는 10여 명과 함께 이곳에 진을 쳤다.

그들은 당나라와 신라의 만행에 치를 떨면서 성토를 했다.

그를 쫓아온 여러 장수들은 이를 갈았다.

땅이 울고 하늘이 울고 산천초목이 다 울었다.

: 8

흑치상지의 고함이 천둥처럼 울려 퍼졌다.

“당나라를 등에 업고 우쭐대는 저 신라 놈들의 모가지를 베리라.

오늘의 이 치욕을 반드시 갚아 줄 것이다.

대왕폐하의 안전을 보장한다고 해서,

백성들의 안전을 보장한다고 해서,

항복을 한 것이거늘.

저 신라 놈들이 약속을 저버렸소.

이제 나는 군사를 일으켜 오늘의 치욕을 갚으리라.

백제의 치욕을 갚으리라. 이놈들……”

흑치상지의 눈에서는 불꽃이 튀었다.

흑치상지가 칼을 높이 들자

복신과 사타상여를 비롯한 주변의 장수들이

호랑이처럼 울부짖으며 칼을 높이 들었다.

칼날이 부르르 떨리는 소리가 들렸다.

그는 비로소,

한 개의 성姓을 가진 사람이 아니라,

백百 개의 성姓을 가진 사람을 위해 궐기를 한 것이었다.

당나라의 횡포를 피해 숨어 있던 백성들이 임존성으로 몰려들기 시

작했다.

열흘도 안 되어 3만 명이나 되었다.

복신은 의자왕과 사촌지간으로 알려져 있어서

백제 유민들로부터 열렬한 환영과 존경을 받았다.

왕족으로서 부흥운동의 구심점 역할을 할 수 있었다.

흑치상지는 복신과 함께 방어 목책을 새로 설치하고 성을 보수했다.

: 9

당나라와 신라군들은 지옥에서 온 저승사자 같았다.

여자들은 겁간하고, 남자들은 이유 없이 죽였다.

저항하면 저항한다 죽이고 아첨하면 아첨한다 죽였다.

아이들은 귀찮다고 죽이고 늙은이는 쓸모없다 죽였다.

대대손손 살아온 집도 불태우고

소 돼지 닭…… 가축이란 가축은 모두 빼앗아 갔다……

마귀가 따로 없었다.

: 10

여기 저기 피비린내가 났네

신음 소리가 하늘을 울렸네

울음소리가 땅속을 울렸네

백성들은 몽둥이를 들고,

곡괭이 쇠스랑을 들고,

호미 낫을 들고

손에 잡히는 대로 들고 저항하였네

집이 불타고 시체들이 불탔네
지옥은 그리 멀지 않은 곳에 있었네

:11

백제 백성들의 눈에는 결사 항전의 의지가 가득 담겨 있었다.
무기도 부족하고 식량도 부족하고
군사들의 수도 부족하였다.
그러나, 백성들의 마음속에서 벼리고 벼린 칼날이
눈빛으로 뿜어져 나왔다.
어린아이들과 부녀자들은 돌멩이를 날라다 성벽에 쌓았고
남자들은 무기를 만들었다.

:12

그때, 좌평 정무가 이끄는 군대가 두시원악에 주둔하면서
신라와 당나라 군대를 쳐부쉈다는 소식이 들려왔다.
흑치상지가 이끄는 부흥군도 신라와 당을 공격하기 시작하였다.
여기저기서 일어난 백제부흥군은
기습 작전과 지형지세를 이용하여 나당연합군을 몰아붙였다.
신라와 당나라 연합군은
죽기 살기로 달려드는 부흥군의 위세를 당해 낼 수 없었다.

: 13

아버지가 죽으면 아들이 달려들고

아들마저 죽으면 어머니가 달려들었네.

칼이 없으면 나무 몽둥이를 들고 덤비고

그마저도 없으면 길가의 돌멩이를 무기 삼아 달려들었네.

신라와 당나라는 점점 수세에 몰리기 시작하였네.

때와 장소를 가리지 않고 달려드는 부흥군을 막을 수가 없었네.

: 14

서기 660년 8월 26일,

마침내 신라군이 임존성을 공격해 왔다.

백성들은 호미와 낫으로 대들었다.

곡괭이와 쇠스랑으로 대항하였다.

그리고 승리했다.

맨주먹 돌멩이로 만든 승리였다.

백성들은 서로 얼싸안고 만세를 불렀다.

눈물을 흘렸다.

부모의 원한, 남편의 원한, 아내의 원한, 자식들의 원한을

가슴속으로 새기고 또 새기며

눈물을 흘렸다.

만세를 불렀다.

:15

흑치상지는

다 쓰러져, 죽은 줄로만 알았던 고목나무에

새순이 돋아 오르는 것을 느꼈다.

백제의 부흥이 점점 다가오는 것을 느꼈다.

그리고, 속으로 다짐을 했다.

이제 백제 백성들과 함께 저 새순을 바르게 키워 보리라

물을 주고 거름을 주며

찬란한 꽃망울을 피울 수 있도록 이 한 목숨을 바치리라

우리 후손들이 대대손손 행복할 수 있다면 무엇이든 아까운 게 있

으랴

죽어도 죽은 게 아니고, 살아도 산 게 아니라는 것은

이를 두고 한 말이로구나

하늘이 무너져도 솟아날 구멍이 있다는 것은

이를 두고 한 말이로구나

:16

그러나, 기쁨도 잠시였다.

흑치상지는 청천벽력 같은 소식을 들었다.

소정방이 의자왕과 부여융, 그리고 왕족들과 88명의 신료들을 데

리고,

게다가 1만 2천 명의 백성들을 끌고,

당나라로 간다고 했다.

서기 660년 9월 3일의 일이었다.

:17

수많은 백성들이 의자왕을 보기 위해

백강 근처 높은 산으로 몰려들었다.

거기서는 의자왕이 잡혀가는 배가 잘 보였다.

하얀 옷을 입은 백성들이 학처럼 산을 하얗게 물들였다.

모두들 땅을 치고 울었다.

이제 가면 언제 오나

머언 먼 북망산천, 이제 가면 언제 오나

눈물 젖은 노랫가락이 강물을 따라

높았다 낮았다 흘러가고 있었다.

:18

흑치상지와 장수들은 무릎을 꿇고

의자왕이 가는 쪽을 향해 절을 올렸다.

주먹으로 가슴을 치며 울었다.

눈에서는 피눈물이 나고, 입에서 핏물이 흐르는데……

:19

백제의 흙이 부르는 노래

나는

흑치상지의 발자국을 가슴에 새기고 있지

그와 그를 따라다니던 백제 백성들의 발자국을 알고 있지

맨발에서부터 짚신까지,

손바닥만 한 어린아이의 발부터 상처로 부르튼 어른의 발까지,

피 흘리던 그들의 삶을 모두 가슴에 새기고 있지

그들의 영혼과 그들의 몸이

썩고 문드러져서 나의 몸이 되었지

내 몸속으로 흘러든 그들의 피로

나는 그들과 한 몸이 되었지

모두가 잊혀져 가는 삶,

역사는 이긴 자들의 것,

모두가 승자勝者를 칭송할 때

나는 홀로 부르지

몰락한 자들의 노래를……

패배한 자들의 노래를……

그러나 서러워 마라
오히려 패배 속에 삶이 있으니
몰락 속에서 새싹은 솟구쳐 오르는 것이니

역사에 졌지만 스스로 살아 있음을 보여 준 자들이여
남들이 가기 어려운 길을 기어코 걸어간 이들이여
그대들의 적은 그대들 자신,
자기 자신을 이겨 낸 불멸의 영혼들이여

몸은 졌어도 정신으로는 이겼구나
나는 부르지
죽기 위해 떨쳐 일어난 사람들의 노래를……
그 후손들이 잊어버렸던 노래를……
이제는 전설이 되어 버린 사람들의 전쟁을……

∶20
흑치상지는 백강을 바라보며,
의자왕이 탄 배가 포구를 빠져나가는 것을 보며
땅에다 머리를 짓찧으면서 울부짖었다.

마마, 신라와 당나라의 농간에 속아서 항복을 하게 되었으나,
반드시 우리 백제의 영토를 회복하겠나이다
옥체 보존하시고, 조금만 기다려 주시옵소서
비록 항복하였으나, 백제의 힘은 다하지 않았나이다
맨주먹으로,
쇠스랑을 들고,
곡괭이를 들고,
호미와 낫을 들고,
신라와 당의 날랜 군사들을 대적하여 이겼나이다
우리 백성들의 기백과 힘을 기다려 주시옵소서

하얀 울음이 백강을 가득 메우고 또 메우고 있었다.

: 21

백제의 바람이 부르는 노래

나는
백강변 산 중턱에 모인 백제 백성들의 얼굴들을
부드러운 입김으로 쓰다듬었네
그 한없는 절망을 쓰다듬었네
그 한없는 눈물을 달래 주었네

이마로 땅을 찧는 장수들의 설움과

농사를 짓던 어진 주먹으로 자신의 가슴을 두드리며 한탄하는

백성들의,

그 강아지풀 같이 아려 오는 아픔을 쓰다듬었네

: 22

흑치상지는 임존성에 돌아오자마자,

눈을 부릅뜨고 백성들과 함께 굳은 결의를 다졌다.

"우리가 잃은 것은 사비성뿐이다.

저 간악한 적들은 사비성을 무너뜨리고,

간사한 흉계를 꾸며,

우리의 왕을 인질로 삼아

백제를 정복하였다고 하나,

사실, 우리가 잃은 것은 기껏해야 사비성 하나일 뿐이다.

지금 백제의 곳곳에 있는 성들이 떨쳐 일어나고 있으니,

얼마 안 가 우리의 신성한 영토에서 적들을 다 몰아낼 수 있을 것

이다.

지금 우리가 거둔 승리는 비록 사소한 것이나

그것들이 모이고 모여, 아무도 거스를 수 없는, 거대한 승리가 될

것이니

백제의 백성들은 봉기하라, 칼을 들라

내가 죽으면 내 시체를 방패 삼아 적을 무찌르라.

우리가 이렇게 힘을 모으고 서로가 서로를 받들고 위해 주는 한,

우리는 모든 것을 잃었어도, 하나도 잃은 것이 아니오.

단 하나를 얻었어도, 모든 것을 얻은 것이나 다름없다.

내 발이 잘리면 무릎으로 기어가 적을 칠 것이오,

내 오른손이 잘리면 왼손으로 적을 칠 것이오,

손이 없으면 이 몸뚱아리라도 던져 적을 막을 것이다.”

임존성 안에 흐느끼지 않는 사람이 없었다.

왕이 없는 나라……

나라의 진정한 주인은 백성들이었다.

: 23

백제의 바람이 부르는 노래

나는 쓰다듬었네.

하릴없이 돌아서는 백제 백성들의 그 공허함을 쓰다듬었네

그러고 나서 들었네

그 깊은 절망의 구렁텅이에서 다시 일어서는 함성을

다시 들려오는 부흥군의 승전보를……

: 24

소정방이 당나라로 돌아간 뒤,

사비도성에는 유인원이 거느린 당군 1만 명과

김인태가 지휘하는 신라군 7천 명이 주둔하고 있었다.

서기 660년 9월 23일,

흑치상지와 복신이 이끄는 부흥군은 사비도성을 포위하였다.

사비도성에는 식량이 떨어지고 식수가 떨어졌다.

신라군도 도와줄 수 없었다.

그에 따라 임존성 부근 30여 성이 부흥군에 가담하였다.

흑치상지와 복신을 비롯한 장수들은 앞으로의 일을 의논하였다.

복신은 부흥 전쟁이 승리하려면 반드시 왕이 있어야 한다고 주장

하였다.

그리고, 왜에 있던 부여풍 왕자를 추대하였다.

흑치상지를 비롯한 장수들은 복신의 의견을 따랐다.

복신은 좌평 귀지와 함께,

생포한 당나라 포로 1백여 명을 왜로 보내면서

부여풍 왕자에게 왕위를 맡아줄 것을 요청하였다.

: 25

서기 660년 10월 9일,

이례성은 무너져 내렸네

이례성은 처절하게 저항을 하였네

방금 전까지 웃고 떠들던 동료의 시체를 방패 삼고,

성 안에 있는 돌멩이 하나, 나무 조각 하나, 쇳부스러기 하나라도,

무기가 될 만한 것은 다 주워다가 싸우고 또 싸웠네

적군의 포로가 되어 노비로 사느니,

적군의 하룻밤 노리갯감이 되느니,

다들 목숨을 버리고 싸웠네

목숨이 하나가 아니고 두 개, 세 개를 가진 사람들 같았네.

백제 백성들의 목숨이 꽃잎처럼 떨어지고 있었네

신라군의 칼날이 한 번 지나갈 때마다 꽃잎이 우수수 떨어져 내

렸네

땅을 검붉게 물들였네

아름다운 꽃들의 반란이었네

: 26

분노와 승리에 대한 집념만으로 이길 수는 없었다.

시체가 늘어가고, 무기가 떨어지고, 상황은 절망적이었다.

마침내 9일 만에 함락되고 말았다.

이에 겁을 먹은 주변의 20여 개 성이 신라에 항복하고 말았다.

서기 660년 10월 30일,

신라군의 거센 공격에 1천 5백 명이 죽어 나갔다.

백제부흥군은 사비도성에 대한 압박을 풀고 퇴각했다.

서기 660년 11월 5일,

왕흥사잠성에 주둔하였던 부흥군도 7백 명의 전사자를 내고 퇴각

했다.

:27

전쟁터마다 아름다운 꽃비가 내렸네

붉은 영혼의 꽃비가 내렸네

왕이 버린 나라를, 신하들이 버린 나라를,

다시 일으켜 세우려던 백제 백성들의 한이 꽃비로 내렸네

밟아도 짓이겨도 다시 솟아오르던 풀잎들이

이제는 일어나지 못하네

태풍에도 *끄떡없고*, 홍수에도 *끄떡없던*, 풀포기들이

이제 뿌리를 드러내고,

푸른 하늘 아래 하얀 생채기들을 드러내며 돌아누웠네

하얀 아픔이었네

붉은 고통이었네

신라군들의 발바닥에 짓이겨진 꽃잎들이 달라붙었네

찬란한,

마지막,

저항이었네

:28

일이 이렇게 되자,

사타상여와 지수신 등 모든 장수들이 다시 사비도성을 공격하자

고 주장하였다.

당나라 군사들만 쫓아내면 모든 게 끝난다고 했다.

더군다나 부흥군의 사기를 진작시킬 필요도 있었다.

하지만, 사비도성이 함락 위기에 놓이자,

당나라에서는 유인궤를 검교대방주지사에 임명해서 파견하였다.

서기 661년 2월의 일이었다.

유인궤는 배를 타고 서해를 가로질러 금강으로 들어왔다.

복신은 금강 하구에 2개의 목책을 세우고

도침은 사비도성을 포위하여 유인궤의 군대와 도성 안의 군대가

합세하는 것을 막았다.

하지만, 유인궤의 군대와 신라 군대가 합세하여 들이닥치자

목책 안으로 퇴각하여 금강을 방어선으로 삼을 수밖에 없었다.

: 29

푸른 강물 위에 붉은 핏물이 흘렀네

바람이 한 번 불 때마다 우수수 떨어지는 이슬처럼,

영롱한 영혼들이 푸른 강물 위로 쏟아져 내렸네

햇살에 반짝이는 물안개가 이승과 저승 사이에 황홀하게 솟아올

랐네

푸른 강물이 이승과 저승을 이어 주고 있었네

삶과 죽음이 한곳에 있었네

죽은 사람은 죽어서 싸우고

산 사람은 살아서 싸웠네

백제 백성들의 피로 당나라 군사들의 칼날을 씻었네

칼이 한 번 춤출 때마다 목련꽃처럼 하얀 목숨들이,

툭, 툭, 무심하게 떨어져 내렸네

만여 명이 죽을 정도의 전투였네

전투에 졌어도 백제 백성들은 지지 않았네

죽어서도 지지 않았네

죽어서 부릅뜬 눈에 하얀 구름이 몇 조각 흐르고 있었네

: 30

복신과 도침은 사비도성의 포위를 풀고 물러날 수밖에 없었다.

당나라는 부흥군의 위세를 이겨내기 위해

방어하기에 적당한 지리적 조건을 갖춘 웅진성으로 옮겨야만 했다.

: 31

웅진성에 주둔하고 있던 당군 1천 명이 부흥군을 공격하다가 전
멸했다.
웅진성에 있는 당나라 군대는 계속 신라에 구원을 요청하였지만,
신라에서는 전염병이 돌아 군사 징집이 어려운 지경이었다.
하늘이 백제를 돕는 듯하였다.

서기 661년 3월 5일,
부흥군의 급습에 신라 군대가 궤멸했다.
게다가, 부흥군은 한 달 엿새에 걸친 신라군의 두량윤성 공격을 막
아 냈다.
부흥군은 다시 전열을 정비하였다.

서기 661년 4월 19일,
부흥군이 후퇴하던 신라군을 습격하여,
다량의 무기를 습득하였다.
비록, 각산에서는 신라의 상주낭당이 이끄는 군대에 격파당하여
2천여 명의 전사자를 내기도 했지만,
신라군을 계속 밀어붙여 200여 개 성을 회복하였고,

이 와중에 신라의 태종 무열왕은,

부흥군 토벌을 독려하다가 사망하는 사태까지 발생했다.

: 32

부흥군들의 가슴속에는 다시 희망의 싹이 돋아나기 시작하였네

백제 유민들의 가슴속에는 다시 삶의 새싹이 돋아나기 시작하였네

설사 그렇지 않더라도, 그들은 포기하지 않았을 것이네

백제부흥이 실패하더라도

이미 그것은 큰 문제가 아니었네

자신들의 목숨을 스스로 지켜 내었다는 자부심

왕과 신하들이 없어도, 왕의 군대가 없어도

스스로 자신들의 목숨을 책임질 수 있다는

희열이 그들의 몸을 휘감았네

전쟁터에서 그들은 모두 평등했네

장군이 따로 없고, 병졸이 따로 없었네

어린아이가 따로 있고, 어른이 따로 있지 않았네

남자가 따로 없고, 여자가 따로 없었네

이 세상에 태어나 비로소 인간답게 살았다는,

살아 보았다는,

모두가 똑같이 하나의 목숨을 가지고 있다는,

그 목숨의 값어치는 다르지 않다는 것을,

백제 백성들은 몸으로 느꼈네

왕의 힘은,

나라의 힘은,

백성으로부터 나오는 것이었네

: 33

부흥군은 웅진성에 대한 포위를 늦추지 않았다.

웅진성은 굶어죽을 지경에 이르렀다.

그러나, 서기 661년 9월 25일,

부흥군의 옹산성甕山城이 신라의 공격으로 함락되고 말았다.

수천 명이 전사했다.

부흥군은 웅진성의 포위를 풀 수밖에 없었다.

그리고, 부흥군은 우술성雨述城에서 1천여 명의 전사자를 내고 패

퇴했다.

부흥군이 수세에 몰리기 시작했다.

하늘의 운이 다하고 있었다.

: 34

서기 662년 5월,

풍왕이

왜에서 보내준 지원군을 데리고 돌아왔다.

그러나 이미 전세가 기울고 있었다.

부흥군은 지라성과 두량윤성豆良尹城, 그리고 대산大山과 사정沙井

등을 빼앗겼다.

계속 쫓겨서 진현성眞峴城에 집결하였으나

유인궤가 이끄는 신라군의 공격을 받고 함락되고 말았다.

서기 662년 12월,

풍왕과 좌평 복신이 사네노 무라치, 에치노 다쿠쓰와 의논하여

피성으로 천도하였다가 2개월 만에 되돌아왔다.

그 사이, 부여자진의 반역이 드러나 참수형을 시켰다.

복신과 도침 사이에도 내분이 일어났다.

서기 663년 3월,

복신이 김흠의 신라군을 패퇴시킨 뒤,

그 위세를 업어 도침을 살해하였다.

가장 무서운 적은 내부의 적이었다.

부흥군 내에서 일어난 자중지란으로

부흥군의 세력은 점점 위축되고 있었다.

: 35

복신과 풍왕은 서로 질투하고 시기하였다.

풍왕은 복신의 전횡에 대해 불만을 가지고 있었고

복신은 풍왕에 대해 노골적인 불만을 토로하기 시작했다.

흑치상지는 복신과 풍왕을 화해시키기 위해 노력하였다.

그러나, 풍왕은 흑치상지를 믿지 못했다.

흑치상지는 복신과 손잡고 있는 장수였기 때문이었다.

복신 역시 예전의 복신이 아니었다.

흑치상지의 설득에도 부흥군을 장악하려는 야욕을 버리지 않았다.

나약한 풍왕을 비판하면서

차라리 스스로 왕이 되려 하였다.

복신은 풍왕을 살해할 계획을 세우고

병을 핑계로 풍왕을 유인하였다.

하지만 풍왕이 먼저 이를 눈치채고는

복신을 급습하였다.

서기 663년 6월의 일이었다.

풍왕은 복신을 참수시켜

그의 머리를 젓에 담가 버렸다.

곧이어 복신 세력들에 대한 숙청이 시작되었다.

: 36

흑치상지는 이 소식을 듣고 백제의 운명이 다했음을 느꼈다.

그는 모든 것을 체념한 듯이 혼잣말로 속삭였다.

"어떻게 이런 일이 일어난단 말인가.

거대한 적이 앞에 있거늘,

용맹스런 장수 한 사람이 귀하고 귀하거늘,

어떻게 이렇게 사사로이 쉽게 장수들끼리 싸우고,

서로를 없앨 수 있단 말인가.

과연 우리가 온몸으로 떨쳐 일어난 이유가 무엇이란 말인가.

내가 모셨던 복신 장군을 죽였으니, 이제 내 목숨도 내 것이 아니

구나.

풍왕이 언제 내 목을 베려고 할지 모르겠구나.

이 노릇을 어찌한단 말인가.

백제부흥을 위해 칼을 갈았는데, 이제 그 칼이 내 목을 베려 하는

구나.

분하고 원통하구나.

이제 나 혼자 싸우다가 장수답게 죽을 일만 남았구나."

: 37

흑치상지의 고민은 더욱 깊어 가기만 하였다.

그는 풍왕을 경계할 수밖에 없었다.

풍왕의 세력들은 복신의 추종 세력들을 제거하기 위해

호시탐탐 기회를 노리고 있었다.

그는 풍왕의 세력에 둘러싸인 섬이 되어 갔다.

부흥군은 내부 권력 투쟁으로 무너지고 있었다.

흑치상지는 고민했다.

"백제부흥이라는 큰 뜻을 가지고 일어섰는데
결국 사사로운 이익 때문에 꿈을 접을 수밖에 없게 되었구나."

:38
그때,
부여융이 흑치상지에게 은밀하게 연락을 해 왔다.
그가 보낸 편지에는 '양금택목良禽擇木'이라는 춘추좌씨전春秋左氏傳
의 고사가 적혀 있었다.
현명한 사람은 자기 재능을 알아주는 사람을 가려서 섬긴다는 뜻
이었다.
부여융은 계속해서 흑치상지를 설득했다.
의자왕이 죽은 이상
그 뒤를 이을 적통은 바로 부여융이었다.
백제의 왕으로는 풍왕보다도 더 적임자라고 할 수 있었다.
게다가 언제 풍왕의 칼이 흑치상지의 목을 향해 날아올지 알 수 없
는 상황이었다.

흑치상지의 가슴이 타들어 가고 있었다.

"차라리, 내 칼로 내 목을 긋고 싶지만,

아직은 그런 때가 아닌 것을 어떡하랴.

양금택목良禽擇木이라…… 양금택목良禽擇木……"

흑치상지의 눈에서는 눈물이 흘렀다.

부여융은 당나라를 이용하여,

백제 왕조를 재건할 수 있는 마지막 기회가 남아 있다고 생각했다.

그는,

백제부흥군은 이미 무너진 상태나 다름없다고 말했다.

그런 상황에서 백성들을 더 이상 희생시켜서는 안 된다고

흑치상지를 설득했다.

당나라가 백제의 옛 땅을 부여융에게 맡기기로 한 사실을 알리면서

백성들 사이에 퍼져 있던 노래를 적어 보냈다.

여기 두 갈래의 길이 있으니

하나는 영광의 길이요, 하나는 치욕의 길이라

한 개의 성姓을 가진 이를 섬기는 사람은 치욕의 길로 갈 것이오
백 개의 성姓을 가진 이를 섬기는 사람은 영광의 길로 갈 것이다

두 마리 용이 여의주를 두고 싸우는구나
이미 여의주는 빛을 잃고 생명력을 잃었는데
어느 용이 가져간들 무슨 소용이 있으랴
미천한 개구리도 우물을 벗어나 시냇물로 나가는 것을 두려워 않
으니
새로운 세상을 얻기 위해서는 이미 낡아 버린 하늘을 깨뜨려야 하네

삶은 곧 꿈이며
꿈은 단지 꿈으로 끝나니
용이 되지 못한 이무기가 피눈물을 흘리고
세상을 품으려 했으나 품지 못한 거북이의 모가지가
천근같은 갑골 속에서 나오지 못하는구나

:42
이제 알 것도 같네. 그 노래의 뜻을……
두 마리 용은 풍왕과 부여융을 일컫는 것이었네.
형제지간의 골육상쟁骨肉相爭을 말하는 것이었네.
백제를 지속시키면서 통치를 할 수 있는 길은 부여융에게 있었던

것이었네.

그러니, 지금까지의 하늘을 깨뜨리고 새로운 하늘을 받들 수밖에 없었네.

결국, 흑치상지는 의자왕의 적통인 부여융을 따르기로 했네.

백제를 재건할 수만 있다면,

백제 백성들을 구할 수만 있다면,

영혼이라도 팔고 싶은 심정이었네.

흑치상지는 임존성을 나와 유인궤에게 항복했네.

그러나 지수신은 꿋꿋하게 남아 있었네.

"차라리 여기에 뼈를 묻으리라."

지수신은 남은 군사들을 다독이며 최후의 일전을 준비하고 있었네.

백제 재건의 염원이여, 그 간절함이여

흑치상지는 부여융의 뜻을 받아들여 부여융을 모시고 백제 재건에 나서기로 한다. 당나라의 도움을 받아 부여융과 함께 백제 재건이 착실하게 이뤄지던 찰나, 당나라는 북방 외적의 침입으로 인해 백제와 연락이 끊기고 만다. 이틈을 타 신라는 부여융과 흑치상지를 강하게 밀어붙이고, 결국 한반도에서의 백제 재건의 꿈은 물거품

: 1

나당연합군은 부흥군을 공격하기 위해 준비를 하고 있었다.

풍왕은 고구려와 왜에 군사적 지원을 요청하였다.

당나라에서 손인사가 이끌고 온 군대와 유인원의 군대가 합세하였다.

주류성을 먼저 공격하였다.

손인사, 유인원이 이끄는 당나라군과 문무왕이 거느린 신라 군대는 육로로 진격하였고

유인궤와 두상 그리고, 부여융이 인솔하는 당나라군은 병선과 선박을 이끌고

웅진강에서 백강으로 진격한 뒤,

육군과 합세하여 주류성으로 진격하였다.

그래도, 부흥군에는 한 가닥 희망이 남아 있었다.

풍왕의 요청으로 왜에서 온

왜군 선단 1천 척이 결전을 준비하고 있었던 것이다.

: 2

푸른 강물은 무심히, 고요히, 흐르고 또 흘렀네

인간들의 삶과 죽음에는 관심 없다는 듯이, 흐르고 흘러

또다시 이승과 저승에 다리를 놓고 있었네

당나라와 백제, 왜군이 벌인 국제 해전海戰……

풍왕과 왜군 장수들은,

먼저 선수를 치면 당나라 군대가 스스로 물러날 것이라고 생각했네

그러나 오히려 패배하고 말았네

물 위에 거대한 불꽃놀이가 벌어졌네

물 위를 불꽃들이 수를 놓았네

살아 있는 모든 것들이 불꽃으로 타올랐네

2만 7천여 명의 왜군 부대는 일순간에 전멸하고

4백 척의 선박이 불타올랐네

서기 663년 9월 7일,

풍왕은 탈출하여 고구려로 달아나고

풍왕이 없는 주류성은 결국 함락되고 말았네.

이제 부흥군에게는 임존성 하나 남았을 뿐이었네.

지수신은 결사적으로 당나라와 신라에 항전하였네.

신라는 김유신의 지휘 하에 한 달 남짓을 공격하였으나

아무런 성과를 얻을 수 없었네.

서기 663년 11월 4일,

결국 신라군은 회군을 하고 말았네.

최후의 수단으로,

유인궤는 흑치상지에게 군사를 주고 임존성을 치게 하였네.

: 3

흑치상지는 며칠 밤을 뜬 눈으로 지새웠다.

"나는 누구인가

대의는 무엇이고 명분은 무엇인가

오직 사람의 목숨이 있을 뿐인데

다들 백성을 위한다고 말하는데

왜, 백성들은 저토록 처절하게 죽어 가야 한단 말인가.

단지 대의를 위해, 명분을 위해, 걸어가는 길에 돋아난

이름 없는 잡초라고,

향기 없는 꽃이라고

마음대로 짓밟고 짓이겨도 되는 것일까.

내가 걷고 또 걸어 길을 내고,

황토흙이 드러나도록 길을 내어도

저 잡초들은,

저 이름 없는 꽃들은 어느새 그 길을 뒤덮어 버린다.

자신들의 몸을 던져, 목숨을 던져 길을 지운다.

대의명분이란 얼마나 무서운 지옥인가.

대의명분으로 길을 내기 위해

우리는 그 길을 막고 있는 풀잎들을

꽃잎들을 제거해야 한다.

대의명분을 위해,

백제를 재건하기 위해,

그러나 백성들이 없는 나라가 무슨 소용인가.”

: 4

흑치상지는 그동안 생사고락을 같이 했던 임존성의 백성들을 떠
올렸다.

“백성들과 함께 피와 땀으로 지키던 성을 내가 허물어야 되다
니……

적을 치기 위해 벼리고 벼리던 칼날을,

나를 믿고 따르던 백성들에게

휘둘러야 하다니.

나를 바라보던 개똥이 말똥이의 초롱초롱한 눈……

부디 딸의 원수를 갚아 달라며

내 손을 마주 잡던 노인네의 까칠한 손 마디마디……

그 주름진 얼굴에 흘러내리던 눈물……

곡식이 떨어져 같이 굶고 같이 아파하며 보냈던 나날들……

이 무슨 운명의 장난이란 말인가.

눈물이 뿌연 안개가 되어 내 가슴을 온통 채우는구나.”

: 5

“흑치상지는 듣거라.

어제까지 원수였던 당나라 편에 서다니

그리고도 네가 사내대장부라고 할 수 있느냐?”

지수신이 벽력같이 호통을 쳤다.

흑치상지는 두 눈을 부릅떴다.

“나를 내친 것은 바로 너희들이다.

백제부흥을 위해 칼을 들었으나

이제는 사리사욕을 위해 동지의 목을 베어 내니

어찌 같은 하늘 아래 살 수 있겠는가?

우리의 목적은 같았으나 이제 다른 방법을 좇을 수밖에 없으니

이 무슨 운명의 장난이란 말인가”

“아무리 그렇더라도 네놈은 명분과 도의를 잃어버렸도다.

이번 전쟁에서 네놈이 이기더라도

네가 얻는 것이 무엇이냐.

지난날 생사고락을 같이 했던 백성들을 베었다는 자괴감

지난날 동지들의 목을 베었다는 수치심

더 큰 힘을 좇아 신념과 의리를 버렸다는 공허함

그 밖에 또 무엇이 있겠느냐?"

흑치상지는 가슴에서 울컥 솟아오르는 뜨거움을 느꼈다.

"그것을 잘 아는 그대들이 왜 나를 지켜 주지는 못했는가.

나를 왜 벼랑 끝까지 밀어붙였는가.

동지들의 목을 먼저 벤 것은 그대들이 아닌가.

내가 가만히 앉아서 그대들이 내 목을 베는 순간을 기다리고 있으
란 말인가.

명분이라고 했는가, 도의라고 했는가.

그것을 아는 사람들이 동지를 모함해서 죽였는가.

부여풍 전하께서는 백제를 부흥시킬 의지나 가지고 계셨는가.

나는 부여융 전하를 모시고 있네.

우리 대백제의 적통이 누구에게 있는 것인가.

이미 대왕폐하는 승하하신지 오랜데

그 다음 적통은 누구인가?"

지수신의 눈 밑이 부르르 떨렸다.

"궤변을 늘어놓지 말라.

잔소리 그만 지껄이고 칼을 받아라.

네놈이 당나라의 개가 된 것만 잊지 말아라."

: 6

흑치상지는 충복인 사타상여와 함께

임존성을 공격하기 시작하였다.

지수신은 필사적으로 전투를 지휘했지만

이미 기세가 꺾여 있었다.

임존성의 함락은 시간 문제였다.

"분하구나. 하늘이 우리를 버렸구나.

저 배신자에게 이 성을 내어 줘야 하다니."

지수신은 눈물을 흘리며 최후의 순간까지 항전을 멈추지 않았다.

"장군, 후일을 기약하셔야 하옵니다.

어서 이곳을 벗어나십시오.

뒤는 저희들이 맡겠습니다"

부장들이 지수신을 호위하면서 성을 벗어났다.

혈혈단신, 부인과 자식들도 데리고 나오지 못한 채로

지수신은 고구려로 발길을 돌려야 했다.

"내 반드시 이 수모를 되갚아 줄 것이다."

피눈물이 흘렀다.

: 7

흑치상지는 당나라로 가는 배의 난간에 기대어

백제 땅을 바라보았다.

붉은 노을이 바다 건너로부터 몰려와

백제의 하늘을 메웠다.

배 위에는 막막한 슬픔이 가득 실려 있었다.

부여융이 말을 했다.

"흑치 장군, 붉은 피를 뿌려 놓은 듯한 저 노을을 보오.

충혈되어 있는 저 하늘의 눈을 보오.

백성들의 핏물 같소.

하늘은 곧 백성이라,

저것은 백성들의 눈물이오.

이제 우리는 당나라에 의지해 백제 재건을 시도할 수밖에 없으니

이 어찌 통탄할 일이 아니겠소.

그래도 그게 우리 운명이라면 받아들입시다.

그러나 이대로는 도저히 억울해서 못살겠소.

아버지 의자왕께서 당하신 모욕을 잊지 못하겠소.

신라 태자 김법민이 나한테 저지른 그 악랄한 모욕을 잊지 못하겠소.

백제를 재건하여 다시 힘을 키운 후

그 놈들에게 반드시 갚아 줘야 하오.

나에게는 장군밖에 없소.

다행히, 당나라가 옛 백제 지역을 우리에게 맡기기로 하였으니,

이제 우리가 다시 옛 백제의 명성을 되찾으면 되지 않겠소.

장군,

너무 괴로워 마시오."

흑치상지는 조용히 일렁이는 바다를 바라보다 조용히 입을 열었다.

"주군,

소장이 주군의 뜻을 따르는 것은

백제 재건을 위한 주군의 뜻에

감명을 받았기 때문이옵니다.

이미 우리 부흥군은 내부 분열로 와해 직전에 와 있었사옵니다.

적은 외부에 있는 것이 아니라

내부에 있었사옵니다.

주군이 아니었더라면 소장도 이미 우리 부흥군의 칼날 아래

한 줌 재가 되었을 것이옵니다.

소장은 주군께서 보내 주신 양금택목이라는 네 글자를

가슴에 새기고 또 새겼사옵니다.

양금택목……

현명한 사람은 자기 재능을 알아주는 사람을 가려서 섬긴다는 뜻

아니옵니까.

소장은 이미 주군을 모시고, 주군의 뜻을 좇기로 한 사람입니다.

간악하게, 백제부흥을 내세우면서도,

사리사욕을 채우기에 혈안이 되어 있는 사람들에게

어떻게 백제의 내일을 맡길 수 있겠사옵니까.

주군께서 믿음의 증표로 내려 주신

이 환두대도를 내 마음으로 갈고 또 갈겠사옵니다.
만약 백제 재건의 꿈이 이루어지지 않는다면
소장은 죽어서도 눈을 감지 못할 것이옵니다.”

바다의 온몸에 전율이 일었다.
두 사람의 슬픔과 울분이 뱃전에서 하얀 포말로 부서졌다
흑치상지를 따라 임존성을 빠져나온 일행들이
무릎을 꿇고 눈물을 흘렸다.
그들의 어깨 위에 내리던 노을이 바람에 날렸다.

: 8
여전히 흑치상지는 배 위의 난간에 기대어 서 있었다.
흑치상지의 눈에서는 하염없이 눈물이 흐르고 있었다.
얼굴이 노을에 젖어 붉게 물들어 있었다.
온몸이 피에 젖은 것 같았다.
악몽 같았다.

하늘이시여
부디 우리에게 힘을 주소서
제가 살아온 30여 년의 세월, 정든 땅을 버리고
원수의 땅으로 갑니다.

마지막 살아남을 지혜를 주소서

오늘 이런 시련을 주신 것은

내일 더 큰 영광을 주기 위한 것임을 압니다

신라를 물리치고

당나라를 물리치고

우리 순박한 백제 백성들 태평성대 누릴 수 있도록

힘을 주소서

오늘 떨어지는 저 태양이

내일은 다시 솟아오를 것을 알고 있습니다

우리가 보름달이고 신라가 초승달이라면

신라가 보름달이 될 때까지

다시 우리가 초승달이 될 때까지

기다리겠습니다.

뼈를 씹어 먹어도 한이 풀리지 않을 신라와 당나라 놈들에게

복수할 수 있도록 도와주소서

하늘이시여

: 9

흑치상지와 부여융을 태운 배는

서서히 물 건너로 사라져 갔다.

자욱한 안개 속으로……

자욱한 백제의 운명 속으로 사라져 갔다.

: 10

부여융과 흑치상지는 당나라 만년현萬年縣에 거주하였다.

당나라는 백제 유민들을 다스리기 위해서는

백제 관료들이 다스리는 것이 효과적이라고 생각했다.

당나라는 백제 옛 땅을 통치하기 위해 웅진도독부를 설치하였다.

부여융을 도독으로 삼고,

당나라에 억류하였던 백제 귀족들로 요직을 구성하였다.

부여융과 흑치상지는 백제 재건의 부푼 희망을 안고,

드디어 고국으로 돌아왔다.

서기 664년 2월,

신라 문무왕의 동생인 김인문과 부여융 사이에 서맹의식誓盟儀式이

있었다.

: 11

이 얼마나 가슴 아픈 일인가

신라가 불러들인 당나라의 감시 아래

신라와 백제가 서맹의식을 맺다니,

앞으로 서로 싸우지 않겠다고

평화롭게 살겠다고

다짐하는 의식을 맺다니,

당나라 장수 유인궤의 흐뭇한 미소 아래

비굴한 표정으로 서 있는 김인문과 부여융을 어찌할까,

어찌할까

: 12

호랑이 잡으려고 궁수를 불렀다가

호랑이 잡고 난 궁수에게

집도 내주고, 목숨도 내주게 되었네

잡으라는 호랑이만 잡고 가면 되지

왜 우리 집은 내놓으라는 것인가

왜 내 목숨은 내놓으라는 것인가

궁수 한 번 잘못 불렀다가

남아나는 게 없겠네

남아나는 게 없겠네

: 13

서기 665년 8월,

부여융과 문무왕이 백마를 잡아

벌건 피를 입술에 적시는 삽혈歃血 의식을 가졌다.

백제를 그대로 존속시키려는 당나라의 뜻에

신라가 반기를 들었기 때문이었다.

당나라 장수 유인원이 삽혈 의식을 감독하였다.

:14
백제의 흙이 부르는 노래

두 왕의 입술에 붉은 꽃이 피었네

동백꽃잎 같은 붉은 꽃이 피었네

백성들의 맥박이 느껴지나요

백성들의 두둥거리는 발자국 소리가 느껴지나요

말의 모가지를 따서

백성들의 모가지를 따서 맛본,

그 핏맛이 어떻던가요

말대가리

말대가리

말대가리

하얀 옷 입고 붉은 피 흘리며 쓰러져간 말대가리들이여

쓰고 쓰고 쓰다가 쓸모없어지면

가차 없이 목 베이던, 이 땅의 풀잎들이여

그래도 또, 가차 없이 모가지 쑤욱 들이대던 말대가리들이여

두 왕의 입술에 징그러운 꽃이 피었네

굶어죽은 개똥이와

겁탈 당해 죽은 개똥이 어머니와

칼에 맞아 죽은 쇠똥이와

맨주먹으로 대들다 모가지 베인 쇠똥이 아버지와

……

온 백성들의 비릿한 지린내 나는 붉은 꽃이

두 왕의 입술에 피었네

:15

웅진도독부의 백제 관료들은

국가 재건에 심혈을 기울였다.

백제부흥운동은 이제 다시 시작이었다.

흑치상지는 아버지의 말씀을 떠올렸다.

:16

"갯벌 같은 인물이 되어라.

겉보기에는 쓸모없는 흙 같아 보이지만

그 속에는 무수한 생명이 자라느니라.

어머니 같느니라.

모든 생명을 다 보듬어 안고

모든 상처를 다 감싸 안으며

무수한 생명들을 기르고 있는,

저,

갯벌과 같은 인물이 되어라.”

“그러나, 나는 갯벌 같은 삶을 살고 있는가.

당나라의 개……

대의명분이 아니라 백성들을 위한 삶을 살겠다고 하였으나

지금의 나는 과연 그러한가.

오히려 나 스스로가 백제 재건이라는 대의명분을 쫓아

동지를 배신하고 백성들을 배신하는 것은 아닌가.

아, 모르겠구나.

어느 것이 옳은 삶이고 어느 것이 그른 삶인가.

차라리 전쟁터에서 죽는 것만도 못한 삶을 사는 것은 아닌가.

아니다, 아니다.

부여융 전하를 모시고 백제를 재건할 수만 있다면

그 어떤 괴로움도 견뎌낼 수 있으리니.”

:17

흑치상지의 눈빛이 기대감으로 들떠 있었다.

부여융과 흑치상지를 중심으로

백제부흥운동은 또다시 전개되고 있었다.

일본에 사신을 파견하기도 하였다.

당나라에 조공을 받치고 그들의 의도대로만 움직여 주면

백제는 존속할 수 있을 것 같았다.

부여융과 흑치상지는 웅진에서 백제 왕실의 왕릉들을 참배하면서

백제 왕조의 재건을 다짐했다.

백제의 중흥을 이끌었던 무령왕의 능 앞에서

다시 한 번 무령왕과 같은 시절이 돌아오기를 빌고 빌었다.

: 18

꽃이 진다고 나무를 벨 수 있으랴

벌레가 일었다고 나무를 벨 수 있으랴

나뭇가지가 부러졌다고 뿌리를 파내 버릴 수 있으랴

꽃은 졌다가도 다시 피고

나무는 벌레를 품어 안은 채 하늘을 향해 뻗어 나가네

부러진 나뭇가지가 거름되어 나무를 키워 내네

이제, 다시,

나뭇가지 부러지고

꽃도 다 지고

무수한 벌레가 갉아먹는 고목나무 같은

백제여.

이제 일어나는 일만 남았으니

선왕들께서는 굽어보살펴 주소서

우리는 곰의 영혼을 지닌 자손들

느리지만, 그침 없이, 한 발 한 발

순결한 영혼의 꿈을 따기 위해 걸어가는,

부끄럽지 않은 삶을 향해 걸어가는,

곰의 영혼을 지닌 자손들,

겨울을 넘기는 지혜를 주소서.

찬란한 봄 햇살을 맞이하며 포효할 수 있는 미래를 주소서.

가도 가도 황톳길

풀 한 포기 자라지 않는 내 영혼의 불모지에

한줄기 비를 내려 주소서.

당신을 섬기는 백제 백성들의 혼으로,

이미 죽어서도 이 땅을 떠나지 못하는 백제 백성들의 울부짖음으로,

간절히 비옵나이다.

:19

흑치상지는 능원 맞은편에 있는 웅신사에도 가서

참배를 하였다.

웅진을 보호해 주는 곰신에게,

다시 한 번,

백제 재건의 기회를 달라고 빌었다.

부디 당나라의 음모를 이겨 내고

신라의 세력을 이겨 낼 수 있게 해 달라고 빌고 빌었다.

: 20

부여융은 백성들의 신망을 한 몸에 받고 있었다.

모두들 부여융을 중심으로 백제 재건의 꿈을 이루기 위해 온 몸을 바쳤다.

그러나 신라의 공격은 거세었다.

당나라와의 연락도 끊겨 도움을 받을 수도 없었다.

당나라는 더 이상 백제 지역에 관심을 둘 수 없었다.

토번과 돌궐이 당나라를 위협하였다.

당나라는 토번과 돌궐의 싸움에 전력을 기울일 수밖에 없었다.

웅진도독부의 위세는 위축되었다.

왜와 당나라에 도움을 청하려고 했으나 뜻대로 되지 않았다.

서기 671년,

웅진도독부의 실질적인 지도자였던 이군禰軍이 신라에 억류되고 말았다.

웅진도독부는 해체될 수밖에 없었다.

서기 672년,

웅진도독부는 신라의 총공격을 이겨내지 못하고, 완전히 사라졌다.

백제의 바람이 부르는 노래

백성들이여

이제 마지막 축배를 드세

가슴속에 키웠던 반역의 불꽃 사그라드는

모닥불가에 모여서,

운명을 거부하려 애쓰던 불꽃 사그라드는

모닥불가에 모여서,

다 같이 축배를 드세

인간의 역사는 민초들의 역사가 아니라

왕들의 역사,

신하들의 역사,

아무도 기억해 주지 않는 조무래기들끼리 모여서

아무 짝에도 쓸모없는

잡초들끼리 모여서

덩 더 쿵 덩 더 쿵

지랄 같은 춤을 추세

이 한 고개 넘으면

우리 살 곳이 있을까

또 한 고개 넘으면

어린 시절 놀았던 에미 품속 있을까
풀 한 포기 자라지 않는 황톳길을 돌고 돌아
머리 위에는 땡삐 같은 땡볕 쏘아대는 황톳길을 돌아
어미들, 아비들, 자식들, 썩어 문드러져
더욱 붉어지는 황톳길을 돌고 돌아
덩 더 쿵 덩 더 쿵
꽹과리 치며 장구 치며
울음 웃으며 춤을 추세
마지막 불씨 사그라져 까맣게 남은 숯을 위해
축배를 드세

: 22

흑치상지는 다시 당나라로 가는 배를 탔다.
당나라로 건너가면서
그는 이미 죽어 있었다.
살아 있었으나,
살아 있는 것이 아니었다.

: 23

몸은 살아 있으나,
정신이 죽어 있으니,

나는 이미 귀신과 다름없는 존재로구나.

다만, 귀신처럼 싸우고 귀신처럼 살아갈 뿐……

이미 백제 재건의 꿈은 사라지고 없었네.

백제 유민들은 뿔뿔이 흩어졌고.

대부분이 일본으로 건너갔으나,

그는 당나라로 갔네.

그의 삶이 곧 무덤이었네.

: 24

무엇을 위한 삶이었던가.

사나이로 태어나서 어느 것 하나 제대로 이루어 놓은 것이 없구나.

영웅이고자 하였으나 소인배였고

부끄럽지 않으려 했으나 그 자체가 부끄러움이었네.

날마다 칼을 갈았으나 운명을 베어 내지 못했고

모든 것을 품으려 했으나 아무것도 품지 못했네.

살아 있다고 믿었으나 죽어 있는 것이었네.

나는 누구인가.

나는 무엇인가.

평생 동안 칼을 갈고 갈았으나

스스로 내 모가지 하나 베지 못하는구나.

: 25

여기 두 갈래의 길이 있으니

하나는 영광의 길이요, 하나는 치욕의 길이라

한 개의 성姓을 가진 이를 섬기는 사람은 치욕의 길로 갈 것이오

백 개의 성姓을 가진 이를 섬기는 사람은 영광의 길로 갈 것이다.

두 마리 용이 여의주를 두고 싸우는구나

이미 여의주는 빛을 잃고 생명력을 잃었는데

어느 용이 가져간들 무슨 소용이 있으랴

미천한 개구리도 우물을 벗어나 시냇물로 나가는 것을 두려워 않

으니

새로운 세상을 얻기 위해서는 이미 낡아 버린 하늘을 깨뜨려야 하네

삶은 곧 꿈이며

꿈은 단지 꿈으로 끝나니

용이 되지 못한 이무기가 피눈물을 흘리고

세상을 품으려 했으나 품지 못한 거북이의 모가지가

천근같은 갑골 속에서 나오지 못하는구나

: 26

배를 타고 당으로 가는 나날을,

흑치상지는 식음을 전폐하고 눈물만 흘렸네.

그의 부장인 사타상여 역시 굶고 있었네.

마치 벌써 저승에 갔다 온 사람들 같았네.

"나의 삶은 껍데기였네.

말만 번지르르한 삶이었네.

겉은 그럴 듯하였으나 속은 썩어 있었네.

어디서부터 잘못된 것일까.

나라와 같이 목숨을 함께한다고 했는데

나라가 망했으니

이제 나는 자결이라도 해야 하는 것이 아닌가.

그런데 왜 아직도 살아 있는 것인가."

"장군, 이 무슨 망발이오.

내가 죽지 않는 한, 아직 백제는 망하지 않았소.

장군은 살아남아 나를, 아니 백제를 섬겨야 하오."

:27

흑치상지는 부여융에게 말했다.

"주군, 차라리 소장을 죽여 주십시오.

주군과 맺은 약속을 하나도 이루지 못하고

이렇게 저 악랄한 신라 놈들에게 쫓겨 오고야 말았습니다.

앞으로 어찌, 하늘을 보며 살 수 있겠습니까.

소장을 죽여 주십시오.”

부여융은 북받쳐 오르는 슬픔을 애써 억누르며 말했다.

“이게 어찌된 일이요.

장군, 미안하오. 장군, 정말 미안하오.

이 모든 것이 내 탓이오.

내가 받아야 할 벌을 왜 장군이 받고 있소.

나는 한 나라의 왕이 될 자격이 없는 사람이오.

장군, 차라리 내가 목숨을 버려야 하는 것을……

장군, 백제의 시간이 우리 손아귀를 빠져나가고

우리 손에는 이제 아무것도 없소.

내가 장군마저 잃고 나면 무슨 힘으로 이 세상을 살겠소.

아무 죄 없이 이곳 당나라까지 잡혀온 우리 백성들,

스스로 살길을 찾아 우리를 쫓아온 우리 백성들

어떻게 하겠소.

부디, 우리 힘을 냅시다.

무엇보다 백성들을 아끼던 장군이 아니었소.

하늘 아래 백성보다 중한 것이 없다고 한 것이 장군 아니었소.

우리 다시 한 번 힘을 냅시다. 장군."

사타상여가 무릎을 꿇으며 말했다.

"주군,
백제는 아직 망하지 않았습니다.
저 대륙을 떠돌고 있는 우리 백성들을 생각해 보시옵소서.
어쩌면, 이것이 전화위복이 될 수도 있사옵니다.
또한, 대륙에는 우리와 한 핏줄인 고구려 유민들도 있사옵니다.
그들과 손을 잡으면,
오히려 저 신라 놈들을 몰아낼 수 있을지도 모르옵니다."

어떻게 해서든, 백제 옛 땅을 되찾고 싶어 하는 마음을 왜 모르겠
는가.
서로 부둥켜안은 부여융과 흑치상지의 어깨가 들썩거렸다네.
그 모습을 본 병사들조차도 눈물을 훔치며
고개를 돌릴 수밖에 없었네.
돌아갈 나라가 없는 왕과 장수의 비참함이 이와 같았다네.

백제 유민들, 일본의 개국에 기여하다

백제의 유민들은 상당수가 일본으로 흘러들어간다. 왜의 천지천황은 천도를 하여 그들을 정착시키면서 새로운 나라를 개국하는 기회로 삼는다. 일본이라는 나라가 드디어 개국한다.

: 1

서기 663년 9월 11일,

백제의 유민들은 왜를 향하여 길을 나섰다.

이제 이 땅에는 우리가 갈 곳이 없으리

지친 발걸음 달래줄 곳이 없으리

나라 잃은 백성의 설움이 이러랴

왜로 가자.

왜로 가자.

왜에는 이미 우리 백제 백성들이 자리를 잡고 있지 않는가

왜의 조정대신들도 우리 백제 백성들이 아니었는가

백제의 멸망을 알게 된 왜의 조정대신들이

피눈물을 흘리며 울부짖었다지 않는가

왜로 가자.

왜로 가자.

서기 663년 9월 24일,

백제 백성들과 왜의 병사들과 단솔 목소귀자와 곡나진수 등이

저례성*에서 배를 탔다.

갈매기 울음소리만 처참히 울려 퍼지고 있었다.

: 2

서기 665년 2월,

왜의 천지천황은 백제의 관위와 계급을 살펴

좌평 복신의 아들인 귀실집사를 학직두學職頭로 삼았다.

백제에서 망명한 400여 명을 근강近江으로 이주시켰다.

"백제가 멸망하다니,

우리 선조들의 나라가 멸망하다니,

수많은 전선과 병사들을 보내 백제 부활을 꿈꾸었건만

모두 패하고

결국 백제가 멸망하다니

참으로 안타깝구나.

백제에서 오는 사람들은 학식이 뛰어나고

또 높은 기술을 가진 사람들이 많으니

---

* 지금의 전남 구례 지역

그들에게 합당한 관직과 땅을 하사하여
새로운 나라를 건설하는 데 보탬이 되게 하리라.”
“폐하, 이제 어떻게 조상들의 고향 땅에 가 볼 수 있겠습니까?”
눈물을 흘리지 않는 사람이 없었다.

: 3

서기 665년 8월,
백제에서 망명한 달솔 억례복류, 달솔 사비복부의 지휘로
후쿠오카의 대재부에 대야성, 좌하현에 기이성을 쌓았다.
나당연합군의 침입을 대비하기 위해서였다.
달솔 답본춘초의 지휘로는 시모노세키에 장문성 등을 쌓았다.
백제 유민 2000명이 동국에 자리를 잡았다.

“근강은 나당연합군의 공격을 막기가 쉽고
온갖 물자도 풍부할 뿐만 아니라
물이 있어 교통도 편리한 곳이오.
짐은 이곳으로 천도를 하고
백제인들을 중심으로 한 나라를 개국하겠소.
비록 백제는 멸망하고 말았으나
그들의 정신은 살아남아
이곳에서 다시 부활할 것이오.”

서기 667년 3월,

천지천황은 근강의 대진궁으로 천도를 한 뒤

백제 유민들을 이곳으로 옮겨 살게 하였다.

백제 유민들이 중심이 되는 나라가 만들어지고 있었다.

지금까지와는 다른 새로운 나라가 세워지고 있었다.

: 4

서기 667년 11월,

왜국에 고안성, 찬길에 옥도성, 대마에 금전성을 쌓아

혹시 모를 신라의 공격을 대비하였다.

서기 668년 9월,

고구려가 나당연합군에게 항복하고 말았다.

"이제 백제와 고구려가 사라졌으니

신라 세상이구료.

이제 우리가 백제의 정신을 물려받은 나라요.

우리는 태양을 숭배해 왔소.

태양은 우리 세상의 생명을 낳아 주고

길러 주는 신이오.

단군이 도읍을 정했던 아사달은 태양이 비추는 곳이라는 뜻이고

배달은 밝달이라고 해서 밝은 곳이라는 뜻이오.

짐은 이것을 이어받아

새로운 국호를 일본日本으로 정하려고 하오.”

: 5

한 나라가 사라지고 새로운 나라가 생겼네.

태양은 어둠 속으로 사라졌다가도

또 다시 태어나는 법

나라 잃고 서러움에 떨던 백성들이

새로운 나라를 세우는 기틀이 되었네.

대대손손 이어 내려온 핏줄이

새롭게 흐르고 흘러

새로운 나라를 열었네.

. . . .

제 2 부

. . . .

백제는 아직 끝나지 않았다

혹치상지는 당나라의 번장이 되어 백제 재건의 희미한 꿈을 이어
간다. 마침 토번군이 쳐들어오자 출전을 한다. 당나라 장수들은
연전연패를 하게 되어 전군 몰살의 위기에 빠진다. 혹치상지는 스
스로 나서서 토번군을 물리치고 위기에 빠진 당나라군을 구해 낸
다. 이후 승승장구하는 혹치상지 아래로 수많은 백제 유민들이 몰
려든다.

: 1

당나라는 고종의 왕비인 측천무후가 장악하고 있었다.

'오랑캐는 오랑캐의 힘을 빌려 제거한다'는 원칙을 내세워
이민족 장수들 중에 뛰어난 자를 '번장'으로 삼아 외적을 방비하고
있었다.
당나라 왕실에서는 부여융에게 대방왕이라는 칭호를 부여하고
흑치상지를 번장으로 임명하여 극진한 대접을 하였다.
부여융과 흑치상지를 이용하여 백제 유민들을 다스리려는 속셈이
었다.
흑치상지는 계속 승진하여 섬서성 서향현에서 양주자사로 복무하
였다.
이 무렵, 당왕실에서는 강성해진 토번 때문에 골머리를 앓고 있었다.

서기 678년,
흑치상지는 '하원도 경략대사'인 이경현과,
공부상서로서 수군대사인 유심례를 따라 토번 공략에 나섰다.
내키지 않는 발걸음이었지만,
대륙에 백제를 재건하기 위한 부여융의 의도를 알고 있었기에,
기꺼이 출정하였다.

: 2
흑치상지는 승풍령에서 토번군을 만났다.
토번군의 위세는 대단했다.

고원 지대에 익숙하지 않은 당나라군은,

숨 쉬기가 어려워 발을 옮겨 놓기도 힘든 지경이었다.

더군다나, 이경현은 이름난 학자였으나

군대를 이끈 경험이 부족한 장수였다.

그는 처음부터 싸울 의지가 별로 없었다.

유심례가 용감하게 선봉으로 나섰지만,

이경현은 선봉군을 지원할 생각은 하지 않고

도망갈 궁리만 하고 있었다.

: 3

토번군은 검은 늑대들이었네

검은 어둠 색으로 언덕을 물들이는 데

한 호흡이 걸리지 않았네

그들은 이 언덕 저 언덕에서 갑자기 나타나서 당나라 군사를 기습

하고는

아무 일 없다는 듯이 사라졌네

점점 겁을 집어먹은 당나라 군사들은 뱀 앞의 개구리처럼

꼼짝할 수 없었네

자기도 모르는 사이에,

화살에 맞아 죽고, 목이 베여 죽고

어머니를 부르며 죽고, 자식을 부르며 죽고……

그들의 발걸음을 쫓아 죽음의 신이 어김없이 찾아다녔네

당나라 병사들은 우왕좌왕하고 장수들은 갈팡질팡하였네

토번군은 바람처럼 불어와서 스쳐가기만 했는데

당나라 병사들의 목은 추풍낙엽처럼 떨어졌네

유심례의 군대는, 결국,

토번군에게 포위당하여 몰살당하고 말았네

당나라군 본진도 승풍령에서 포위당하였네

고개마다 검은 늑대들이 자리를 잡고 당나라 군대를 내려다보고

있었네

당나라의 장수들은 어떤 대책도 내놓지 못한 채 당황하고 있었네

죽음의 신이 저벅저벅 걸어오는 소리가 들렸네

: 4

참다못한 사타상여가 흑치상지에게 신세를 한탄했다.

"장군, 이것은 전쟁이 아니옵니다.

전략도 없고, 투지도 없고, 이런 오합지졸이 어디 있사옵니까?

유심례 장군을 선봉으로 내세워 놓고,

후방 지원부대를 보내지 아니하면,

어떻게 되리라는 것은 너무나 뻔한 터,

어찌 18만의 부하를 이끄는 장수들이 한 치 앞을 내다보지 못한단

말입니까?

비록, 경략대사께서 병법에 어둡다고 하나,

그 휘하에 그것을 조언해 줄 책사가 하나도 없다는 것이 말이나

됩니까?

이러다가는 우리도 대륙백제 재건은커녕,

이 승풍령 고개에 뼈를 묻어야 하는 것은 아닌지 걱정입니다.”

사타상여의 얼굴이 벌겋게 달구어져 있었다.

: 5

흑치상지는 사타상여에게 입단속을 시키며,

역시, 당나라 장수들의 무책임함에 한탄을 하였다.

“어찌 전쟁을 책임진 장수가 저리 무책임할 수 있단 말인가.

18만의 군사를 이끌고 와서

제대로 싸워 보지도 못한 채 거의 절반의 군사를 잃고 말다니.

우리 백제가 어찌하여 이런 장수들이 이끄는 군대에게

패망을 하였단 말인가.

참으로 하늘의 뜻을 알 수가 없구나.

지금이라도 빨리, 진을 갖추고

굳건히 방비를 해야 하거늘

총책임자인 경략대사는 도망가기 바쁘고

나머지 장수들도 우왕좌왕이니 이를 어찌할꼬.

이곳, 승풍령에까지 와서 우리 모두 몰살하겠구나.

그러나, 나는 일개 번장에 지나지 않으니……

하지만, 이제, 어쩔 수 없이 우리가 나서야겠구나.”

: 6

흑치상지는,

부여융이 하사한 환두대도의 날을 헝겊으로 닦고 있었다.

용무늬가 살아나 용이 하늘로 날아오를 것만 같았고

그의 얼굴에 엇비치는 위엄이 칼에 서려 있었다.

햇살이 베어지고 있는 칼날에

흑치상지의 핏물이 흘러들고 있었다.

오른손 엄지에서 피가 흐르고 있었는데

그것을 느끼지 못할 정도로 마음이 어지러워져 있었다.

“과연 나는 옳은 선택을 한 것일까?

당나라의 개……

지수신 장군의 목소리가 늘 나를 쫓아다니니

잠 한 번 제대로 잘 수가 없구나.

과연 나는 옳은 선택을 한 것일까.

이 업보에서 벗어날 수 있을까.

백제 재건만 이룰 수 있다면……"

: 7

흑치상지는 부여융이 대륙백제와 흑치국에 관심이 있는 것을 알고

놀랐다.

비록, 신라에게 쫓겨나긴 했지만,

그는 백제의 흔적이 남아 있는 곳이 있는 이상,

백제 재건의 마지막 희망을 버릴 수 없었다.

그는 부여융과 함께,

대륙백제의 영토를 되찾자고 의기투합하였다.

옛날 근초고대왕이 다스렸던 백제의 영광이 어려 있는 땅이 아닌가.

백제의 백성들을 위해서는 그것밖에 없었다.

흑치상지가 속죄하는 길은 그것밖에 없었다.

'당나라의 개'라는 지수신의 음성이

흑치상지의 마음속에서 울리고 있었다.

살아 있어도 살아 있는 것이 아니었다.

: 8

그는 한참이 흐른 후, 비로소 입을 열었다.

"이제 바야흐로, 우리가 일어서야 할 시간이 된 것 같소.

부장들은 만반의 준비를 하고

내 뜻을 따라 내 휘하에 모여든,

우리 장한 병사들,

나라를 잃었으나

나를 믿고 그 모든 역경과 고통을 견뎌 내며

어떤 훈련도 마다하지 않던 우리 병사들에게

이제 우리 힘을 발휘할 시간이 되었음을 알리시오."

: 9

흑치상지는 경략대사를 찾아가서 담판을 벌였다.

"장군, 저는 일개 번장에 지나지 않으나,

상황이 하도 위급하여,

누군가 나서서 이 난관을 이겨 내지 못하면

우리 18만 대군이 모두 전멸하게 되었기에,

이렇게 감히 나섰사옵니다."

당나라 장수들이 눈을 내리깔고 흑치상지를 무시하였으나

경략대사는 반가워하는 기색이 역력하였다.

경략대사가 말했다.

“어서 말해 보시오.”

“우리가 저들을 물리치기 위해서는 기습과 같은 편법을 써야 합니다.
이미 저들은 우리 선봉군을 몰살시킨 뒤라,
그 기세가 하늘을 찌를 듯하오며,
우리는 저들을 야만인이라 하여 무시하였지만,
저들은 나름대로의 진법을 갖추고 있으며
무기 또한 만만치 않사옵니다.
이후의 전술 운영을 소장에게 맡겨 주시면,
소장이 활로를 개척해 보겠사옵니다.”

:10
당나라 장수들은 괘씸한 놈이라느니,
일개 번장인 주제에 감히 어디서 막말을 하느냐느니
격한 말들을 쏟아 내었다.
경략대사는 탁자를 내리치며,
고함을 질렀다.

“그러면, 다른 방안을 내놓고,
멸사봉공滅私奉公의 자세로 선군에 나설 장수가 있으면 나와 보시
오.”

경략대사의 이 말 한 마디에 막사 안이 조용해졌다.

경략대사는 말을 이었다.

"좋소. 흑치상지 장군의 작전대로 합시다.

이후, 전술 운영을 흑치상지 장군에게 맡길 것이오.

모든 장수들은 흑치상지 장군의 지시를 따르도록 하시오.

만약, 이를 어길 경우 군법으로 다스리겠소."

: 11

흑치상지는 처음으로 긴장감을 느꼈다.

"이제, 화살이 시위를 떠났구나.

운명은 하늘에 맡겨 두고

죽음을 각오하고 싸운다면 이기지 못할 적이 어디 있겠는가.

어차피 이번 전투에 우리는 모든 것을 걸어야 한다.

이번에 승리를 해야 한다.

우리 백제 유민들을 위해서라도……"

: 12

승풍령.

토번 군대는 용맹하고 빨랐네

높은 고원지대에 살아서 모든 면에서 당나라 군대보다는 유리했네

당나라 군사들은 이미 싸울 기력을 잃고 있었네

흑치상지가 다른 부대의 도움을 받는다는 것은 불가능했네

얼마 되지 않는 휘하 군사들을 데리고 전투를 치를 수밖에 없었네

하지만, 장수가 부하를 믿고

부하들이 장수를 믿고 있었네

그는 그가 데리고 있던 군사들 중에서

가장 날랜 군사들을 따로 불러 모아

결사대를 조직했네

부여융과 함께 옛 백제의 영광을 재현하기 위해

그가 진작부터 키우던 백제의 청년 무사들이었네

부여융은 백제인들의 나라를 만들어 통치할 수 있다는 믿음을 지니고

하나씩 하나씩 준비하고 있었네

이번 전투 참여도 그 일환이었네

이 전투에서 공을 세워야

흑치상지와 부여융의 입지가 확고해질 수 있었네

그래야 백제 유민들을 보호할 수 있었네

지원자가 너무 많았네

그는 뒤에 부양할 가족이 없는 사람들만 따로 뽑았네

500명!

:13

혹치상지는 속으로 기원을 하고 있었다.

"오늘, 이들을

우리 백제인을 위해서가 아니라 당나라를 위해서 써야 하다니……

아니다, 오히려 잘된 일인지도 모른다.

이들의 능력을 시험해 볼 수 있을 뿐만 아니라

이번 전투에서 공을 세운다면 그만큼 우리의 입지도 탄탄해지지

않겠는가.

어둠이여 우리를 보호하소서.

적이 눈치채지 못하게 우리의 몸을 검은 장막으로 가려 주시고

흙이여, 돌이여, 나무여, 풀이여

우리가 내는 소리를 모두 가려 주소서.

저 검은 늑대들을 무찌르게 해주소서.

우리 백제를 지켜 주시던 정령들이시여,

이제 막다른 벼랑에 선 우리 백제인들을 굽어살피소서."

:14

혹치상지는 말발굽에 천을 감게 하고,

칼소리도 나지 않도록 주의를 시켰네

밤의 정령이 그들의 몸을 검게 감싸고,

흙과 바위와 풀과 나무들이 숨을 죽였네

나뭇잎 떨어지는 소리도 들리지 않고,

새와 짐승들이 숨을 죽였네

별빛과 달빛이 바르르 떨리는 소리가 들릴 정도였네

그리고 마침내 토번 진영을 급습하였네

승기를 잡고 마지막 결전 준비를 마친 채

느슨해져 있던 토번 군대는

저승사자처럼 달려드는 오백 결사대를 감당할 수가 없었네

:15

술병을 들고 뛰는 놈

양의 다리를 들고 뛰는 놈

옷을 갈아입다 알몸으로 도망가는 놈

천막 안으로 숨는 놈

양떼 속으로 도망가는 놈

장비를 갖추고 전투를 할 수 있는 놈은 손가락으로 셀 정도였네

사방이 불바다를 이루었네

흑치상지의 환두대도가 춤을 추었네

죽기 위해 전장에 나섰네

한 맺힌 칼날이었네

백제 백성들의 한이 담긴 칼날이었네

저주받은 운명을 베기 위한 칼날이었네

승리를 해도 웃을 수 없는 칼날이었네

당나라 장수들의 웃음을 베고 싶은 칼날이었네

나라 잃은 슬픔을 베는 칼날이었네

왕을 모시지 못한 한을 베는 칼날이었네

한 자루의 칼을 휘둘렀으나

백 개 천 개의 칼날이 휘둘러지는 것 같았네

백제의 전쟁터에 묻고 온

개똥이 쇠똥이

개똥아재비 쇠똥어매

울부짖으며 죽어간 백제 백성들의 한으로

휘두르는 칼이었네

: 16

결사대의 가슴속에도

나라 잃은 백성의 노래가 메아리치고 있었네.

나라를 지키지 못한 한으로,

백제 백성들이 부르던 노래였네.

산유화야 산유화야

우리 백제 있던 곳으로 가는 배는 순풍에 돛을 달고
북을 둥둥 울리면서 어기여차 저어 가는데
그 옛날 우리 왕을 모시고 떠났던 배가 이 배 아니냐

산유화야 산유화야
이런 말이 웬말이냐
나라 위해 생겨난 목숨 백강에 버렸으니 슬프구나 어와 벗님
구국충성 다 못했네

산유화야 산유화야
입포에 있는 남당산의 우리 임금님은 어찌 그리 정이 많아
매년 팔월 십륙 일은 모든 백성들 다 모인다 무슨 모의 있다더냐

사비강 맑은 물에 고기 잡는 낚시꾼들아
온갖 고기 다 잡아도 우리 혼백 魂魄은 낚지 마라
이 내 몸 죽으면 다시 그리 찾아가리니

산유화야 산유화야
너를 부여안고 울고 운 지 몇 해던고
강산 풍경 좋고 좋아도
하늘 높고 땅이 넓어도 이 한 몸 깃들 곳이 없구나

:17

검은 어둠 사이로 하얀 칼날이 춤을 추었네

하늘에서는 별이 지켜보고 달이 내려다보았네

그 한을 무엇으로 달랠 것인가

칼에 귀신이 붙은 것 같았네

한 번 휘두르면 불꽃이 십여 개 일었네

동쪽을 휘두르면 서쪽이 같이 쓰러지고

앞을 찌르면 뒤가 같이 무너졌네

온 세상이 숨을 죽이고 그 칼춤들을 지켜보고 있었네

세상이 멈춰 있고 오로지 결사대의 칼날만 움직이고 있었네

숨 쉴 수 없는 돌개바람이 수십 차례 휩쓸고 간 뒤에야

나무는 비로소 나뭇잎을 떨어뜨리고

별은 빛을 낼 수 있었네

:18

토번 추장 발지설은 군대를 버리고 달아나고

결사대 몇 명이 그를 쫓으려 했으나,

흑치상지는 만류했다.

"우선, 아군의 퇴로를 여는 것이 중요하다

더 이상 적을 쫓지 말고 군장비와 양식을 챙기고

빨리 본진으로 합류하라."

: 19

이경현을 비롯한 당나라 장수들은

흑치상지의 덕을 칭송하는 데 정신이 없었다.

저승까지 넘어갔던 자신들의 목숨을

가까스로 찾아온 흑치상지에게

경외심을 품게 되었다.

이경현은 나머지 군대를 이끌고,

가까스로,

무사히,

서주로 퇴각할 수 있었다.

: 20

승전 소식을 들은 당 고종은 흑치상지를 좌무위장군과 검교좌우

림군에 발탁하고

금 5백 냥과 비단 5백 필을 내려 치하하였다.

그러나, 흑치상지는 하나도 기쁘지 않았다.

이미 충성할 나라가 없는 장수였고,

이미 죽어 있는 장수였다.

: 21

그는 모든 공을 자신의 군사들에게 돌렸다.

"그대들이 없었다면 어찌 승리할 수 있었겠는가.

그대들이 곧 나요,

내가 곧 그대들이지 않은가.

이 금과 비단은 모두 그대들이 받아야 마땅한 것이라,

나는 전쟁의 모든 공과를 그대들과 함께할 것이다.

그러니, 이것들을 공평히 나누어 갖고

칼과 창의 날을 날카롭게 하는 데 한 치의 틈도 없게 하라."

: 22

군사들이 모두 그의 덕을 칭송하고

그의 휘하에 들고 싶어 하지 않는 이가 없었다.

: 23

서기 679년, 토번이 또 군사를 일으켰다.

찬파와 소화귀가 거느린 3만 명의 군대는

양비천에 주둔하고 있으면서 늑대처럼 날뛰었다.

: 24

찬파는 속으로 이를 갈았다.

"지난번에는 여우같은 흑치상지에게 당했지만, 이번엔 어림없다.

당의 장수들은 하나같이 전투 경험이 없고 나약하므로

우리가 들불처럼 들이치면 아무도 막을 수 없을 것이다.

다만, 그 흑치상지라는 놈은 조심해야 한다.

야습을 조심하라.

경비를 철저히 서야 한다.

토끼 새끼 한 마리 움직이는 것까지 확인해야 한다.

이번엔 반드시 원수를 갚고, 우리 영토를 넓혀야 한다."

찬파와 소화귀는 부하 장수와 병졸들을 독려하며

전날의 패배에 대한 앙갚음을 위해

이를 악물었다.

: 25

검은 구름이 폭풍우를 몰고 오는 듯이 토번군이 들이닥치더니

들판에는 당나라 군사들의 시체가 즐비하였네

들짐승들이 몰려들어 시체를 물어뜯고

날짐승들이 내장을 파먹었네

지옥이 따로 없었네

이경현은 연거푸 전투를 지휘하였지만

계속 참패를 당할 뿐, 대책이 없었네

두려움에 떨며 뒷걸음질치는 당나라 군사들의 모습을 보며

흑치상지는 다시 선봉에 나설 수밖에 없었네

: 26

"소장이 나서서 적을 물리치겠사옵니다.

적은 이미 진법을 알고 있을 뿐만 아니라,

이곳 지형을 잘 알고 공격을 해오고 있사옵니다.

더군다나 그 사기 또한 충천하여,

어떤 군대가 와도 쉽게 이길 수 없사옵니다.

그러므로, 들판과 같은 평지에서 싸운다면 백이면 백,

모두 패할 수밖에 없습니다.

소장에게 기마병 3천만 주시면, 반드시 승리를 거두겠사옵니다."

이경현은 반가워하며 흔쾌히 수락을 하였다.

: 27

흑치상지는 기마병 3천 명을 이끌고 야습을 감행하였네

소리도 없었고 보이지도 않았네

바람이 한 번 휙 하고 지나갔을 뿐이었네

나뭇잎 몇 개가 휘날리고

달무리가 지고 달빛이 붉게 충혈되었을 뿐이었네

토번군은 힘 한 번 써보지 못하고 무너졌네

2천여 명의 토번군의 시체가 산을 이루었네

흑치상지는 수만 마리의 양과 말을 노획하였네

찬파는 말 한 마리에 몸을 싣고

겨우 도망치면서 한탄을 하였네.

"당나라에 저렇게 지혜롭고 용맹한 장수가 있었다니……

아, 알면서도 당하니…… 이 무슨 신이 내린 조화란 말인가……"

:28

흑치상지는 이경현을 대신하여 하원도 경략대사가 되면서

물物 4백 필을 상으로 받았으나,

그것 역시 부하들에게 모두 나눠 주었다.

당나라 군사들마저 그를 존경하는 마음이 하늘에 닿을 정도였다.

이제 흑치상지는 당나라 군대의 최고 실력자로 우뚝 섰다.

그 밑으로 백제인들이 몰려들었다.

하지만, 그의 가슴 한 구석에 남아 있는 공허감은 지워지지 않았다.

: 29

"나는 누구인가.

백제 사람인가, 당나라 사람인가.

당나라가 내 조국의 원수라면,

나는 마땅히 토번의 편에서 당나라를 쳐야 하거늘,

지금 나는 당나라의 편에 서서 토번을 치고 있다.

옛 백제의 영광을 부활하려면, 당나라가 혼란스러워야 하는데

그래야 그 틈에 당나라에 통합되어 버린 옛 대륙백제의 영토를

지배할 수 있을 텐데……

나는 무엇 때문에 여기에 서 있는가.

내가 힘을 키워야 한다.

그래야 부여융 전하와 나의 꿈이 좀 더 빨리 이루어질 테니.

오냐, 내 너희들 뜻대로 움직여 주마.

하지만, 조금만 기다려라.

때가 오면, 그때가 오기만 하면……"

좀 더 뚜렷해지는 희망의 불꽃이

그의 가슴을 하나 가득 채우고 있었다.

: 30

그 후, 흑치상지는 하원군 지역에 주둔하였다.

그는 곧바로 봉수대 만드는 일에 매진하였다.

기습에 능한 토번을 대비하기 위해서는 봉수대가 필요했다.

당나라 백성들은 번장인 흑치상지에게,

처음에는 불평도 많았지만

손수 흙을 나르고 벽돌을 쌓고

백성들과 음식을 같이하는,

그의 인품에 감화되어 가고 있었다.

: 31

흙을 나르세

흙을 나르세

이 흙은 우리네 목숨이라네

이 흙을 쌓아야 오랑캐 놈들 막아 내고

우리 부모, 우리 자식, 우리가 지킬 수 있다네

우리 장군, 흑치 장군

하늘이 내린 장군을 모시고 있으면

이제부턴 오랑캐 놈들 하나도 무섭지 않다네

: 32

봉수대를 만드는 데,

장수가 따로 없고,

병졸이 따로 없었다.

어린아이들도 그 조그만 손에

흙 한줌씩이라도 나르고 날랐다.

그렇게 해서 만들어진 봉수대가 70여 군데였다.

흑치상지와 그를 따르는 백제 유민들은 속으로 눈물을 흘렸다.

백제도 이렇게 온 백성이 하나 되어 봉수대도 세우고

미리미리 대비했더라면, 오늘, 이 지경까지는 되지 않았을 것을……

이어서 그는 온갖 잡초가 자라는 황야를 개간하기 시작하였다.

변방의 군사들을 유지하려면,

군사들의 삶이 안정되어야 하기 때문이었다.

힘든 작업이었지만, 모두들 얼굴엔 웃음이 가득했다.

오랜만에 맛보는 평화와 즐거움이었다.

손바닥이 갈라지고 손등이 터지고 정강이가 풀에 베이기도 했지만

모두들 즐거워했다.

노동을 마치고 집으로 돌아가는 그들의 지친 몸을

석양이 쫓아가며 부드러운 빛으로 어루만져 주곤 했다.

그렇게 해서 개간한 땅이 1500만 평이나 되었고,

해마다 수확한 곡식만 해도 백여만 곡이나 되었다.

그러면서도, 군사 훈련을 철저히 하여 수비에 만전을 기하였다.

이제 백제 유민들뿐만 아니라,

당나라 사람들도 흑치상지를 우러러보게 되었다.

어른들이 그를 칭송하는 노래를 부르고 아이들이 따라 불렀다.

: 33

잡초로 태어나 잡초처럼 홀대 받고 사는 우리네 인생
짓밟히고 짓밟혀서 뿌리까지 썩어 문드러지는 우리네 인생
죽고 싶어도 죽지 못하고 우리 목숨은 우리 목숨이 아니었네
동에서 오신 흑치 장군이 비로소 우리를 사람대접해 주시네
어차피 죽을 목숨 우리를 알아주는 장군 위해서라면
무엇이든 아까울 게 있으랴

백제를 다시 세우리라

흑치상지가 자리를 확고히 잡으면서 차근차근 백제부흥의 단계를
밟아 가고 있을 무렵, 당나라 왕궁에서 부여융과 흑치상지를 견제
하기 시작한다. 그러다 갑자기 부여융이 죽고 만다. 시련에도 불
구하고 흑치상지는 백제 재건의 기틀을 더욱 확고히 한다.

: 1

칭송이 더해지면 더해질수록

당나라 왕실에서 그를 감시하는 시선은 싸늘하기만 했다.

겉으로는 그의 덕을 칭송하고

그의 승리를 찬양하는 것 같았으나

그 속에 뱀의 혀 같이 음험한 기운이 싹트고 있었다.

그렇게 흑치상지는 자신도 모르는 사이에

권력 투쟁의 암운 속으로 빨려 들어가고 있었다.

: 2

서기 681년,

찬파가 다시 군사를 일으켜 청해에 진을 쳤지만

이미 승부는 난 것이나 다름없었다

흑치상지는 1만 명의 정예 기병을 거느리고

토번 군대를 단숨에 깨뜨려 버렸다.

양곡 창고를 모두 불태웠을 뿐만 아니라,

양이나 말과 같은 가축들을 노획하였다.

당나라 고종은 조서를 내려 그의 노고를 위로해 주었다.

그는 당나라의 태평성대를 가져오는 데 크게 기여했다.

하지만, 그에 대한 경계의 눈은 더 많아졌다.

그가 당나라 군대에 있던 7년 동안

토번은 흑치상지를 두려워하여 감히 변경을 노략질하지 못하였다.

그는 전쟁을 수행하면서도 당나라 왕궁에 신경을 집중했다.

당나라 왕궁이 돌아가는 상황을 살피며
은밀히 백제부흥의 기틀을 다지고 있었다.
그러나, 호사다마라고 하던가,

: 3

서기 682년, 부여융의 죽음을 알리는 비보가 날아들었다.
땅이 갈라지고 하늘이 무너지는 슬픔이
흑치상지의 가슴을 짓눌렀다.
더군다나, 그 죽음에 대해 떠도는 소문은 흉흉하기 짝이 없었다.

당나라 왕실에서 시키는 대로
말을 듣지 않아 독살을 당하였다느니……
당나라 왕실에 반기를 들기 위한 준비를 하다가
탄로가 나서 자결을 하였다느니……
당나라 군부에서 흑치상지를 견제하기 위해
죽음을 사주하였다느니……

: 4

“이제 어찌한단 말인가.
어찌 하늘은 이리도 야속하단 말인가.
부여융 전하,

저 물을 건너오면서 우리가 흘린 눈물이 아직도 마르지 않았거늘,

어찌 이리 빨리 가신단 말입니까.

이제 소장은 어찌해야 합니까."

: 5

흑치상지는 환두대도를 찾아 들었다.

매일매일 갈고 닦아서 숨소리가 베어질 정도였다.

그는 갑자기 환두대도에 손가락을 가져다 댔다.

피가 방울방울 맺히고 있었다.

그는 그대로 하얀 천 위에 글을 쓰기 시작했다.

소무목양 양금택목 백제부흥 蘇武牧羊 良禽擇木 百濟復興

핏물과 눈물이 범벅이 되고 있었다.

: 6

"기필코 전하와 저의 소원을 이루고 가겠습니다.

우리 백제 백성들의 소원을 이루고 가겠습니다."

그는 촛불에 그 천을 태웠다.

그리고, 그는 눈물을 닦았다.

아무 일도 없었다는 듯이.

: 7

"이제부터 조심해야 한다.

조금이라도 의심받을 일을 해서는 안 된다.

철저하게 당나라 사람이 된 것처럼 살아야 한다.

측천무후가 지금은 나를 신임하고 있지만,

진실로 신임하는 것이 아니라는 것을 잘 알고 있다.

쓸모가 없어지면,

나 또한 부여융전하처럼 버려질 것이다.

그전에, 모든 일을 끝낼 수 있어야 한다.

그러려면 나의 충성심을 보여 줄 수 있어야 한다."

: 8

어느 때부터인가,

그를 감시하는 눈들이 하나둘씩 늘어가고 있었다.

측천무후도 흑치상지도 겉으로는 서로를 환대하고 칭송을 하고 있었지만,

속으로는 서로의 속내를 측량하며, 경계하고 있었다.

심지어, 측천무후는 밀정을 두어 흑치상지를 경계한다는 소문까지 돌고 있었다.

흑치상지는 더욱 조심하며,

조용히 부여융과의 약속을 되새기며

마음을 닦고 있었다.

환두대도, 황화퇴를 베다

흑치상지는 서경업의 난을 진압하고 돌궐의 침입을 거듭 물리치면서 측천무후의 신임을 다시 얻는 데 성공한다. 최후에는 돌궐을 사막 너머로 몰아냄으로써 당나라의 영토를 넓히는 데 혁혁한 공을 세운다. 그러나 흑치상지는 시간이 흐를수록 무력감에 빠져 간다. 나라 잃은 장수의 한 때문이었다.

: 1

서기 684년,

사타상여가 흑치상지를 찾아 긴급한 소식을 알렸다.

"장군, 서경업이 난을 일으켰다고 하옵니다.

유주사마로 좌천되자 양주에서 반란을 일으켰다고 하옵니다.

그는 양주사마를 자칭하며 양주 지방의 병력을 장악하였고

민심을 장악하기 위해,

측천무후에게 죽임을 당한 장회태자 이현을 닮은 사내를 앞세워

태자는 살아 있다고 선전하고 있다고 합니다.

당 황실의 복원이라는 명분으로 민심을 얻고 있사온데

많은 백성들이 합류해 와 세력을 키우고 있다고 하옵니다."

: 2

흑치상지는 하늘이 기회를 주시는 것이라 생각하였다.

그는 은밀히 자신이 반란군을 진압하는 작전에 투입될 수 있도록

손을 썼다.

측천무후의 환심을 사서,

그간의 의심을 없애는 데에 이만한 기회가 없었기 때문이었다.

: 3

측천무후는 이효일을 파견하여 반란을 진압하도록 하였는데,

이때 흑치상지는 강남도행군대총관으로 참전하였다.

하지만, 진압군도 반란군의 위세에 눌려 별다른 성과를 내지 못

했다.

측천무후의 전횡과 핍박을 견디다 못한 백성들이 들고 일어서서

이래 죽으나 저래 죽으나 마찬가지라며 끈질기게 달려들었다.

장수들이 이러지도 못하고 저러지도 못할 때,

측천무후의 불호령을 두려워하며

서로 눈치만 보고 있을 때,

흑치상지가 반란군을 제압할 꾀를 내었다.

: 4

그는 연을 만들고 그 꼬리에 불을 매달아 서경업의 진영에 띄웠다.

사흘 밤을 계속하니,

서경업의 진영에서는 점점 소란이 커져갔다.

이는 하늘의 뜻이라느니

서경업의 역모가 하늘의 진노를 산 것이라느니

온갖 유언비어가 횡행하였다.

기회를 노리던 진압군이 마침내 들이닥치자

반란군은 변변한 대적 한 번 못 해보고 대패하고 말았다.

서경업은 해릉 부근까지 쫓겨 가다가 부하 장수에게 피살되고 말

았다.

흑치상지는 위세와 명성을 더욱 크게 떨치게 되었다.

그 공로로 좌무위대장군과 겸교좌유림군에 임명되고

측천무후의 환심을 사고자 하는 뜻을,

마침내 이루었다.

: 5

서기 686년,

돌궐 군대가 당나라의 변방을 공격하였고,

흑치상지는 또다시 그들을 물리치기 위해 부름을 받았다.

그는 사타상여를 불러 돌궐에 대해 알아보게 했다.

: 6

"장군, 돌궐의 왕인 쿠틀룩이 북부의 연주 일대를 습격하여

3만 두에 달하는 말과 양떼, 그리고 낙타를 약탈해 간 적이 있사

온데,

이를 계기로 흩어져 있던 돌궐족이 모이기 시작하였다고 하옵니다.

이어서 거란 및 당과 이어진 오우주 족들을 격파시켰고

이를 계기로 쿠틀룩은 '합한楬寒'임을 선포하였습니다.

그들의 공격은 기습적인 약탈을 특기로 한다고 하옵니다.

쿠틀룩은 1년에 7-8차례 정도의 습격을 해 왔었고

그들의 영토는 계속 확장되어 왔습니다."

: 7

흑치상지는

전군에게 항시 전투 준비를 하고 있으라고 명령을 하달하였다.

언제 어디서나 곧 전투에 임할 수 있도록 명령하였다.

그가 나서면 모든 백성들이 하나가 되었다.

그의 말 한마디,

행동 하나하나가,

백성들의 모범이 되고
지침이 되었다.

: 8

장수와 병졸이라는 신분은 단지 신분일 뿐,
그들은,
똑같이 소중한 사람이라는 생각으로 이미 하나가 되어 있었다.
"우리 모두는 하늘이 낸 사람들이다.
눈이 크고 작은 게 무슨 차이인가.
키가 크고 작은 게 무슨 차이인가.
머리가 크고 작은 게 무슨 차이인가.
그 어떤 것도
우리가 똑같은 하늘을 이고 살며
똑같은 음식을 먹고 살며
서로가 서로의 하늘이 되어 주고
땅이 되어 주어야만
살 수 있는 존재라는 것을
부정할 수는 없는 것.
그대들은 나와 다른 피를 가진 사람들이지만
우리는 돌궐의 오랑캐 앞에서 하나이다.
그대들이 백제인이고 우리 백제인이 그대들이다.

자, 이 환두대도 앞에 맹세하고 나를 따르라.

저 오랑캐들을 무찌르기를!"

:9

풀과 나무와 돌과 흙이 한 몸이 되었다네

흑치상지와 백성들이 한 몸이 되었다네

새와 바람이 한 몸이 되고

물과 물고기가 한 몸이 되고

창과 칼이 한 몸이 되었다네.

이미 그들 앞을 막아설 수 있는 것은 아무것도 없었다네

:10

흑치상지가 돌궐을 추격하여 양정兩井이라는 지역에 이르렀을 때였다.

돌궐 기병 3천 명 정도가 장비를 풀어 놓고 쉬고 있다는 첩보가 들어왔다.

그는 서둘러 기병 선발대 2백기를 지원받았다.

그리고 그들을 이끌고 돌궐 기병들에게 들이닥쳤다.

돌궐 기병들이 갑옷을 황급히 입으며 당황했다.

그가 환두대도를 휘둘러 대자 돌궐 기병들은 허수아비처럼 쓰러졌다.

풀들이 돌궐군의 피로 물들었고
흙과 돌 사이로 핏물이 흘렀다.
돌궐 기병들은 모두 갑옷을 버리고 달아났다.
군사들은 용기백배하여 승리의 함성을 질러 댔다.

: 11
얼마 뒤, 또다시 대규모의 돌궐군이 밀려왔다.
흑치상지의 군사들은 숫자 면에서 너무 열세였다.
그는 부하 장수들과 전략회의를 열었지만 뾰족한 수가 없었다.
그는 임기응변의 꾀를 냈다.

"지난번에는 하늘이 도와서 돌궐 기병들을 물리칠 수 있었소.
하지만, 이번에는 다르오.
이미 숫자상으로 우리는 저들의 적수가 되지 못하오.
그러니, 바로 전투를 벌였다가는 우리 모두 몰살당하고 말 것이오.
부장들은 지금부터 병사들을 시켜서 나무를 베게 하시오.
그리고 그것을 군영 한가운데 쌓아 놓고 횃불을 밝히시오.
돌궐군으로 하여금,
우리가 후방 부대에 신호를 보내는 것으로 보이게 하여야 하오.
지금은 이 꾀에 저들이 속아 주기를 비는 수밖에 없소."

:12

그의 말이 끝나기가 무섭게

군영에는 높은 나뭇더미가 쌓이고 불이 올랐다.

마치 봉수를 올리는 것처럼 보였다.

흑치상지의 명성을 익히 들어 알고 있는 돌궐군은

함부로 공격을 할 수가 없었다.

때맞춰 동남쪽에서 갑자기 큰 바람이 일어나자

돌궐 군대는 구원군이 당도한 것이라고 생각하고

그대로 달아나고 말았다.

병사들은 흑치상지의 전략에 감탄을 하면서

피 한 방울 흘리지 않고 승리한 것을 칭송하였다.

:13

흑치상지는 외몽골 지역을 관할하는 연연도대총관에 임명되었다.

서기 687년,

돌궐 쿠틀룩이 다시 침입을 하였다.

흑치상지는 말갈 추장 가문인 이다조와 왕구언 등을 부장으로 삼아

군대를 이끌고 황화퇴에서 적과 마주하였다.

:14

검은 어둠과 찬란한 태양이 황화퇴에서 맞부딪쳤네

땅이 진동을 하고 하늘이 얼굴을 찌푸렸네

풀뿌리가 짓이겨지고 흙먼지가 하늘을 가렸네

환두대도가 춤을 추었네

빠른 듯 느리고 느린 듯 빨랐네

오른쪽을 베는가 싶더니,

어느새 왼쪽을 베고

적의 피가 갑옷을 다 적시고 있었네

천년 묵은 학이 마지막 울음을 우는 듯

하늘로 날아오르지 못한 이무기가 꿈틀대는 듯

가슴 아픈 검무를 추고 있었네

:15

이제 흑치상지의 나이 60이 가까워 오는데

전쟁터에서 보낸 일평생이 과연 무엇을 위한 것이었던가

환두대도는 누구의 목을 베기 위한 것이었던가

돌궐이었던가,

토번이었던가

그는 지금 무엇을 하고 있는 것인가

그가 검을 부리는 것인지, 검이 그를 부리는 것인지 알 수가 없었네

그의 몸이 검이 되고, 검이 그의 몸이 되기를 수십 번 반복하였네

옆에서는 이다조와 왕구언의 칼날이 같이 춤을 추고 있었네

나라를 잃고 번장이 된 운명이 그들을 하나가 되게 했네

나뭇가지 하나를 꺾기는 쉬우나

그것이 뭉쳐지면 뭉쳐질수록 꺾기는 어려운 법.

종족을 뛰어넘고,

신분을 뛰어넘어,

흑치상지를 중심으로 똘똘 뭉친 군대를

제 아무리 막강한 쿠틀룩이라도 이길 수가 없었네

쿠틀룩은 뒤로 물러서기 시작하였네

꼬리를 꽁무니에 감춘 늑대 새끼들처럼

낑낑대며 두려움에 떨기 시작했네

도저히 감당할 수 없는 절망이 황화퇴에 쌓이고 또 쌓이고 있었네

들판에 흙먼지가 일고

높은 봉우리마다 처절한 돌궐군의 절규가 울려 퍼지고 있었네

쿠틀룩은 훗날을 도모하고 싶었으나

흑치상지의 끈질긴 추격을 벗어날 수가 없었네

: 16

"아, 당나라의 번장 하나 때문에

우리의 운명이 다하는구나."

쿠틀룩은 치를 떨면서 도주를 하기 시작했네

하지만, 풀들이 말의 발목을 휘어 감고
자갈돌들이 말의 걸음을 막고 있었네
흙먼지가 말들의 눈을 가리고 있었네
흑치상지의 군대는 40리나 추격하면서
쿠틀룩의 군대를 궤멸시켰네
쿠틀룩은
쫓기고 쫓기다 사막지대로 들어가서야 겨우 목숨을 부지했네
흑치상지는 돌궐을 북쪽의 사막 지대로 몰아 버리고
당나라의 영역을 넓혀 놓았네
흑치상지는 연국공이라는 작위와 식읍 3천호를 받았네

: 17
그러나, 흑치상지는 전혀 기쁘지 않았네.
이제 당나라의 변방이 평화를 찾으면 나는 어떻게 될 것인가.
몸에 맞지 않은 옷을 입은 듯
남의 나라 장수가 되었는데,
높은 자리에 오르면 오를수록 두려워진다.
내 비록 백제의 백성을 위해서,
대륙백제의 부활을 위해서
남의 나라의 장수로서 기꺼이 나를 바쳤지만
하늘이 원망스럽기만 하구나.

적을 물리쳤으나 기쁘지 않은 시절이로구나.

못다 이른 말 한마디

흑치상지는 돌궐의 침입을 막기 위해 출정을 했다가 억울한 누명을 쓰고 감옥에 갇힌다. 당나라 왕궁에서는 번장인 흑치상지의 세력이 커지는 것을 두려워하여, 그를 제거할 음모가 진행된다.

: 1

흑치상지는 또다시 돌궐 토벌에 나섰다.

좌감문위중낭장 찬보벽이 그와 함께했지만,

찬보벽은 모든 전략을 흑치상지와 의논하라는 왕궁의 명령을 어겼다.

그는 혼자 공을 세우려고 안달난 사람이었다.

흑치상지가 돌궐에 대한 정보를 주고

경거망동하지 말 것을 요청하였지만,

듣지 않았다.

그는 혼자서 무리한 진격을 감행하다가 몰살되고 말았다.

찬보벽은 패전의 책임을 지고 참수형에 처해졌다.

하지만, 흑치상지도 책임을 질 수밖에 없었다.

당나라에 온 후로 연전연승을 하던 그였지만,

그가 치른 전투도 아닌,

이 한 번의 패배가 그를 궁지에 몰아넣었다.

왕궁에서도 껄끄러웠던 흑치상지를 쳐내기 위한 음모가 진행되고

있었다.

: 2

눈엣가시 같은 번장이었다.

더군다나 이제 변방은 어느 정도 평화를 유지하고 있었다.

더 세력이 커지기 전에 제거해야 한다.

측천무후의 의중을 눈치챈 아첨꾼들이

쥐새끼들처럼 음모를 꾸며 내고 있었다.

: 3

"흑치상지는 이제까지 져 본 적이 없는 장군이오.

앞으로도 그럴 것이오.

그 용맹하다던 설인귀 장군도 대패한 토번을 물리친 장군이 아니오.

이미 백성들의 신망도 두터워

함부로 할 수 없는 사람이오.

그리고, 은밀히 백제 부흥을 꿈꾸던 자가 아니오.

이미 수많은 백제 유민들이

흑치상지 휘하에서 거사 기회만 기다리고 있다고 하니,

더 이상 가만 놔뒀다가는 우리 황실의 큰 우환이 될 것이오.

더군다나 전국 각지에서 반란의 싹이 자라고 있는데

흑치상지 같이 큰 인물은 애초에 제거해야 하오."

: 4

때마침 우응 양위장군 조회절의 모반 사건이 일어났다.

측천무후의 최측근인 주흥은

이 사건과 결부지어

흑치상지를 옥에 가뒀다.

혹독한 고문이 가해졌다.

뼈마디가 으스러지고 살점이 뜯겨져 나갔다.

정신을 잃기를 여러 번하였으나

그는,

결코 비굴하지 않았다.

: 5

감옥을 지키는 장수들 중 몇몇은

그에게 몰래 물을 떠다 바치기도 하였다.

"장군님, 저희는 승풍령 전투에서 장군의 도움으로 목숨을 보존하였사옵니다.

적의 화살을 다리에 맞고 피 흘리는 저를,

손수 천으로 싸매 주시고 치료해 주시지 않으셨습니까.

적의 추격을 피할 수 없을 지경인데도,

장군님은 저희 같은 부상병들을 하나도 버리지 않고

모두 구해 주셨습니다.

그때 이미 저는 죽은 목숨이었습니다.

장군님 덕택에 살아났으니, 제 목숨은 장군님 것입니다.

우리 병사들 가운데 장군님 은혜를 입지 않은 자가 몇 있겠습니까.

지금, 여기에 있는 병사들 중에도 장군님 휘하에 있던 장수들이 몇 되옵니다.

장군님, 저희가 장군님의 탈출을 돕겠습니다.

지금 이대로 옥고를 치르다가는 목숨 부지가 어렵사옵니다.

저들은 지금, 장군을 죽일 꼬투리를 찾기 위해 혈안이 되어 있사옵니다.

밤을 틈타 저희들이 길을 열 것이오니, 저희와 같이 가시지요."

:6

흑치상지는 반가운 듯이 눈에 가득 눈물을 담고

부르튼 입술로 겨우 말을 했다.

"그대들 마음은 고마우나, 나는 한 나라를 지키던 장수요.

장수가 해야 할 일과 하지 말아야 할 일이 있는 법이요.

내 비록, 모함을 받아 사경을 넘나드는 처지에 있으나

죽음이 두려워 탈출을 한다면

그것은 이미 나의 반역을 인정하는 것이 아니겠소.

그러면 나를 따르던 병졸들과 가족,

그리고 백성들의 좌절과 절망을 어찌한단 말이오.

나는 이미 한 개인이 아니오.

나를 따르던 수많은 사람들이 나와 함께하고 있소.

그리고, 나는 그들을 버릴 수 없소.

내 목숨보다 그들이 더 소중하기 때문이오.

무엇보다, 내 몸속에는 아직도 대백제국 장수의 피가 흐르고 있소.

비굴하게 사느니, 명예롭게 죽고 싶소.”

그 말을 들은 장수들은 소매로 눈물을 훔치며 울음을 삼켰다.

: 7

흑치상지는 이제 운명이 다했음을 알았네.

무슨 말을 해도, 무슨 수단을 강구해도

빠져나갈 수 없는 늪에 빠져 있음을 알았네.

측천무후는 주흥의 무고誣告를 알면서도 짐짓 모른척 했고,

주변의 신하들이 흑치상지의 무죄를 주청하여도

못 들은 척했네.

: 8

측천무후마저 한탄을 하였네.

"내, 비록 어쩔 수 없이

황실의 안녕을 도모하기 위해

흑치상지를 죽여야 하나

안타깝기만 하구나.

저런 장수가 우리 당나라에 태어났더라면 얼마나 좋았을꼬.

당나라의 안녕을 위해서도,

저런 장수가 필요하거늘,

이제 흑치상지를 죽이는 게……"

측천무후는 마음속으로 번민과 방황을 거듭하고 있었다.

: 9

흑치상지는 거북이……

모가지가 나오지 못하는 거북이……

임금이 나오지 않는다는 뜻 아닌가.

장수가 나오지 못한다는 뜻 아닌가.

부여융과 흑치상지 이후에는,

백제의 왕도 장수도 나오지 못한다는 뜻 아닌가

흑치상지는 거북이……

백제의 거북이……

:10

흑치상지는 하늘을 쳐다보며 혼잣말을 했다.

"부여융 전하,

소장도 이제 전하를 따라 갑니다.

꿈에도 잊지 못하는 백제의 들녘을 죽어서는 가 볼 수 있겠지요.

지수신 장군,

그대 말이 맞았구료.

토사구팽兎死狗烹이라고 하더니 나를 두고 하는 말이요.

모든 것이 나의 업보요.

그것을 만회해 보려고 그렇게 발버둥쳤건만

무엇 하나 제대로 된 것이 없소.

백제가 다시 일어설 수만 있으면 된다고 생각했으나

아무것도 이루질 못했소.

참으로 미안하오.

이제 저승에서 만나 술이나 한잔하면서 속죄하리다."

: 11

어디선가 안개가 밀려와 그를 둘러싸고 있었다.

승천하지 못한 용이 한탄을 하는 듯,

승천하지 못한 영혼이 흐느끼는 듯,

안개가 자욱하게 밀려오고 있었다.

백제로 돌아가지 못한 백제인들의 하얀 영혼들처럼,

안개가 하얗게 밀려오고 있었다.

흑치상지는 허리띠의 실을 뜯고 천록天鹿을 꺼내

감옥의 문틀에 올려놓았다.

"콧등에는 철로 만든 뿔,

다리에는 날개 무늬가 달려 있는 천록이시여

우리 백제인들을 지켜 주소서

백제를 다시 일으키려는 웅혼雄魂을 품은 지 얼마인지요.

나를 백제인으로 만들어 주고

나를 이곳으로 이끌어 주신 천록이시여

뿔로는 모든 사악한 것들을 무찔러 주시고,

날개는 훨훨 날아서

죽어서도 갈 수 없는 백제로 갈 수 있게 해주소서

나라는 망했어도 우리는 살아 있습니다

위대한 당신의 힘으로

내 가슴속에 흩뿌린 백제인의 짓붉은 피의 힘으로,

목에서 피를 흘리던 백마의 혼으로

우리는 살아 있습니다.

천록이시여

먼 훗날, 우리의 후예들이

우리를 잊지 않게 굽어살펴 주시옵소서."

한참 동안 눈을 감고 있던 그는,

이제 10살을 넘어선 아들,

흑치준에게 남기는 편지를 썼다.

그가 못 이룬 꿈을,

그의 아들이 이뤄 주길 바라면서……

:12

흑치상지는 오랫동안 가부좌를 튼 채 움직이지 않았다.

피투성이가 된 채,

머리는 산발을 하고

온몸엔 멍이 가득 했다.

그러나, 눈빛만큼은 옛날 그대로였다.

그 위엄과 당당한 기상이 그대로 빛나고 있었다.

감옥의 화롯불들이 펄럭였다.

남은 삶의 시간처럼 펄럭였다.
별도, 달도, 숨을 죽였다.
농밀한 고요가 세상을 가득 메우고 있었다.
그는 이 세상에 미련을 버렸다.

붉은 꽃으로 지다

흑치상지는 전쟁터를 누벼온 육십 평생을 떠올리며 자결을 한다.
백제 백성들이 불러 주던 '산유화' 노래를 환청으로 들으며 한 많
은 생을 마감한다.

: 1
흑치상지는 올가미를 목에 걸면서,
비로소 가슴 한 구석이 맑아지는 기분을 느꼈다.

"아, 전쟁터에서 살아온 육십 평생이 이 올가미만도 못 했었구나
모든 것이 한바탕 꿈만 같구나.
그러나, 내 후손들이여
나는 후손들을 믿노니……

내 삶은 비록 실패로 끝났으나

언젠가 후손들이 내 꿈을, 부여융 전하의 꿈을,

우리 대백제의 꿈을, 과거의 찬란한 영광을,

이루어 줄 것을 믿노니……

후손들이여, 백제인이여

우리 겨레여

우리의 패망을 보고 배우라

우리의 비참한 삶을 보고 배우라

살아도 산 것이 아니고, 죽어도 죽은 것이 아닌,

우리의 삶을 보고 배우라

두 번 다시는, 당나라의 후손들에게 우리와 같이 당하지 말아라

내가 귀신이 되어서라도 고향으로 가

내 죄를 속죄하리라

다시는 나와 같은 사람이 나오지 않게 하리라.

내 나라를 지키리라

후손들을 지키리라

내 몸은 비록 썩어 문드러져 사라질 것이지만,

내 영혼만은 영원히 남아 우리나라와 함께하리라

후손들과 함께하리라.”

비로소 그의 입가에 미소가 번지고 있었다.

: 2

백제의 바람이 부르는 노래

삶은 너무 무겁고
죽음은 너무 가벼웠네.

그대, 이제 잘 가라
그대, 이제 더 이상 칼을 갈지 않아도 되리라
그대, 이제 더 이상 꿈을 꾸지 않아도 되리라
그대, 이제 더 이상 잠을 자지 않아도 되리라
그대의 욕된 삶이 이제야 씻기어지리니
그대, 이제 잘 가라

: 3

어디선가 백제 백성들이 부르던 노래가 들려왔다.

산유화야 산유화야
우리 백제 있던 곳으로 가는 배는 순풍에 돛을 달고
북을 둥둥 울리면서 어기여차 저어 가는데
그 옛날 우리 왕을 모시고 떠났던 배가 이 배 아니냐

산유화야 산유화야

이런 말이 웬 말이냐

나라 위해 생겨난 목숨 백강에 버렸으니 슬프구나 어와 벗님

구국충성 다 못했네

산유화야 산유화야

입포에 있는 남당산의 우리 임금님은 어찌 그리 정이 많아

매년 팔월 십륙일은 모든 백성들 다 모인다 무슨 모의 있다더냐

사비강 맑은 물에 고기 잡는 낚시꾼들아

온갖 고기 다 잡아도 우리 혼백魂魄은 낚지 마라

이 내 몸 죽으면 다시 그리 찾아가리니

산유화야 산유화야

너를 부여안고 울고 운 지 몇 해던고

강산 풍경 좋고 좋아도

하늘 높고 땅이 넓어도 이 한 몸 깃들 곳이 없구나

다시 시작되는 이야기

: 1
서기 706년 3월,
흑치상지가 죽은 지 17년째 되는 해,
순장군과 순장군의 부인이 된,
흑치상지의 둘째딸은
중국 산서성 천룡산 천룡사를 찾아
3불상과 여러 성현들의 상을
1년 5개월에 걸쳐 제작하여 봉헌하였다.

봉헌을 마치고, 순장군 부인은 깊은 꿈에 빠져 들었다.
잠 속에서 누군가 얘기를 하고 있었다.
아이들이 둘러선 속에서
수염이 하얀 노인이 천록 위에 앉아서

애기를 하고 있었다.

아니, 노래를 부르고 있었다.

노인은 가만히 손짓을 하며 그녀를 불렀다.

그녀가 아이들 틈에 끼어 앉았을 때,

노인은 노래를 부르기 시작했다.

: 2

나는 천록이다.

흙의 신, 물의 신, 불의 신, 바람의 신으로 만들어진 하늘 사슴이다.

뭉툭한 입, 콧구멍이 없는 코, 콧등에 꽂혀 있는 쇠뿔…….

그렇게 천 년을 살았다.

백제를 지켜왔다.

옛날에, 백제가 있었다.

새들이 모여들어 둥지를 틀고

뭇 짐승들이 그 아래로 몰려들었다.

태풍이 불고, 번개가 치고, 눈이 내리고, 비가 와도

그 안에서 모두 따뜻했다.

백제는 점점 더 커 갔다.

그 뿌리가

저 바다 건너 일본에도,

베트남 북부 지역에도, 필리핀 군도에도, 인도네시아에도, 중국 대
륙 남쪽 지방에도

뻗어 갔다.

그 뿌리 하나하나가 나를 지탱하는 힘이었다.

어둠이 몰려오고 눈보라가 치고

다리가 잘리고, 쇠뿔이 부러져도

심장에 구멍이 뚫려 콸콸 핏물이 쏟아져도

나는 백제를 지켰다.

백제를 지키고 있다.

그리하여, 망했어도

백제는 살아 있다.

죽여도 죽여도 다시 일어나는,

할아버지에서 아버지로 아버지에서 아들로

죽여도 죽여도 끊어지지 않는,

백제는 없어지지 않았다.

옛날에, 백제가 있었다.

민초들이, 성도 없고 이름도 없는 민초들이,

개미만 한 목숨 하나, 지렁이만 한 목숨 하나라도

온몸으로 섬기던 민초들이,

스스로 땅이 되고, 스스로 풀이 되고, 스스로 거름이 되어,

가슴 조이며, 가슴에서 가슴으로, 손에서 손으로 넘겨 주며 키워

온……

영원히 죽지 않는 생명의 불씨 하나,

천손天孫의 나라……

백제가 있었다.